Exploring Food through History and Culture

Ways *of* Eating

餐桌上的文化人類學

從產地、烹調到進食，
與我們密不可分的飲食奧祕與演化史

班哲明・阿爾德斯・烏爾加夫特 Benjamin Aldes Wurgaft、
梅莉・懷特 Merry I. White ——— 著
侯嘉珏 ——— 譯

獻給 Gus

目次

引言

飲食先於言語。嬰兒先是汲取營養，接著才會說話。吃喝建立了我們與周圍世界的關係，我們雖用言語來描述周遭的世界，卻一直仰賴餵養我們的世界，也很容易受其影響。當生活條件好的時候，我們擁有足夠的食物。我們習慣喝完一瓶牛奶、一杯咖啡，並吃完一碗飯，因而感到心滿意足，但我們對食物的鑽研卻從沒停止過。學海無涯，永無止境，我們的好奇心宛如飢餓感一再地出現。雞蛋是如何做成炒蛋的？穀類如何發酵成啤酒？餅乾又為何會有碎屑？

我們都理解「民以食為天」早已是老生常談。美國飲食文學家M．F．K．費雪（Mary Frances Kennedy Fisher）曾經說過一句名言，並廣經後人引用如下：「我們都該先滿足自己『食』的需求，接著才著手其他的一切。」確實如此。在個人短暫的一生中，「食」不僅早於文字，更早於所有其他的活動。但在這句簡單的描述下，隱含著「糧食」與「其他的一切」之間錯綜複雜的關係。「其他的一切」意指從玉米磨成馬薩粉（masa）到飼養豬隻的一切，還有為日本稻農提供農業補助，一路到捍衛衣索比亞境內肉牛放牧土地的一切。換言之，為了飲食而鋪路的農業及食物工作非常多，有些工作既不是在田地或牧場上付出勞力，也不是在廚房裡揮汗如雨。費雪口中「其他的一切」係指文化活動，從希臘神話提及世界源自於一顆蛋，乃至荷蘭描繪牡蠣豐收及水果腐壞的靜物畫，盡皆囊括在內。人類的多種活動——包括創作出我們所食為何的描述及圖像——（向來）都是為了飲食做好準備。

故事及圖像不只呈現食物，還涉及食物所代表的意義。試想一下古希臘英雄奧德修斯（Odysseus）及其子民在海邊熊熊燃燒的火堆上烤起一塊塊獻祭用的牛肉，還有《伊里亞德》（*Iliad*）及《奧德賽》（*Odyssey*）等荷馬史詩中的英雄人物獻祭、燒烤並食用大量的牲畜。由於古希臘人難以在崎嶇難行的地勢上飼養如此多的牲畜，他們其實並不吃肉，但故事裡的奧德修斯卻攝取遠遠超乎維生所需的飲食，反映出古希臘人將「肉類」與「渴望」、「權勢」聯想在一起，不是談論肉類，藉以描述優渥且崇高的社會地位，就是將「象徵權勢的烤肉」連結起「了不得的豐功偉業」[1]。《奧德賽》中，許多奴僕侍奉奧德修斯一家，為這些貴族飼養食用的豬隻、山羊及乳牛，至於誰能享用什麼，則交由複雜的社會階級決定。然而，關於肉類的種種故事，不僅有助在詩人訴說的故事中保有肉類所象徵的權勢，在聽眾的日常生活上亦可達到同樣的效果。有鑑於此，我們得要調換費雪那句話的順序，變成「我們都該先著手其他的一切——從種植作物到訴說故事——接著才能滿足自己『食』的需求」才對。

本書旨在引發讀者對食物的好奇心，特別是以不同的角度去思考食物。飲食史及飲食人類學呈現出這些熟悉味道的起源及其背後所隱藏的奇聞軼事，並解開了人類常見的習慣中所蘊含的奧祕，只不過，我們還得願意深入發掘、更進一步才行。經你一口咬下即噴汁的熟草莓並不會告訴你在烈日曝曬的田野下彎著腰摘取草莓的經驗，也鮮少談到草莓的育種史，亦即草莓乃是經過一代又一代的馴化才衍生而出的近代植物，其原始物種已不可考。我們可以肯定的是，就某方面而言，一盤食物揉合了自然史（我們烹煮的動植物之演化經過）與人類史（我們藉以「引導演化」、繁殖且烹煮這些動植物之方法），只不過，一個飢腸轆轆的人，又怎會停下腳步探究這些？

但氣味或味道給了我們一個起點。氣味和味道是種訊息，告訴人體送入口中的食物安不安全、營不營養、吃下去健不健康。人體的需求非常簡單，易於滿足，但飲食卻也能進一步激起人們的好奇。我們在超市或許會短暫停留，端詳起一種從沒看過的水果（可能是火龍果），還會在冷凍魚貨區問起某種外貌駭人的魚（也許是　　魚），思忖著誰會吃、怎麼煮（或要不要煮），抑或望著某樣熟悉的東西（如一整袋穀麥），然後赫然驚覺我們居然完全不知這是怎麼製成的。本書探討了飲食可能迫使我們提出的問題，還有關於食物的歷史如何影響當代人的口味和飲食偏好，以及文化是如何帶領我們的雙手拿起、採剪下一顆草莓，一心想著一道美味的甜派。這顆馴化後的草莓不是自然的野生品種，而是已隸屬實作及信仰的範疇，亦即我們稱作「文化」的一部分。若非人類的干預，玉米也僅是另一種青草罷了。

世界知名文化藝術評論家約翰．伯格（John Berger）曾經根據一系列向觀眾介紹如何全新看待藝術的電視影集加以改編，而在一九七二年出版《觀看的方式》（*Ways of Seeing*）一書探討藝術史②。本書書名及上述的開場白主要即是向該著作致敬（編按：本書原名為 *Ways of Eating*）。伯格深受馬克思文化批判主義的影響，在書中提醒讀者精緻藝術並不單是美的傳承。從作畫以至在博物館內吊掛畫作的種種，都在在訴說著階級、權力與社會衝突的故事。藝術乃是一種正式呈現並追憶人類經驗的手法，但它無法在缺少環境背景之下達到目的。伯格就曾試著拆解繪畫之間盤根錯節的社會關係，尤其是歐洲近代肖像畫這類享負盛名的繪畫形式。同樣地，食物也體現出欲望及食欲是如何形塑出人類的生活：有時這極富戲劇張力，譬如表面覆滿金箔的印度香料雞肉飯（biryani），有時則較不顯而易見，如讓禽類跨世代交配繁殖，以加速產出更大量的肉。現今的烹飪方法不僅殘留著以往社會衝突及社會壓迫的痕跡——即使樣態迴異——就連過去人類遷徙、定居、貿易、戰爭及旅行的形式，也都可見一斑。

我們渴望飲食。應該要瞭解這點，並記住別把人體的食欲貶低成「頸部以下」的事——一種源於獸性的恥辱。我們的食欲乃是人類與食物關係的核心，同時，我們還能透過思考食欲，甚至滿足食欲，從而學到許多。個人經驗正是一種研究食物的重要工具。但一如人類的其他欲望，飢餓及口渴的起因可能成謎，令人費解。在我們的食物中，有些故事更是無法單憑風味就能說清楚、講明白的。比方說，糖雖讓人愉悅，但這樣的愉悅並無從說明那段由奴隸種植並採收蔗糖的殖民史。欲望乃是本書的主題之一——那種為了生存（當儲藏櫃空無一物只能吃粥）、為了鍾愛的食物（祖母的湯麵）、為了嘗鮮（冒險在公海取得的香料）而產生的欲望——權力則是另一項主題（譬如，歐洲人對殖民地的原住民所行使的權力）；此外，身分亦為主題之一，因在某種程度上，我們的食物及烹調方式充分展現出我們在文化與社會上的根本。

但身分會隨著時間改變。有份烤派的食譜可能已在我家傳了好幾代，但它未必一直放在我們手邊，每個烘焙的人也會多多少少增減食譜的內容。我們跨越文化藩籬而食，相互體驗自己與他人的「家傳食物」，所以沒有哪道料理是恆常不變的。縱使我們對料理感到焦慮，堅守自己稱之為「傳統」或「純正」的菜色，但「我們是誰」和「我們吃些什麼」向來都以「改變」著稱。人類會集體遷徙，抑或侵略彼此的土地；新的食材也會隨著貿易路徑散播出去，移動遂而成了本書的另一項主題。我們還致力於探討「乾淨」和「髒汙」，以及「可食用」和「不可食用」之間的差異，因其形塑出許多我們對於食物的一貫作法及處理方式，譬如哪些動植物才配叫「食物」，乃至如何清洗餐具等等都是。工具、技能隸屬於文化的一部分，食物工作者的肢體亦然。世世代代的墨西哥女性都會在名為「梅達代」（metate）的平坦石臼上將玉米粒磨成玉米粉，以製成玉米薄餅（tortilla），而這日復一日的舉動，以及這對雙膝、雙肩所造成的影響，也都成了飲食方式的一環。

本書涵蓋了一系列的歷史章節，按時序一路從農業的起源探討到二十一世紀初，並間或穿插幾篇短文，分享我們在不同飲食世界中的所見所聞及民族誌上的相關研究。在這些章節和短文中，我們所列舉的特定案例提出了有關飲食的重要問題。我們並認真審視文化史及文化人類學中的核心概念，這有助於解釋人類對於食物採取怎樣的做法且抱持怎樣的信念，但因我們的宗旨不在於囊括整理出一部完整的人類飲食史——單憑一部小品（甚或磚頭書）顯然是辦不到的——所以我們並不自詡為學者專家。本書所反映的只是我們過去的研究興趣及專門領域，甚至是我們品嘗過的滋味。

接著，謹向各位提供一段個人簡介。我倆是本書的作者：梅莉．懷特「Corky」是位研究日本暨各地飲食文化的人類學家，也是一名總鋪師、美食記者及食譜作家。其子班哲明．阿爾德斯．烏爾加夫特（「班」）則是作家兼歷史學家，他在擔任美食記者時取得了歐洲思想史的博士學位，並曾接受科技文化人類學之相關訓練與實作。我倆深信來自飲食的喜悅及食物工作本身不斷變動的挑戰，雙雙為研究食物所帶來的思想回饋增色不少，而且這些事物彼此更是息息相關，牽一髮而動全身。本書中的章節及短文不但反映出我倆的興趣五花八門，更反映出數十年來我們何其幸運，得以雲遊四海、嘗遍佳餚，因著世界各地的熱情好客而受益良多，從在美國明尼蘇達吃著猶太風味的蒔蘿酸黃瓜（kosher dill）長大，歷經在義大利托斯卡尼運用當地的綜合香草進行烹飪，乃至在日本東京初次體驗可頌麵包皆是如此。有些短文反映出我倆共同的經驗，有些短文則是出於各自的手筆。

各個章節將按時序說明飲食的歷史，帶領我們從農業的起源來到現代；各篇短文則著重介紹飲食的文化人類學，旨在呈現飲食方式所代表的意義。「觀察」乃是文化人類學的核心，文化人類學家帶著一顆受過訓練且目標明確的天真爛漫之心進行實地考察，並樂於接受周遭的一切及任何可能的重要性。坦白說，人們每在觀察時都會抱持成見，而應對這種偏差最好的方式，就是先承認這點，再把原先的認知拋得老遠，因為你無從得知哪些細節或觀念才是重要的：地鐵上有個男人提著購物袋，袋內的胡蘿蔔穿出了側邊的孔洞，你眼看著袋子就快破掉；教堂響起的鐘聲提醒多名黑衣女子返回室內繼續禮拜聚會，但她們的伴侶卻仍坐在戶外的咖啡廳喝著咖啡；一個桶子聞起來帶著芳醇的發酵味或是散發出垃圾腐爛的惡臭。歷史研究常常先從檔案著手，鮮少涉及實地考察，但它明明就和文化人類學具備了同樣重要的特點。雖然歷史學家在意識形態及研究方法上都存有偏見，但我們比照人類學家的做法，透過證據說話，更勇於接受這樣的證據將有可能重新建構起人類的觀點。

飲食史及飲食人類學存在著各種不同的問題，而這些問題都能經由妥善的方法及合理的證據逐一獲得解答。其中不乏有我們希望回答的實證問題，還有我們希望提出的理論說明，而施行的技巧之一，就在於慢慢弄懂什麼才是什麼。我們先推敲出問題所在，繼而學習哪些方法和證據有助於回答這些問題。

人類學幾乎向來都從當代研究著手，但這經常導致我們陷入社群的過往而不自知。因此，飲食人類學家或可從坐上東京街頭拉麵攤的小板凳開始，逐漸進展到「出汁」（dashi，日式高湯）的起源，再一路延伸至日本人關切水的未來、魚的遷徙，以及海藻的種植。反之，歷史研究的是隨著時間而產生的變化，所以飲食史經常先從研究過往各個世代的廚子與食客之信件、日誌或實體證據開始。食譜、菜單屬於飲食文化歷史學家的研究題材；而陶器的碎片對於探究烹飪作法的考古學家才有用處。只不過，當我們問起前人如何烹飪、飲食，並賦予這些行為意義時，我們常常得借助文化人類學家的工具，因為我們知道，從「耕耘田地」到「擺設餐桌」的一切，盡是從文化習俗澆注、形塑而來。

隨著本書即將開始，請各位將這些問題牢記在心：我們嚮往瞭解食物什麼？為了弄懂這點，我們又該採取什麼步驟？關於人類的社群組織，料理能夠告訴我們什麼？誰是農人，誰是廚子，又是誰做出那些烹煮晚餐的鍋具？此外，誰負責釀酒，誰又負責洗碗？③

短文 1
Duccio's Eden

杜奇歐的伊甸園

我們在森林裡永無止盡的泥濘路上喊著「Duccio! Signore Fantani!」（杜奇歐！方塔尼先生！）終於在一片灌木叢中傳來了「Si, si!」（是，是！）的回應。我們已經苦尋杜奇歐一個多小時了。我們位於義大利西耶納（Siena）附近，離佛羅倫斯不遠，並在鄰鎮卡斯泰利（Castellina）的農市結識了販售香草的杜奇歐．方塔尼。繼接連幾週在湯裡，還有豬排、烤蔬菜和烤馬鈴薯的表面撒上那些香草之後，如今，我們前來看看這些香草究竟長在何處。

我們找了杜奇歐許久，久到有些同行的夥伴感到絕望透頂，一心認為根本找不到他，轉而寄望去開瓶金巴利利口酒（Campari）來喝。但現在杜奇歐一再地向我們招手，要我們踏上他的驢群所闢出的小徑、陷入成堆的驢糞裡，而且別害怕被扎，逕往那座灌木叢的山丘走去。我們當中有些人穿著涼鞋而非包鞋，結果腳趾甲裡都給黏上了糞便，杜奇歐的手卻仍揮個不停。

杜奇歐所販售的香草都是自個兒種植的嗎？當他帶領我們跨過芫荽、茴香及迷迭香所生長的山坡，我們才逐漸瞭解答案「是，也不是」。假使覓食者指的是某個人蒐集在毫無人為干預下所生長的一切，那麼，杜奇歐算不上是覓食者。他也談不上是拾穗人，揀拾他人在正常收割後遺落在田間的穀物。他反倒像是手邊農作物的助推者，縱使他所蒐集到的一切大多來自自生植物（volunteer plant），但他偶爾會用去年的種籽繁殖香草。這裡不是一座農場，雖然杜奇歐及其團隊終年都待在同個地方，但他並非種植香草的農人。他偶爾會架起藩籬，防止驢群接近最佳的香草苗床，但在他看來，這些藩籬似乎有點太過人工化。杜奇歐身形瘦小，綁成馬尾的灰髮，又帶著銳利眼神，宛若是森林中的小矮人。相較於把植物密密麻麻地排成一列又一列，或把同一類都集中在一小塊區域，他反而指出貼靠在樹椿旁一簇簇的新芽，還有混在雜草間自由生長的香草，大聲喊著「coriandolo, rosmarino, fienogreco, elicriso!」（芫荽、迷迭香、葫蘆巴、蠟菊！）也就是他綜合香料罐裡的特色香料，重點是他還在罐身標示「aromi da cucina del Chianti」，稱此乃「（托斯卡尼）奇揚地（Chianti）料理的香氣」。

大自然自發性地在此生成了珍貴豐富的天然資源，所以這算得上是一座「陽春版」的伊甸園嗎？同樣的，答案「是，也不是」。杜奇歐自認是一名快樂的旁觀者，看著杜松、蠟菊、貓薄荷、野生茴香近乎「自動」生長，只不過，這當中涉及某種策略和種植方法罷了。他管理水資源，在乾旱季節儲存水，並只在必要時才分配使用，加上在自個兒開出的小路上又踩又跑的驢群也會替土壤施肥。隨著我們小心翼翼地跨過薰衣草和迷迭香，我們很可能誤以為這就是定居農業（sedentary agriculture）源起的模式。倘若杜奇歐再搭建更多的藩籬、播下更多的種籽，並臣服於擴展營運的衝動，那麼，他所擁有的便是一座農場了。縱使此地已經達到上述的水準，杜奇歐卻不貪圖「bio」義大利有機食物正式商標的稱號，他說「perche troppo costoso」，意指這太過昂貴，人們必須歷經繁複的官僚程序後，才能用錢買到獲得認證的純粹。他在香料罐上標示著「genuino clandestino」（真正的祕密），正是宣揚他抗拒這種官方的認證標章，即使這最終可能讓他賺進大把鈔票，但卻違背了他反主流文化的感性及政治觀。如此這般的工作場所，流露出他對資本主義的矛盾心理。

我們在行過一片荒煙蔓草的原野後，抵達了一幢搖搖欲墜的木屋。向晚的斜陽照進木條間的縫隙，大量的香草置於乾燥室的架上，薰衣草所散發出的香氣令我們駐足停留。隔壁房間則像是煉金術師的小實驗室，杜奇歐的助手在此製作香草油、甜香酒，並提煉萃取物。這整個場域都散發出農業化前及工業化前的氛圍，因為杜奇歐清楚明白，他必須採用手工處理，才能充分釋放香草賜予他的一切。而這也提醒我們，即使農業尚未問世，人類若要從大自然順利獲取糧食，仍得善用技術和技巧。遑論比起香草本身，香草油、甜香酒及萃取物帶來了更豐沃的利潤，並在杜奇歐略帶矛盾的心態下，支撐著他這項反農業企業（anti-agribusiness）且人為干預甚低（minimally interventionist）的計畫。

Chapter 1

農業起源之本質與文化

Nature and Culture
in the Origins of Agriculture

我們為何會吃我們所吃的這些東西？英國生物家查爾斯・達爾文（Charles Darwin）曾在一八七一年出版《人類的由來》（*The Descent of Man*）一書，並於書中推測農業（原文「agriculture」係一混合詞，結合了希臘文和拉丁文：字首「agri」在希臘文表「原野」，字尾「culture」取自拉丁文的「cultivare」，表「滋養」）把「野蠻」（savagery）從「文明」（civilization）的狀態區隔開來[①]。沒錯，一般來說，農業的施行和人們所熟悉的許多文明面向，譬如產權體制、固定住所、家族以外社會組織的複雜形式等等密切相關，甚至可能推波助瀾，促使這些面向逐一實現。達爾文猜測農事在根本上發生了一次單純的「意外」，亦即果樹的種籽碰巧落到了「一堆廢料」上。我們可以肯定的是，馴化動植物和發展農業的真正起源比達爾文所想的還要複雜，不但取決於觀察到讓人滿意、自然發生的意外，更取決於相互協調後的人類行為。

本章深入檢視人類從狩獵、採集一路進展到農業——一種生物學家、古生物學家、考古學家及人類學家仍爭論不休，而且尚在持續中的轉變。人類若以當今的樣貌存活了大概二十萬年至四十萬年——端看我們衡量物種形成的標準為何——那麼，人類約從西元前一萬一千年開始推展農業，這也才占整個人類史的一小段時間而已（原始人類掌控火候烹煮食物似乎早於現代人種的出現，因此先是有火，才有農業）[②]。農業的出現恰好落在「更新世」（Pleistocene）末（最後一次冰河時期）和「全新世」（Holocene）初，而所謂的「全新世」，也正是我們現在身處的地質時期。二十一世紀初，許多觀察氣候變遷的人士逐漸把「全新世」更名為「人類世」（Anthropocene），藉以引發各界關注人類及其科技對環境所造成的影響，但人類對自然界的影響可說是始於農業，也就是「新石器革命」（Neolithic Revolution）下最重要的發展之一，因為在此期間，人類才開始廣泛製作並使用工具。然而，就歷史角度觀之，起初最是肥沃、一路滋養人類轉而邁入農業的許多地區如今退化，不復以往，譬如伊朗、伊拉克境內有不少地方變得不利耕作，非洲的薩赫勒（Sahel）也深受旱災和飢荒所苦，甚是諷刺。

農業係指在一定面積土地之下，照料並改變土地上蓬勃生長的動植物種，如此一來，我們才能在同一片土地上，吃到比例更高的生物量（biomass）。這樣的定義大到足以包括二十一世紀初大規模的工業農業（industrial farming），以及有些人類學家口中的「集約化」（intensification）——單純促使特定物種在地區內變得普遍，而抑制其他物種蓬勃生長。同時，這也包括定居農業之外的動物飼養。不論規模大小，農業都是始於擇定最適合人類飲食需求的動植物種。我們周遭可食用的植物種類相當少；約在西元前一萬一千年就存在的二十多萬種野生植物中，經過人類馴化的只有數百種。我們主要的作物乃因早期農業學家受到某些野生植物的營養及物質性質所吸引，遂以極少量進行馴化而產出的子代。同理，我們所食用（或藉以生產蛋類、乳品）的動物也是野生動物的後代，這些野生動物看上去之所以適合接受馴養，大多因為牠們群居、合群而且性情溫馴，容易屈從在人類的權威之下。全球約有一百四十八種大型陸生哺乳動物，我們用在食物、勞動或運輸上的只是少數。沒錯，雖說農業是人類為了追求自身福祉，力欲掌控大自然而跨出的第一步，有些作者卻以相反的角度看待這個過程。人類若能在一定面積土地下食用比例更高的動植物，那麼他們培育的物種也能藉以受益，因為人類就有如熊蜂，會沿著遷徙的路徑助長這些物種一路傳播、繁衍[3]，最終保障這些物種的生存——就演化的觀點來看，馴化代表物種成功適應了新環境。

二十一世紀初，人類每年的農產總噸數中，以下十二種植物占了百分之八十：小麥、玉米、稻米、大麥、高粱、大豆、馬鈴薯、樹薯、地瓜、甘蔗、甜菜及香蕉，而全球人類所攝取的熱量中，光是稻米、小麥、玉米及樹薯就大概占了百分之七十三。這些植物都是人類隨著時間演變之後，才慢慢變得專精，懂得如何食用。最有趣的是，自人類有史以來，這些重要作物便已長伴我們左右。打從近代（約十五世紀至今），我們就不曾見到人類栽種全新的糧食作物，或是飼養其他的重要牲畜。然而，不論你是從動植物，還是從飼養栽種者的角度看待農業史，最重要的是留意到這過程在不斷重複循環，也就是說，人類在改造大自然的同時，也在改造自己。雖說人類極其靈活，有能力得以從各種有限的食物中獲取養分——最有名的範例即住在北極圈的伊努特人（Inuit），他們幾乎完全靠著食用鯨肉而繁衍興旺——但我們卻也變得完全倚賴部分特定的動植物作為糧食。少了單作栽培（monoculture，即大片土地都種植單一作物），我們就得找出新的生存策略，不然就得回歸舊時的做法。

當然，農業遠不止於安排規畫智人（*Homo sapiens*）和動植物種——這些物種「自願」成為人類一部分的生物基礎結構（biological infrastructure）——這麼簡單，而是涉及從「社會組織」到「語言」與「宗教」的一切。全球許許多多的文化儀式，如拿著葫蘆瓢潑水祈雨，或向眾神獻祭牲畜祈求風調雨順、作物豐收，都證實了年復一年的生長、死亡、再生何其重要，還有農業在人類的想像中占有核心的地位[4]。甚至連歷史上較晚出現的一神信仰（如基督教），其較抽象的概念也可溯及農業循環所曾扮演的要角。農業不僅變成人類適應、生存及蓬勃發展的機制，也一如過往的狩獵和採集，成了人類文化及社會發展的重點。生存很快變得攸關文化，就和它變得攸關熱量一樣。

法國人類學家克勞德．李維史陀（Claude Lévi-Strauss）在其經典著作《生食和熟食》（*The Raw and the Cooked*）中，將烹煮視為一種方法，藉以調停人類所生成或控制的「文化世界」和人類最終所無法控制的「自然世界」[5]。李維史陀從這種二元法建構出人類學的思想系統，稱之為「結構主義人類學」（structuralist anthropology），並在近代前與近代的人類文化中找到證據，支撐他的論點。根據結構主義（structuralism），「意義」是由「對立」（opposition）

和「差異」（difference）積累而成，像是「一簍生的塊莖植物」和「已用熱石頭燜烤過的塊莖植物」兩者間的差異，積累出「熟食」的意義[6]。結構主義所帶給飲食人類學的經驗之一，在於「人類飲食的意義」尚未固定，還可能隨著我們能夠帶來不同的變化而有所改變。因此，用以準備食物的新工具和新技術都具有文化上的含義——即使文化也會轉而改造人類的工具和技術。結構主義所帶給飲食人類學的另一項經驗，則是關於「主宰生命的意義」，且其結構無關個人（impersonal）；我們也許會對特定的食物產生個人的聯想，但生食和熟食間對立的意義遠遠超乎個人的偏好，無從反駁，正如大家普遍認同「貓咪」或「夜晚」等字義無關個人那樣。飲食文化類似語言，變成了一種意義的系統，不但回應著人類對營養的需求，也回應著我們對規畫並賜予這世界意義的渴望。

新石器革命期間定居生活（sedentism）增加，人類開始打造更精緻的石具及陶器，也開始推展農業，在多個定居點緩慢、間歇地進行著。有些情況下，為求持續推動農業，農事活動斷斷續續。各界雖對「農業為何始於西元前一萬一千年左右」各執一詞，但對上述的時間範圍卻都有著一定的共識。當小冰期（little ice age）結束，冰河融化，氣溫穩定地落在較溫暖的區間，地球上便有越來越多的土地能吸引到生態上的物種。自此之後，地面上遍布了各式各樣的野草，也就是後來經過人類馴化，從而成為糧食作物的那些草類。

而農業的起源之所以眾說紛紜，似乎與研究人員採用不同類型的證據有關：人類的骨骼及牙齒透露出當時的人吃些什麼、如何取得，但石具、陶器及其他手工藝品表達的又是另一件事了。殘餘的種籽和其他保存下來的植物——如植物矽石（phytolith）或「植石」，一種由草酸鈣（calcium oxalate）或碳酸鈣（calcium carbonate）在植物表皮細胞（epidermal cell）內或表皮細胞間形成，且於植物腐化後保存於土壤之中的結晶——也訴說著自己的經歷。數十年來，碳定年法（radiocarbon dating）向來都是我們最佳的使用工具之一，直到最近，基因定序（genetic sequencing）的技術才促使我們進一步瞭解植物與動物的緩慢馴化過程。

只不過，就算我們取得更多不同類型的證據，也無助於各界消弭歧異，針對農業為何出現取得一致的共識。其實，人類為何慢慢停止狩獵、採集而邁向耕種、放牧，農業又如何遍布全球而不光集中在少數似已獨立發展的地理中心——如近東、中國某些地區（主要為長江或黃河流域）、美索亞美利加（Mesoamerica）、秘魯高地及北美東部——等問題，或許並不只有一種解釋。

當我們想到「基礎結構（設施）」這詞，像是公路、橋梁及我們仰賴的水道，我們也就得想到耕地本身的生物基礎結構。人類文明化的所有成就皆取決於這種生物基礎結構的根本。不過，農業並不是「人類如何取得食物」的必然答案。從狩獵和採集的群體泰半追求短期效益的角度來看，農業出乎意料是個壞點子。近代仍遺留少數以狩獵、採集為生的群體，過去曾有人類學家深入研究其生活，結果顯示，比起他們從事耕作的鄰居，他們每週的工時通常較短，但卻能享有至少同等勞力成果所帶來的熱量。從古時營地和墓地所取得的骨骼及牙齒顯示，比起一開始的農人，早期從事狩獵和採集的人營養較好，體格較壯，壽命也較長。雖然農業群體可能促使一片既定的土地，比起（譬如說）一座野林年年產出更多可食用的生物量，但人們也須投入大量的努力（犁田、栽種、照料及收割），才能達到這樣的成果。倘若水果、堅果、塊莖、獵物等食物的來源眾多，從個人的角度看來，單純利用這些資源「比較划算」。狩獵和採集生活的確有其吸引人之處，而這或許解釋了為何有些人類群體會在推行農業不久後重拾這樣的做法——這些人之所以推行農業，可能只是出於狩獵和採集的活動範圍內食物短缺。

至於「人類是驟然且果斷地從狩獵、採集生活轉變成農業生活」這點，則是廣受各界駁斥。世界各地似乎有不少人並行兩種生活方式，還持續了很長的時間，隨著世世代代的更迭，才逐漸傾向追隨農業生活。照這麼看來，農業並不是人類先祖做出的決定，而是他們捲入的過程。

但人類成了農業的物種之一，不但占據生態棲位（ecological niche），同時也建構生態棲位。學界在解釋人類早期推行農業時，納入了「發明者」理論，亦即個體觀察到植物如何從野生種籽開始生長，再於可控的條件下自行複製的過程。還有所謂的「定居」理論，也就是隨著最後一次冰河時期漸入尾聲，永久定居變得可能，而在此環境之下，農業變得更吸引人。其他理論也曾利用「囤積症」的人格類型、技術創新、必須充分拓展沙漠化下愈益緊縮的資源庫、地產概念的出現，甚至是宗教發展等等作為闡述的機制——而這些都還只是冰山一角而已。

有些理論還主張農業發展的動力來自人口壓力——至少世界上有些地方確實如此。大部分的人口壓力模型都是下列的變異及衍生：說到滿足個體的需求，農業或許未優於狩獵和採集，但若從群體的角度觀之，它可就略勝一籌，而對規模較大且早已定居的人類群體來說，農業更是如此。農耕可一次產出更大量的食物，讓群體得以儲備食糧，繼而餵養更多的個體；十八世紀末的英國政治經濟學家托馬斯·羅伯特·馬爾薩斯（Thomas Robert Malthus）就曾確立這項觀察結果：食物供給增加常常帶動人口成長。根據馬爾薩斯的說法，人口成長總會大於農產增加，縱使農業集約化、產量變得更高，在特定的情況下，人口壓力可能依舊持續，於是，當群體擴大規模，在農業上「投資」時間對他們來說變得更值得、更有意義。而人口成長理論的另一項特色，在於定居農業致使出生率上升。比起狩獵和採集的母親因為不斷遷徙，一次只能照顧較少數的孩子，定居群體內的母親也許間隔較短就能再生下一胎。正常而言，遊牧群體內的母親都會等到孩子長到三、四歲，已能獨自行走很長一段路後，才再有下一個孩子。然而，就算人口壓力所帶來的「強化」效果相對來說並無爭議，但現有的證據似乎無從證實「人口壓力一開始就促成農業發展」的說法。再者，考古學家也尚未找到定居的人類在推行農業之前，人口壓力便已增加的證據。

研究人員已在敘利亞的阿布胡雷拉（Abu Hureyra）找到全球最早的可能農業據點，其中有證據顯示，人類早在西元前一萬一千五百年便已種植作物，而且這類定居點都是在地球發生「新仙女木」（Younger Dryas）事件後才建立的。該回冷事件約始於西元前一萬兩千八百年，導致氣候寒冷千餘年，粉碎了有利於人類定居的穩定生態系統。新仙女木事件似乎也延緩了全球各地早期的農業生活實驗。有三個地區最廣泛呈現出早期農業並未中斷的證據，分別為近東（農業約在西元前九千年開始扎根）、中國的黃河流域（農業約始於西元前七千五百年），以及秘魯高地與美索亞美利加（約在西元前六千五百年才出現農業跡象）。我們得注意到，各個考古學家和人類學家確信的日期有所差異，同時這些日期也可能隨著新的發現而產生變化。

當我們思考著哪些據點最看得出農業的成果，我們也應該記住有哪些要素碰巧並存、迸出火花，這才助長了農業順利推展。在近東，地中海型氣候溫和、潮濕的冬季與炎熱又漫長的夏季，乃是促使農業成功推動的要素之一。這種氣候孕育出足夠堅強的植物，能夠度過乾旱季節，並在雨水降臨後生長。但因它們屬於一年生植物（annual），不致產生太多人類難以消化的木質組織。這些植物一年的生命週期代表它們把較多的熱能（caloric energy）用於生成種籽，而種籽正好可供人類食用。

地球雖有許多區域標榜著「地中海型」氣候——如北美和南美一部分的西海岸和澳洲一部分的南海岸——但近東已經具備更多適合馴化的植物，以及同樣適合人類運用的大型哺乳動物。肥沃月彎（Fertile Crescent）的主要作物包括單粒小麥（einkorn）和二粒小麥（emmer，即古時培育出的小麥變種），還有大麥、扁豆、豌豆、鷹嘴豆、亞麻（早期種植作為布料而非糧食的少數外來物種）以及苦野豌豆（bitter vetch），其中苦野豌豆貌似紅扁豆，但得經泡水清除苦味之後才適合人類食用。人類似乎到了西元前六千年才順利完成農業推行的過程。

值得留意的是，肥沃月彎中的動物農業和植物農業具有互補的效果。雖然有人認為從事動物農業的理由在於肉類，有人認為在於乳品（比起那些被宰殺食用的動物，產乳或下蛋的動物畢生所產出的熱量是前者的數倍之多），但我們經過馴養動物後瞭解到另一項好處，那就是牠們提供的勞動力，對農業來說常常至關重要。尤其在非洲，許多牧羊人早在人類馴化植物之前，就已開始施行遊牧式的動物農業，一邊馴養動物，一邊隨著牧群遷徙。[7]

美洲最重要的作物則是所謂的「三姊妹」（three sisters）：玉米、豆類和南瓜。到了西元前一千五百年，整個美索亞美利加栽種的都是這三大作物，而在更久之前，就已有許多地區種植這些作物了。農業似乎始於墨西哥和秘魯，考古學家在墨西哥瓦哈卡州（Oaxaca）所挖出的文物顯示，當地馴化南瓜的時間約與近東的作物相當。早期人類曾想努力透過科學方法瞭解農業的起源，而其中最重要的人物之一，就是美國國家科學院院士理查·馬尼士（R. S. MacNeish），他曾於現今墨西哥的塔毛利帕斯州（Tamaulipas）內分別找到人類在西元前七千年至五千五百年種植辣椒和葫蘆，以及南瓜和豆類的據點。在墨西哥中南部的特瓦坎（Tehuacan），除了和塔毛利帕斯州相同的作物之外，我們亦可發現玉米、莧菜和酪梨，且可溯及西元前五千年至三千五百年。狗和火雞也都雙雙經過馴養而成為食物的來源。起初，玉米似乎一直都生長在較潮濕的低地，後來才逐漸適應較乾燥的高緯度地區。秘魯高地並曾發現豆類和辣椒，且可溯及西元前六千年左右。美洲和近東在早期農業上最重要的差異，或許在於前者缺少動物的勞動力：雖然人類確實曾在秘魯和墨西哥早期的農業據點馴養小型動物，但牠們卻非近東那些體型偏大、重逾百磅而可在耕種時派上用場的物種。

中國的長江流域似乎是人類馴化稻米，繼而從野生的稻米植物產出某種逐漸像是當代白米的第一個據點。相關證據指出，這可能發生在西元前一萬一千年，顯見中國農業的起源一如近東農業的起源，都和新仙女木事件脫離不了關係。中國所有的重要作物皆在本地馴化，如粟（foxtail millet）、黍（broomcorn millet，長江流域在西元前五千年至三千年間，似乎維持著一個以小米〔millet〕為主的自給經濟；在很多地區，小米的使用早於稻米）、大豆、紅豆、綠豆及稻米。有些重要的動物也是本地的，如豬、狗（用以狩獵，同時也被當作食物）、雞及水牛。至於其他動物（如馬、綿羊、山羊）和植物（如大麥、小麥）則是最後才從其他地區引進的。

農業拓展的方向主要從近東到歐洲、北非、衣索比亞、埃及，還有到印度河流域，且自中國遍及東南亞，乃至橫跨西太平洋一帶。作物也從美索亞美利加北傳，直抵北美。廣泛來說，植物一開始適應了哪些地區，之後也就比較容易散播到類似的地區。譬如許多近東作物在地中海型氣候下生長、熟成，恰好說明它們後來為何在許多歐洲地區也能栽種成功。農業歷經多方拓展最強而有力的證明之一，正是語言：歐亞和澳亞主要語系在全球的分布，幾乎和人類學中彰顯農業拓展的證據不謀而合。近代人類所使用的七大主要語系也都來自堪稱「農業搖籃」的近東與中國。然而，農業的傳播方式有二：一是「人口」（demic）擴散，即農業人口帶著自己的作物及耕作方法從甲地遷徙到乙地；二是「文化」（cultural）擴散，即甲團體透過社交接觸而把實施農業的方法傳給乙團體。就歐洲的範例看來，當地人的基因紀錄傾向兩者都有，而且可能同時發生。

一如先前所言，李維史陀主張對人類群體來說，烹煮向來用於調停「人類文化界」和「自然界」；前者是人類較能掌控的域界，後者則是人類的營火或城牆外更野生且更駭人的空間。

藉由從事農業、進行烹煮，我們蒐集了大自然的產出，將其澈底轉換成實用、可辨識又營養的元素，並在營火邊或餐桌上分享出去。馴化後的植物和動物似乎仍屬於自然界的一部分——有些或許還能在野外生存並產下逐漸去馴化（de-domesticate）的後代，有些則是辦不到。比方說，玉蜀黍或玉米係從大芻草（teosinte）繁衍而來，而大芻草乃是人類最初在北墨西哥所發現的草種，其種籽微小許多，屬於野生植物。至於「近代」的玉米則是經人類改良多代之後的產物，只能透過耕作繁殖。我們篩選性地改良這種植物，產出更多可食用的部位，卻在過程中除去有助於大芻草在野外蓬勃生長的特徵。玉米不單是一種人類的有效發明、一種初步的生物科技，出於耐人尋味的營養學問題，它在經過特殊處理之下，甚至還能成為我們飲食的核心。玉米若泡過鹼水並加熱烹煮——早期農人可能藉由把木頭燒成灰燼而取得氫氧化鈣（calcium hydroxide），再和以清水調配出鹼性溶液——其中有些胺基酸和維生素就只能被人體消化吸收。這種稱之為「鹼法烹製」（nixtamalization）的過程，使得玉米成了美洲最主要的糧食。⑧

馴化的穀物，包括非常重要的小麥和稻米，在形態上的共同特徵，就是它們的種籽都是從名為「穗軸」（rachis）的中軸生長出來，當植物經動物接觸或被風吹拂，這些種籽便自穗軸碎落，促其將種籽散播到更廣泛的地區。由於穗軸會隨著種籽成熟脆化，所以種籽只有在準備於土壤內萌芽並長成新植物（倘條件有利）時，才進行散播。小麥和稻米都曾經過育種改良，如此其穗軸才能保持柔軟，種籽也才能在成熟之後持續附著於穗軸。這樣的發展，大幅縮減了這些植物成功在野外繁殖的機會，卻因農人可以立刻蒐集到植物所有可食用的種籽，而變得大受歡迎。所謂的「抗裂」（shatterproof）穗軸及其所屬植物正是人類最早改良植物的成果之一——即使植物的形態難以作為其曾接受馴化的確切證據，特別是有些作物的馴化向來成謎。譬如野生的杏仁和腰果對人類來說有毒，以致我們並不清楚人類祖先究竟是如何判定最終可以馴化這兩大植物。外界常常引用十八世紀愛爾蘭知名社會作家強納森・斯威夫特（Jonathan Swift）所曾說過的這句話：「第一個吃牡蠣的人，一定是個勇敢的人。」；馴化有毒的堅果仍是一項較艱鉅的挑戰。

一如農業改變作物，農業也改變動物。相較於野生動物，許多馴養後的動物長著不同的獸角（例如山羊），多數馴養後的大型哺乳動物，其體型也比祖輩來得矮小。相較於同時期的野生動物，有些馴養後的動物智力較低（若要生存，就得具備智力這項特質），感覺也較遲鈍，因為在馴養之下，敏銳的視覺、聽覺和嗅覺等這些倖存者原先所具備的優勢，都變得沒那麼重要了。至於人類為了取其毛皮而馴養的那些動物，如今也一路經過配種，毛髮生長得更加茂密。

基本上，一如耕作改變了動植物，耕作也改變了人類本身。最重要的是，這使得人類的數量變多。早期的人口估計資料顯示，西元前一萬年左右，全球只有三百萬人；到了西元前八千年，也就是兩千年後，全球多出了兩百三十萬人，這數目雖令人吃驚，但跟近代的人口成長率相比，卻是小巫見大巫。許多人類學家主張，農業問世改變了人類社會組織的形態，使其變得更加複雜。就最基本的定義來說，農業意指在食物生產的過程中，並非人人都得工作。農業為人類創造出多餘的時間，讓有些人肩負起其他的任務，像是組裝有用的物品、照顧老弱婦孺、擔任神職人員，乃至完善行政功能等等皆是。

正因農業生產手工藝的材料，如棉、亞麻、羊毛，還有油，它也同時支撐著手工藝的發展，以及仰賴手工藝而形成的社會萬象，如追隨潮流所呈現的形態。全球多數地區都曾發展出某種形式的纖維作物。在美洲，人們曾栽種特定的葫蘆，以製成貯存用的容器，而非用來作為食物。有趣的是，農業對人口成長及科技變化所帶來的影響似乎相互映照、反映彼此，且就其相關程度而言，人口密度可能有效提升了新興社會組織及新興科技所發展的速度。隨著遷居的農業人口在全球越來越多的地方推廣農作物，農業生活及其社會形構（social formation）自然會形成多樣又豐富的飲食方式。

比起前幾代的農業人口遭逢個人健康的惡化，推廣農業本身是否付出了更深層且更長期的代價呢？美國政治科學家詹姆斯．斯科特（James Scott）主張確實如此，因為穀物的增加促成了國家的形成，這些國家先以「稅賦」的形式徵收穀物，再重新分配，用以餵養國民。對斯科特而言，這些國家的生活具有優勢，亦有劣勢[9]。斯科特指出，相對於狩獵、採集生活的「平等主義」（egalitarianism），耕地生活最終加速了政治中「國家」與「人民」的興起。豈止如此，穀物重分配更使資源集中在少數人的手裡，形成了社會不平等的雛形。雖說農業的形成早於國家，但這些早期的國家都曾促使農業工具流動，如此一來，這些工具既成了生產糧食的技術，也成了控制人民的技術。斯科特更進一步主張在近東，「農業的興起」和「國家的出現」相隔甚久，呈現出「建立以農業為主的國家」並非唯一的生存之道；所謂的「野蠻人」以自己的方式快樂地生活著，不急於定居並推展耕地生活。

斯科特在這麼主張的同時，也駁斥了世界史中最主要的熱門論述之一，亦即在文明化的進程中，人類從狩獵、採集進展到農業，還有從遊牧進展到定居，從而出現「國家」這種最適合管理複雜社會下的需求與資源之主要政治形式，乃是一段改善的經過。從斯科特的觀點看來，這不單是一段動植物馴化的經過，也是一段人類馴化的經過，況且，其中還付出了人類自由的代價。城牆之外，遊牧人口持續地狩獵、採集，群體之間醞釀著尚未實現的政治形式，並過著各式各樣的社團生活（associational life），以不同方式獲取、分享飲食，彼此密不可分。最後，一如我們在下一章所要探討的，大宗穀物不但支撐起獨立的國家，也支撐起帝國，其中（比起扁豆等其他熱門的主要糧食作物，更）可在預期之下進行栽種、貯存、運送且烹煮的穀物，甚至支撐起橫跨在歐亞之間的軍隊和官僚體系。

斯科特的主張中最有意義的影響之一，在於它可以讓我們跳脫「農業與利用農業的社會結構單純代表進步」這項假設，毋須把「採集者」和「狩獵者」視為人類發展的幾個階段，但潛在的重要問題在於人類史中栽種、處理、烹煮和攝取食物的特定方式，是否與特定的政治生活相關？這問題不該誤導我們去假設有所謂的「無政府主義」食物和「極權主義」食物——這樣劃分太拙劣，也太粗糙了。只不過，當人類從事勞力密集的手工業時，有些基礎結構的形式（如耕作）看上去確實助長了協同工作與社會生活的特殊形態。穀物的預設用途，也就是我們能夠貯存、輕鬆搬運且用以交換其他必需品或奢侈品這點，最終幫助了國家的崛起。不論相對於遊牧或「野蠻」的群體，國家的優點為何——這屬於道德與政治辯論的標準範疇——有件事則是肯定的：國家留存了較多人類如何生活的紀錄。

從人類漫長的物種史觀之，人類其實很快就進入到定居農業——即使我們在這過程中走走停停、斷斷續續。隨著本書一路探討到近代和當代，後續章節所涵蓋的時程會變得越來越短，不過人類以往在農業上的變化，一直都和近代飲食文化史密切相關。試想二十一世紀的某一道食物，一種相對近代且在料理全球化和實驗下所衍生的產品——塔可（taco）吧。掌廚的會在玉米粉烙製而成的薄餅堆起依照嗆辣的韓式食譜而煮好的牛肉，再鋪上遇熱而融化的美式切達起司。我們注意到這道料理的第一件事，在於它混合了多樣的料理方式，但若再仔細端詳，就會發現這些料理方式皆以玉米、牛肉、牛乳等這些早在歐洲人展開探索且征服的航程前，便已在全球各地流通的食材為底。料理的創意，正是在原料的局限和人類在許久前奠定的良機下，迸出了火花。

短文 2

Akashiyaki at Nishi-Akashi

西明石的明石燒

章魚燒的日文唸作「takoyaki」，它其實是種烤出來的餃子，在日本非常普遍，特別是在路邊或神社舉辦祭典時。章魚燒的師傅會將製作章魚球的鑄鐵燒烤盤置於煤炭或瓦斯上加熱炙烤，藉著散發出陣陣的香味招攬顧客；另一方面，人們也會在攤販前直接開吃。師傅會在內凹的圓形模具倒入麵糊，放進切成小塊的章魚，再進行塑形；炙烤時，師傅還會用鐵籤翻動章魚球，避免球身在變熟轉褐時沾黏模具；最後，他會於球面刷上厚厚一層類似伍斯特醬（Worcestershire sauce）的章魚燒醬汁，撒上「aonori」（青海苔粉）和隨著章魚球所散發的熱氣而翩翩起舞的「katsuobushi」（從乾燥後的鰹魚刨下的半透明薄片），再佐以紅色的醃漬薑絲，甚至可能淋上呈格子狀的美乃滋。這些味道——嗆味、酸味、甜味、來自美乃滋的油脂味，還有海苔的香氣——教人懷念起另一種非正式的平民美食：「okonomiyaki」（御好燒），一種用蔬菜、海鮮、雞蛋調成麵糊後煎熟，再佐以類似配料的日式薄餅。

我們是在沿著神戶附近的海岸中途停留時，才有機會吃到明石燒，也就是章魚燒的變化版。我倆尋尋覓覓，一路找起西明石小鎮內傳說中最美味的版本。後來幸得一位老太太指點迷津，指引我們前往一間極小的店鋪，店內馬蹄形的吧檯大概只有五個座位。在日本若有問題，找「老太太」就對了，她們不但見識淵博，也很樂於接受詢問、聽人訴說——年輕的一輩很少這樣。入店後，我倆一路擠過書報檯、衣帽架，這才找到凳子坐下。周遭烘烤、煙燻又帶點魚腥的氣味，讓我們等不及要廚師快來點餐，而選項只有兩種，分別是「普通」（some）和「特上」（more）。

比起章魚燒，明石燒較軟，蛋味較重，較為精緻，較沒那麼Q彈，但兩者都有包入一小塊章魚，並佐以清淡的高湯作為沾醬。高湯則會撒上蔥花，也可能撒上「furikake」（香鬆）、芝麻、海苔和些許的蝦乾或鰹魚乾，任君挑選。

正如所有象徵性的食物都會引發爭議，廚師、食客和歷史學家也都紛紛針對日本章魚燒的由來提出質疑。大阪在一九三三年所出現的「nikuyaki」（烤肉）是不是明石燒的前身，待其傳到海邊的明石市後才成了章魚燒？還是說這道菜傳播的方向正好相反，是先從明石傳到大阪，才由一位名叫「遠藤留吉」的人在一九三五年把它給變成章魚燒？其實，遍及日本廟會攤販和家庭式餐館的章魚燒，有沒有可能正源自我們二〇二〇年初在西明石海濱小鎮所吃到的這道菜？在歷經所有的爭議與不確定之後，呈現出的是種顯而易見的渴望，既想訴說一段食物源起的故事，也想猜測食物可能的真實版本。在日本當地，人們長年熱中於料理上的變化：正如「日式料理」不只一種，「章魚燒」

也不只一種。實際上，這些激烈的爭議本身才是真正的渴望所在：好好爭論一番才會強化身分認同、強化食欲。這代表人們開始留心、注意。

美食觀光（culinary tourism）係屬日本的重要產業，其中在地的食物扮演著很重要的元素，但即使少了旅遊，「食物具有在地性」的概念也經常是個賣點。一如在加州販售蒙特婁風味貝果可能達到的效果，在東京供應明石燒的特產店藉著喚起人們對這道菜來自何方的記憶，順勢運用距離所引發的美感。縱使你人不能在那，也能「在那」品嘗。

在村裡一間雜亂無章的小店內吃著明石燒，我倆還未離開即產生了想要再回來的渴望。我們且把這稱作「預先懷念」（pre-nostalgia）吧，這股感受在我倆還沒吃完眼前的食物旋即湧現。我倆向來都是「吃貨」，刻意追尋著美食，直到此時體驗到明石燒融化般的軟綿質地、從咬開的洞裡所散發的蒸氣，還有先從丸子，繼而從下巴所滴下的黏稠醬汁。回到東京，我倆在合羽橋道具街——此處坐落著許多供應餐館用具的店鋪——瘋狂找尋著明石燒的燒烤盤。我們確信，這個燒烤盤絕對可以幫助我們回到當下。直到今天，那個燒烤盤仍躺在它色彩鮮豔、激勵人心但封膠尚未撕下的箱子裡，默默地等待章魚的到來。而章魚呢，則對我倆的夢想一無所悉，恣意地浮游在牠的海洋花園裡，不受煩擾。

Chapter 2

古時的主要糧食帝國

Staple Empires
of the Ancient World

「帝國」是個充滿穀物含義的字眼。本書上一章描述了農業可能的起源，以及人類從遊牧轉變到定居農業的過程，本章則是深入檢視古時三大帝國中，「大宗糧食」、「領地」和「身分」之間錯縱複雜的關係。這三大帝國分別為波斯、羅馬與中國，每個帝國都仰賴著穀物賦予食物特定的結構和凝聚力，甚至當領土擴張和商業貿易使其飲食文化變得多元而複雜時，情況也是一樣。「帝國」的英文「empire」係從拉丁文「imperium」演變而來，不論是在地理上相鄰的廣大區域，或是在廣泛分散的若干地區中統治多個種族，皆可稱作「帝國」。「帝國」可暗指不具文化支配權的政治與經濟控制，一如羅馬帝國曾經允許被征服的種族保留既有的生活方式，但亦可指涉單一團體的社會與文化支配權凌駕於迥然不同的諸多團體之上，一如中國古時的漢朝。所有的帝國政府都需要穀物餵養軍隊與朝廷，並確保人民溫飽，畢竟，帝國得先具備人口規模，才會有人進貢。這代表為了處理穀物、使其得以烹煮，帝國內存在一種複雜的行政管理制度，負責監督包含穀物脫殼、運輸，以及碾磨的具體基礎設施。

本章探討約西元前五五〇年至三三〇年的波斯、西元前一七五年至大約西元三〇〇年的羅馬帝國，以及西元前二〇〇年至西元二〇〇年之間的中國漢朝。在羅馬，維生的主食是小麥；在中國，則是稻米；至於在波斯帝國，小麥一直是首要的主食，但到後來，稻米也變得非常重要——波斯以外更是如此。我們集結這三大帝國，藉以觀察到一項概略但卻重大的差異：當每個帝國的「核心」和「周邊」，還有在「王權坐落的中心」和「居民用傳統方式種植、烹煮並攝取食物的偏遠省分」間呈現出料理的多樣性，大宗生產的糧食作物確實較有效地餵養了廣大的人口。定居農業透過一種遊牧所辦不到的方式——遑論狩獵和採集——使得帝國得以出現，同時，古代的帝國也協助許多種族轉變成定居的農業人口，只不過，這經常是在違背他們的意願下實施。

當然，光有主食並不足夠。少了互補的養分，過度仰賴主食其實會誘發疾病；營養不良的疾病，例如壞血病（缺乏維生素C所致）即與熱量並無關聯。大部分的主要主食為穀類（稻米、小麥、玉米、黑麥和大麥），次要主食包括根莖類蔬菜，如馬鈴薯、地瓜和芋頭。至於豆類——包括菜豆、扁豆、豇豆、樹豆、鷹嘴豆及野豌豆（經常種來作為牲畜飼料的豆科植物，但可供人類食用）——則屬於其他常見的次要主食。主要主食和次要主食會在「蛋白質互補效果」（complementary protein effect）中交互作用，也就是人類在食用菜豆或莢豆時，倘若同時結合玉米或稻米等穀類，即可從中攝入較多的必需胺基酸（蛋白質）。尼泊爾的傳統飲食——「dahl」配「baht」（「扁豆糊」配「米飯」）——即是互補效果的絕佳範例，美國紐奧良人在新年時所吃的「獨腳約翰」（Hoppin' John）[1]——菜豆配米飯的料理——也是一例。況且，就算人類把近代

譯註1　源於卡羅萊納州的一種新年菜餚，在白飯上鋪滿眉豆（black-eyed-pea）、甜椒、絞肉或香腸，象徵著新的一年迎來的好運及財運。

的稻米、菜豆、扁豆改良到「面目全非」，絲毫不像它們在近代以前的祖輩，蛋白質互補效果依舊存在。截至二十一世紀初，稻米已經成了全球最多人攝取的主食，餵養著一半以上的世界人口，玉米和小麥則緊追在後。

帝國在擴張的同時，也把大宗的糧食作物帶往世界各地。畢竟，大宗的糧食不單是維生的基礎，也因在收成之後得以貯存而象徵財富。在某些情況下，這能使政府充分掌控人民所配給的數量，從而延伸到掌控人民的營養與自由[①]。此外，遠在硬幣普遍流通之前，穀物也能用來作為納稅或進貢的基礎。收成即是經濟力與政治力的基礎。

因此，主食常會從帝國的核心傳往周邊，也總會經由貿易、征服，以及和地方政權進行政治交涉而被重新定義。縱使帝國可能獨鍾某些大宗穀物，但整個帝國烹煮這些穀物的方式有別，調味、配料及偏愛的醬汁也就跟著產生差異。隨著商旅、軍旅和驛使行經周邊地區，人口與權力的核心也會受到影響。羅馬人統治下的中歐農民可能會烤熟蕎麥，然後乾吃或拌鹽吃，但距其僅數英里之外的鄰居可能會用蜂蜜或高粱糖漿（sorghum syrup）讓蕎麥有甜味，再製成布丁。羅馬人雖把征服的土地作為糧倉——埃及不論是在波斯人還是羅馬人的統治下，皆面臨這樣的命運——東地中海的居民卻也改變了羅馬人的口味。

對有些帝國菁英來說，「食用」是種政治控制的象徵。羅馬人常把已被征服的人民之飲食方式視為野蠻、未開化，卻又會在筵席中擺放此等「野蠻的」菜色，以展現統治者的權力無遠弗屆。沒錯，比起農民，菁英向來擁有較多的飲食選擇，還能大張旗鼓、廣設宴席以彰顯其財力和影響力。在波斯，菁英可以命令工人前往遠方的河床採集珍稀的香草；在中國，一如在羅馬，奴隸從山頂帶著冰雪一路奔下山，才能帶回一桶桶的冰料，以製成王公貴冑所欲享用的冰品；在羅馬，統治階層還享有食用孔雀、天鵝，以及從帝國最遠的角落所帶回的香料等特別待遇。反奢侈法（sumptuary law）致使奢侈的食物變得更具獨占性，較低階層的人就算有能力負擔也無從享用這些食物。為了維持菁英家族之間相對平等的表象，上述法律也禁止這些家族食用過度。我們如今所能辨識出的一些飲食面向——如「料理和階級」、「醬料和社會階層」的關聯性——其實在飲食史中發展得很早。

法國知名史學家費爾南・布勞岱爾（Fernand Braudel）曾言：「數百年來，人類一直囚禁在氣候、植被、動物群體、作物種類，以及緩慢建構而成的平衡之下。」[2]換言之，看似固定的地理劃限下開啟了所謂的文化形式。在古時，擁有道路、軍隊、城市及商業活動的帝國，乃是人們藉以連結各種地理環境、植被、動物和作物，從而學習彼此飲食習慣的動力之一。隨著帝國逐漸罔顧地理上的限制，由人類的田野文化、廚房文化及餐桌文化所緩慢建構而成的平衡才開始發生巨大的轉變。

波斯

古希臘歷史學家希羅多德（Herodotus）曾在一統波斯帝國的「王中之王」居魯士（Cyrus）逝世百年後加以評述，稱「沒有國家會像波斯這樣廣納外族文化」。一如其他的歷史學家，希羅多德透過希臘的旅人、戰後返鄉的士兵，還有其個人的遊歷經驗歸納出這點。雖然希羅多德對波斯的描述曾受到其他歷史學家的質疑，亦曾遭到考古出土的證據所推翻，但這番論述之所以不能屏棄，有一部分乃因波斯帝國本身沒有歷史學家。「寫史」並不屬於阿契美尼德人（Achaemenid，波斯帝國統治者的另一種說法，從居魯士先祖之名「阿契美尼斯」〔Achaemenes〕衍生而來）知識文化的一部分，而波斯王自己遺留下來的言論常常顯得自我膨脹，令人存疑。

希羅多德十分讚賞波斯人的飲食，視之為「文明化的模範」③，在「愉悅」與「克制」之間取得了平衡，意外帶給希臘人「波斯人不管是參與盛宴還是攻城掠地都貪得無厭、索求無度」的既定印象。正如波斯帝國是全球第一個出現的龐大帝國，波斯帝國的飲食也是歐亞間第一個出現的「精緻」料理，因而在料理史占有特殊的地位，所以希羅多德的反應會這麼激烈，也就不足為奇了。相對於一般料理，精緻料理的主要概念在於它是種創新，並和波斯帝國本身的權力密切相關。希羅多德指出，從波斯人的角度來看，希臘人暴飲暴食，遠不止於飽足就好，就連希臘人不吃甜點，也令波斯人震驚不已。波斯人幾乎無法想像沒有甜點這件事。

對希臘人而言，由於波斯人帶有異族的傳統，卻又不足以歸類成「野蠻人」，所以他們難免無法理解波斯人的用餐方式。希羅多德曾經描述波斯人和希臘人在飲食習慣上的差異，稱前者進食有度，後者狼吞虎嚥，但這可能只是不習慣對餐點評頭論足的希臘人在接受富裕的波斯人招待時，雙方於席間所產生的誤解。在前幾道菜上桌時，希臘人就會盡可能把肚子塞滿，不習慣把胃容量分配給很多道菜；反之，波斯這邊的東道主每道菜都吃得少少的，因為他們知道還會有下一道上桌。

波斯在建立大一統的帝國前，曾是巴比倫尼亞（Babylonia）和亞述（Assyria）的附庸國，居住在美索不達米亞東部，也就是札格洛斯（Zagros）山區的另一側。他們早期的料理承襲自遊牧部落，似乎包含了由大麥、扁豆和野豌豆所製成的稀粥。他們食用羊乳製成的優格或乳酪，還有炙烤或水煮牛肉、羔羊肉、公羊肉，也愛吃杏仁等堅果，椰棗乾、杏桃乾等果乾，以及各式各樣的香草。約西元前五五〇年，居魯士確立了他在波斯帝國中央集權的地位，同時征服了美索不達米亞。隨著帝國版圖的擴張，他也結合了波斯人和他從西方愛琴海海岸一路到東方印度河所征服的定居農業人口，於是小麥旋即成了波斯人的主要作物，最終整個帝國囊括了美索不達米亞、敘利亞、埃及，還有一部分的土耳其、印度及阿富汗，並在所謂的「伯里克利時代」

（Age of Pericles，經常用以代稱雅典文明的全盛時期）大放異彩。該帝國最後以宮殿城市「波斯波利斯」（Persepolis）為中心，分由「帕薩爾加德」（Pasargadae）、「巴比倫」（Babylon）、「蘇薩」（Susa）及「伊克巴塔那」（Ecbatana）等四大首都共同治理。波斯帝國涵蓋了肥沃月彎，即在底格里斯河（Tigris）和幼發拉底河（Euphrates）的灌溉下，人類最早馴化小麥和大麥的地方之一，以及人類馴養動物的早期據點。波斯帝國遼闊的疆土為豐富、多元且均衡的料理在文化及生態上提供了絕妙的條件。

希羅多德依序這麼記述波斯帝國前三位「偉大的王」：「國父居魯士」（Cyrus the Father）一統波斯，創建帝國，其子「暴君甘比西斯」（Cambyses the Tyrant）施以苛政，不久之後才是「店主大流士」（Darius the Shopkeeper），而希羅多德之所以給大流士這樣的稱號，係因其行政改革形塑出帝國後來的經濟結構。自大流士統治帝國之後，波斯人透過總督（satrap，波斯帝國任命的權益代表，權力在地方首長之上）管轄各個領地（帝國在不同時期轄理約二十至三十個國家）。誠如法國古代史教授皮埃爾．孛瑞杭特（Pierre Briant）所言，波斯對其已征服的國家採取「強調連貫性」的策略手段，而非遷離當地的人口或進行人口重組[4]。與其大規模地取代當地的行政體系，波斯人傾向當地官員只要願意效忠帝國且向其繳納稅收，即可維持現狀，唯有當特殊的叛亂地區或強大的地方統治者威脅要製造混亂時，他們才會採取較顯著的行動。

大流士在位期間雖以阿胡拉・馬茲達（Ahura-Mazda，瑣羅亞斯德教〔Zoroastrian〕諸神裡的主要神祇）創立了國教，波斯人卻不太有興趣在文化上或宗教上支配人民。隨著波斯帝國擴張而納入多語系世界，其中官方文件的內容係由多種語言組成，如埃蘭語（Elamite）、波斯語及阿卡德語（Akkadian），顯見波斯王並未強制要求人民須以波斯語書寫文件。向波斯王進貢的物品紛紛湧入，常為酒、鹽、麵包和其他便於運送的品項。大流士下令建造，由其子薛西斯（Xerxes）監造完竣的波斯波利斯皇城內的阿帕達納浮雕（Apadana Relief），即呈現出人們以各種容器裝著酒和食物，列隊向波斯王進貢。希臘歷史學家暨哲學家蒲魯塔克（Plutarch）曾言，薛西斯要不是率先征服了無花果的產地，他也就沒機會吃到這種水果。

波斯人在打造帝國的同時，也吸收了他們征服的種族之耕作技術，一開始，他們學習的對象正是農耕技術較為複雜的埃蘭人。埃蘭人種植小麥，其王國位於亞述和巴比倫尼亞的東部及南部。小麥多以麵包的形式為人們所食用，很快就取代了波斯人飲食中的大麥。希羅多德乃是用自己定義的文明化特徵來衡量這個世界，對他來說，農人在牧人之上，因而就他的觀點，波斯人從先祖的遊牧生活進展到農耕生活，其文明化的程度可謂向前邁進了一大步。雖然奴隸會從事部分的農作，但絕大多數的農作都是透過自由的勞動人口完成的。另如希羅多德所稱，富有的波斯人都吃得特別好：烤閹牛、烤駱駝、烤驢子就著大量的酒一同下肚，至於這些酒，則會盛入「來通」（rhyta）——一種經地中海東部種族製成獸首模樣的號角——方才飲用（外界向來認為波斯人酗酒成性，期間雖不乏有人質疑，但希羅多德顯然認同這點）。波斯人還大啖甜點，眾人皆知他們嗜甜，但波斯的甜點卻不怎麼美味；有如整道菜色所扮演的功能，甜點可能只是一種社交的手段，像是設宴的主人可藉著供應大量的肉類展現財力，他也或可藉著供應甜點，突顯他坐擁豐富的糖、蜂蜜或香料。

埃及的尼羅河灌溉著適合種植小麥的大片農地，於是相繼成為波斯帝國及羅馬帝國的糧倉。古波斯語中的「麵包」似乎指出波斯人烤麵包的方式有兩種：一是把「沒覆蓋」或「光禿」的麵包放入某種烤爐烘烤，二是藉著「覆蓋」炭火的餘燼烤熟麵包。許多考古學家猜測，餘燼炭烤（ash baking）不用烤爐即可施行，乃是最早製作麵包的方法之一。匈牙利語言學家雅諾什・哈爾馬塔（János Harmatta）曾在一篇探討波斯帝國境內麵包的重要文章中指出，人類通常會採取以下兩大途徑改善烤麵包的方式：一是改良烤麵團的技術（烤爐，或更棒的烤爐；用來放入麵團的鐵盤或瓷盤），二是添加膨鬆劑而優化麵團本身的質地（膨鬆劑除了讓麵包膨脹、保持新鮮，也使其輕微發酵）⑤。而早期曾有許多例子顯示烘焙師會同時尋求這兩大途徑。證據指出，波斯人在製作麵包時可能曾經使用黏土製成的烘焙容器，才藉以學會使用烤爐，從而漸漸推廣到整個帝國。雖然有些波斯帝國所涵蓋的國家（如美索不達米亞）早已熟知發酵的技術，但波斯人尋求的似乎是改良烘焙的技術，而非投以酵母、優化麵團本身的質地。另有證據顯示，波斯的物質文化——如烹飪技術——已擴展到帝國之外，傳入部分的東歐及南亞。指稱麵包的眾多波斯語之一的「naan」不但傳得又遠又廣，還跟現代孟加拉語、印地語、旁遮普語（Punjabi）、帕施圖語（Pashto）中普遍用以指稱麵包的字詞非常類似。

色諾芬（Xenophon）乃是古希臘雅典城邦的軍人暨哲學家，在其描述某場居魯士的正式晚宴中，我們得知一位精明的統治者是如何運用從座次安排到菜色分配的種種，來與他最信任的朝臣溝通[6]。賜禮可能帶有脅迫的含義；每一份小禮都會提醒收禮者對統治者所該履行的義務。但波斯人正式的用餐型態（無論是否為國宴）不只和權力、財富或社會階層有關，料理亦在這相對概念下的「俗世」中反映出濃濃的宗教色彩。在波斯人的宇宙觀中，他們認為凡人的世界是「墮落的」，但若人類積德行善，這樣的世界便可獲得救贖。「生食」與「熟食」間的差異，即是「精神墮落的層次」與「精神提升的層次」間的差異。就象徵意義上來說，烹煮食物（波斯語稱「pac」）而讓東西變得可吃，即是對於墮落的救贖，而這也正是火的力量。波斯人認為「乳汁」已經由母體「烹煮」；食物也都具有個別的象徵意義。蛋會讓人想起宇宙的天體，雄雞報曉，雞也因而和「光」聯想在一起。波斯人往往看不起生食，還有——甭管希臘人怎麼說的——暴飲暴食，但供應大量的食物代表權力。古希臘哲學家帕立亞紐斯（Polyaenus）就曾描述某場為居魯士所舉辦的奢華晚宴中，有著各式各樣的小麥粉和大麥粉，馬、乳牛、公羊和各種鳥類等等的動物蛋白質，還有乳製品，以及用來製作蛋糕的果乾和堅果。御用的廚房顯然很大，廚師眾多，但參與這類奢華晚宴的人數也不少，而且奢華本身所發揮的社會或政治功能，就和它所發揮的味覺功能一樣強大。

根據人們在波斯波利斯所發現的成套行政文件——又稱「波斯波利斯要塞泥板文書」（Persepolis Fortification Tablets）——波斯帝國所施行的是一種配給系統，其中王室的糧倉和貨倉會按照人民的階級，從朝臣到工匠、農人還有其他的體力勞動者，一路分配食物和其他商品。而且正如宴會中展現的奢華象徵著「王中之王」的慷慨大方，這樣的配給系統也是一樣。在如此完善規畫的經濟體中，食物通常直接掌握在國家的手裡，帝國的權力和人民的日常生活息息相關。自大流士即位起，帝國裡上上下下的波斯人努力提升蔬食的供給，同時打造出既符合實際又具象徵意義，充分體現出「天堂」美景的庭院。這些庭院使用複雜的灌溉供水系統，通常種植有美索不達米亞和波斯特色的植物，像是葡萄——波斯人不管到哪都會種植葡萄。波斯人烹調米飯的技術，還有他們慢慢將「米飯視為小麥以外的重要主食」的轉變，則是受到印度的影響。直到中世紀末，米飯在波斯的普及度才超越小麥，而且從此之後，成為不可或缺的主食之一。波斯還有一些源自印度的甜點，像是炸完再浸入糖漿的「jalebi」在波斯成了「zulbia」，正是敘利亞人、亞美尼亞人和其他人稱作「zalabiam」的前身。近代歐洲區分甜食和鹹食，還有貶低甜點的地位、把它給放在餐點最後或只放入幾道特定的菜色裡，這些現象在波斯都不明顯，波斯的廚師常會以糖、蜂蜜或水果把開胃菜做成甜的。

波斯人也創造出「halva」，一種如今會和整個中東聯想在一起的食物，常由芝麻糊、蜂蜜及開心果製成，而波斯版的「halva」可能加放椰棗、核桃、玫瑰水及番紅花。波斯的「sharbat」（演變成近代的雪酪及冰沙）則是鮮果泥或花瓣泥，有時會加水、加冰作為飲品，或是搭配鮮奶油或優格以湯匙舀食，成為甜點。由醋、薄荷及糖或蜂蜜製成的濃糖漿「sekanjebin」兌水調製之後，似乎向來是帝王在宮裡的最愛，一種可在裝飾得像「天堂」的庭院裡啜飲的午後消暑飲料。這種飲品先是在阿拉伯料理中深獲回響，從而在羅馬帝國變得大受歡迎，更久之後，近代西西里、薩丁尼亞和西班牙南部那些又酸又甜的料理中也都能看到它的蹤跡。後來，阿拉伯學者常常提到早在波斯帝國時期，便可發現阿拉伯料理的前身，如「zirbaj」，一道以糖、醋、洋乳香（mastic）、芫荽、肉桂、薑、胡椒和薄荷處理過的菜肉料理⑦。他們還利用波斯人的「食療」，將其轉換成自身「physik」的來源：將食物和藥物視為一個連貫的系統，根據「熱性物質」和「涼性物質」的原則來組織飲食，而這些物質的「熱」和「涼」無關乎溫度，而是它們會對人體造成的影響。比方說，「fesenjan」——核桃（「熱性」）石榴籽（「涼性」）燉雞——這樣甜鹹兼具的料理就會取得平衡，也有助於人體維持平衡。這樣的料理與原則，最後還會出現在羅馬的飲食文化中。

波斯帝國在落入亞歷山大大帝之手後——有些歷史學家認為他承繼波斯帝國的程度，足以被稱作「最後的阿契美尼德人」（Last of the Achaemenids）[8]——被切割成不同王國，但其在料理上的影響仍一代代地持續著，「karyke」即為一例。「karyke」這種醬料係以蜂蜜和醋或葡萄汁為底，藉麵包粉勾芡，再用香草調味，在古代的地中海世界備受歡迎。但就算希臘人也食用「karyke」，許多人仍猛烈抨擊波斯人飲食無度，致使波斯的高級料理成了一種陪襯，用以映襯出他們所偏好的那種清苦飲食。在這些希臘人眼中，波斯人設宴款待時的食欲就和他們東征西討時的食欲一樣大，但希臘人本身卻進食有度（注意，此處顛覆了希羅多德的觀點），在領土上也崇尚自給自足[9]。希臘人並不全都認同波斯人的高級料理，有些比較富有的希臘人是會仿效波斯人吃起這些料理，但有些希臘人——以斯巴達人（Spartan）最為知名——則反對用餐奢華的概念，一如柏拉圖在《理想國》（*Republic*，約 370 BC）一書中批評斥資設宴，他雖未指名道姓，但他指的鐵定是波斯人無誤[10]。諷刺的是，當波斯帝國落入了亞歷山大大帝手中，雅典這些比較富裕的城邦卻開始打造屬於自己的高級料理，而且說到醬料，還常以波斯的醬料為基礎。希臘人對波斯人的反應為西方開啟了傳統的飲食思維：樂於吃得好，同時認為一個人不該吃得太好，常常是並行的。

羅馬

那年是西元前五〇年。高盧完全被羅馬人征服，包括一處位於當今南法的高盧小村，村內居民正吃著比他們征服者要簡單的飲食——但這一點會慢慢產生變化[11]。以下是希臘哲學家波希多尼（Posidonius）對高盧人的評述：「他們的食物由少量的白麵包和大量的肉類組成，其中肉類不是水煮，就是炭烤或串燒……住在河邊或靠近地中海、大西洋的人還會吃魚——烤過的魚，且在烤前先抹上鹽、醋和孜然。」[12]他指出，高盧人不像希臘人或羅馬人攝取大量的橄欖油，卻像早期的希臘人和羅馬人把大部分的穀類熬煮成粥，並使用鐘形的烤爐烘製簡單的麵餅，類似人們在羅馬所烘烤的那種。高盧的家家戶戶原本會固定自行烘烤白麵包，後來卻追隨羅馬人的模式（大部分的羅馬人不會自己烤麵包）仰賴起陸續出現的獨立烘焙坊。到了西元二十五年，羅馬帝國管制商用的碾磨廠和烘焙坊——這兩者往往開在一起——而光在羅馬城，這類商家大概就有三百間，每間每天都烤出足以餵養三千人的麵包，穀物或麵包遂成了「穀物司」（annona）的作業核心。所謂的「穀物司」，乃是一種向羅馬公民分配食物的行政體系，旨在確保人人都有食物，唯恐因食物供給不足而引發嚴重的政治後果[13]。許多職業烘焙師則是獲釋後的奴隸，社會地位雖低，卻是肩負民眾生計的重要成員。翻遍整部羅馬史，羅馬不斷因糧食短缺和飢荒而動盪不已；穀類可謂至關重要。

羅馬帝國的版圖一路向西擴展到不列顛群島、西班牙，東至亞美尼亞、美索不達米亞，南迄撒哈拉沙漠，北抵蘇格蘭與萊茵河——多瑙河的德屬邊境。羅馬人接納整個帝國在文化上的多樣性，自然而然地，一旦有人往羅馬帝國的歐洲北方而行，他就會看到更多的牛乳、奶油及肉類，遑論啤酒。但羅馬文化也藉由語言、烹飪，還有公民奉獻制度等風俗習慣而對帝國帶來普遍性的影響。羅馬人除了烘製麵包以及聞名於世的修築道路，還把橄欖、葡萄帶往各地，但凡植物在哪能活就進行栽種。特別當羅馬人已將義大利境內大部分的土地耗損殆盡，且將烘烤大宗穀物的方法傳遍全歐之後，北非的埃及遂成了羅馬帝國的糧倉。

但羅馬人並非一開始就烘焙麵包。有一小群農人住在後來羅馬人所統治的義大利並於土地上種植大麥，隨著大麥逐漸茁壯，他們便如希臘人那樣（大麥在希臘許多地方也都生長良好），把大麥煮成「puls」。這種早期羅馬人所吃的粥可能類似當代的波倫塔（polenta），只不過波倫塔一般是由玉米所製成，而玉米直到始於十五世紀的「哥倫布大交換」（Columbian

Exchange）[2]之際才傳到歐洲。一如希臘人會區隔穀類（主食，或稱「stipos」）和蔬菜、魚類、乳酪或橄欖等「添加物」（「opson」），早期羅馬人可能也會在粥品裡加點什麼。羅馬帝國知名的執政官老卡托（Cato the Elder）就曾於西元前一六〇年的記載內容中描述一道由蛋、乳酪和蜂蜜所做成的「puls」。有一說，稱「far」（二粒小麥）乃是羅馬人烘烤麵包的來源，除了早期羅馬人可能用以煮粥，這種小麥在烤過後可能還會變得類似當代的佛卡夏（focaccia），扁平卻鬆軟，適合用來蘸油或蘸醬。不管是二粒小麥還是大麥，都不適合發酵後再行烘烤，因為其中缺乏形成麩質的蛋白。最後，羅馬人著手使用另一種新式小麥：小麥胚芽（*Triticum aestivum*），其中的麩質蛋白較可形成層次、保存氣體，使得麵包膨脹。

在羅馬帝國全盛時期，由多樣麵團所製成的多種麵包為羅馬人的餐桌增色不少。各個種類各有特定用途，譬如能久放的麵包是做給行軍的士兵或出航的水手，以精製白麵粉為原料同時外觀較為花俏的麵包，則是做給有錢人吃的，其中偶會添加蜂蜜、牛奶、酒，甚至是蜜餞、乳酪，或是從印度傳入而在羅馬人的廚房和餐桌都顯得極其珍貴的胡椒。鄉間的窮人則會在全

譯註2　此係美國歷史學家阿爾弗雷德．克羅斯比（Alfred W. Crosby）於《哥倫布大交換：一四九二年以後的生物影響和文化衝擊》（*Columbian Exchange: Biological and Cultural Consequences of 1492*）一書中提出的概念，意指克里斯托弗．哥倫布（Christopher Columbus）於一四九二年首航至美洲大陸，不僅開啟了大規模的航海時代，更聯繫了舊大陸與新大陸，繼而引發各種生態、環境上的巨大轉變。

穀物加入磨碎的豌豆、菜豆、栗子或橡實烤製麵包。麵包最常呈現圓形，相當扁平，人們還會在烘烤之前於麵包表面畫叉，好讓成品易於分食。關於這種麵包，我們可在斷垣殘壁和火山灰間的龐貝烘焙坊中找到保存良好的範例，其中很多係以一種可置於火上或放入烤爐的平底鍋「patina」製成。

相對於鄉間的高盧人，在羅馬化較深的高盧地區，羅馬殖民者和已歷經羅馬化的高盧人如何飲食，反映出了羅馬文化的普遍型態，譬如運用烹飪和飲食來傳達階級、社會影響和權力之間的差異。人們不單以食物多寡來區分富裕的羅馬人和貧窮的羅馬人。其實，有錢人所吃的料理本質上截然不同，而且放眼整個帝國，羅馬化的當地人已開始透過食物呈現出羅馬人傳統的社會階級。高盧的鄉村絕不會呈現出典型羅馬人才會區分的「高級」吃法和「低級」吃法，但村民確實採用了羅馬人的醬汁，譬如以發酵魚做成的「garum」（魚醬），也開始使用橄欖油。「amphorae」為羅馬帝國境內用以運送油、酒等有價液體的雙耳瓶，後來考古學家在高盧各地皆發現「amphorae」的碎片，從而證實高盧鄉間曾有過的轉變。同理，我們對於「羅馬人如何在帝國之間運送食物」的想像也表明，這些變化是透過接觸逐漸產生的，因為羅馬人從殖民地引入新的種植、烹飪和飲食方法，並以其獨特的風格為殖民地供應生活所需。

小麥若是羅馬人最重要的主食，緊接在後的便是橄欖油和葡萄酒，而且不論是富人還是窮人吃的，上述兩者都無所不在，發酵的魚類食品也不例外，除了最知名的「garum」，還有「liquamen」、「muria」及「alec」。在一個沒有冰箱的世界，油、酒及「garum」等物特別珍貴；在一個相當仰賴麵包的世界，魚、橄欖則提供必要的營養。各界普遍都有共識，認為「garum」非常類似近代東南亞的魚露，如泰國的「nam pla」和越南的「nuoc-mam」。製作這些魚露所涉及的專業術語為「控制酶解」（controlled enzymatic autolysis）。多種魚類都可和鹽巴以層層堆疊的方式放入容器，接著，魚體內的酵素會開始自我消化（self-digestion），促使魚身液化，肉質卻不腐壞[14]。為使肉質保持生物化學上的平衡，持續穩定的高溫和高鹽缺一不可，也因此「garum」和其他魚露的產地通常位在地中海沿岸炎熱國家的臨海工廠；早期龐貝生產魚露，如今摩洛哥、利比亞和西班牙的某些地點也是。定期航行的船隻載著「amphorae」跨越地中海，很顯然，與其說「garum」和橄欖油工廠將「當地」美食帶給羅馬消費者，不如說那些都是羅馬美食，只是剛好在羅馬管轄的各個不同領土生產製造罷了。「garum」（雖在羅馬人的餐桌上相當普遍，有時卻所費不貲）可謂藉由豐富羅馬帝國在地中海沿岸的貿易站及貿易港，助長帝國本身擴張勢力，亦不失為食物在殖民經濟上提供誘因的範例之一。

羅馬人把「garum」當作餐桌上的調味料，不但加到食物裡，還加到其他醬料裡（譬如把「garum」與酒混合變成「oenogarum」），而且這些醬料常比波斯人所做的醬料還要複雜。可能的原料包括無所不在的胡椒，八角、西芹籽、芫荽、孜然等乾燥的香料，還有堅果及果乾，新鮮的香草，預先製作的「garum」等醬料成品、橄欖油或蜂蜜，以及蛋或麵粉[15]。假若有份檔案記載著羅馬式烹調的主要風味為何，那麼，這可能會是「又甜又酸」，而且我們普遍所瞭解的羅馬式烹調強調對比，富有人家的餐點更是如此。他們沒有糖，從而仰賴蜂蜜或水果做出甜味。

羅馬人不論走到哪裡，就把烘焙技術、葡萄和橄欖帶到哪裡，還把杏仁、杏桃、櫻桃、蜜桃、榅桲（quince）及歐楂樹（medlar tree）傳至北歐。他們擁有蠶豆、扁豆（當羅馬人從埃及人手中奪得如今矗立在梵蒂岡聖彼得廣場的方尖碑〔obelisk〕，該方尖碑係以船隻運回，船上還附帶十二萬袋的扁豆）、甜菜、高麗菜、羽衣甘藍、寬葉羽衣甘藍、櫻桃蘿蔔及蕪菁，還種植紅蔥、苦苣及寬葉苦苣。羅馬人鍾愛豬肉，羅馬政治家暨博物學家老普林尼（Pliny the Elder）就曾寫道：「沒有動物能讓舌頭嘗到比豬肉更多的滋味：豬肉有近五十種風味，其他動物卻只有一種。」[16]但他們也吃牛、綿羊、山羊，還有更小型的哺乳類，如睡鼠（dormouse，飼養在為其打造而成的特殊容器）和兔子。至於海洋生物，他們食用的種類繁多，從魚、魷到貝類都有。[17]

幸運的是，有如此多羅馬人廣泛撰寫他們的飲食，而且有項來源絕對不容錯過，那就是人們普遍認為由馬爾庫斯・蓋維烏斯・阿比修斯（Marcus Gavius Apicius）所著述的《論烹飪》（*De Re Coquenaria*）——雖然我們並不清楚阿比修斯在史上是真有其人，抑或只是個外界能夠合理認為這麼多的烹飪技藝和料理嗜好皆出自於一人之手的神祕人物[18]。據說，阿比修斯非常富有，他太致力於吃得好、過得好，以致他在落魄潦倒之後，不是減少這些嗜好，而是選擇自殺——至少故事是這麼說的。不過，《論烹飪》中的食譜是用簡易的拉丁文寫成，但凡受過一丁點教育的廚子就會使用的那種程度，而且書中使用的拉丁文縱使簡易，但卻風格迥異，顯見筆者眾多，進一步顯示「阿比修斯」只不過是這群筆者為這套食譜所冠上的一個名字罷了。古羅馬最偉大的演說家西塞羅（Cicero）曾把「廚子」列入那些他認為「不雅」的「行業與職業」，因為這些人「臣服於肉體的歡愉：魚販、屠夫、廚子、漁夫、禽肉商……」[19]

在羅馬的菁英家庭中，來自羅馬帝國各地的奴隸負責大部分的烹飪工作，但準備高級的羅馬式晚餐（羅馬人一天中最正式的一餐，稱作「convivium」，亦表「一起生活」）不但要夠瞭解食材、工具和食譜，還要對「羅馬口味的複雜性」夠敏感，而所謂「羅馬口味的複雜性」，正是一種「奢華」和「簡樸」相互矛盾的特徵。翻遍大部分的羅馬飲食史，其中「奢華」與「節儉」、「熟悉」與「奇特」，還有「在地」與「外地」兩兩對立，卻也同時並行，一如羅馬人會自發性地讚揚有關「羅馬早期」的食物，也會讚揚有關「羅馬的勢力及其帝國遼闊」的食物。

關於羅馬人，特別是那些羅馬菁英，我們對他們的飲食生活最為瞭解（比起窮人，他們一如既往，留下了較多的文字紀錄），他們因其既「簡樸」又「複雜」的矛盾傾向，形塑出獨特的飲食方式，而他們往往會就個人的選擇說出一番大道理，正如他們其實也會就文化、社會生活的諸多面向說出大道理一樣。有些羅馬作家認為自己的先祖飲食簡單、有益健康，並把當代的用餐習慣視為一種腐敗，而且這種腐敗正是受到異族的影響——就算這種異族影響乃是羅馬帝國擴張下的直接產物，因為羅馬人都會把被征服的民族的菜色帶回家鄉。羅馬帝國時期的歷史學家蘇維托尼烏斯（Suetonius）就曾秉持這種精神，讚揚奧古斯都大帝（Emperor Augustus）的飲食簡樸：「他偏愛平民的食物，尤其是較粗糙的那種麵包、銀魚、手工現壓的乳酪……」[20]富裕的羅馬人會在用餐時詳細說明備好的菜色（常常併入異國食材），藉以展現個人的社會地位，卻也同時（有時是透過同一道料理）展現他們對先祖力行簡樸的欽佩之心。

我們透過老普林尼的作品，得知在一場大型晚宴中，富有的主人替自己和一些友人奉上了奢華的料理，在場卻也有其他賓客吃得十分簡單。不論這看似多麼令人費解，但主人顯然努力地想在一餐之內呈現出兩種世界中最好的部分。古羅馬詩人尤維納利斯（Juvenal）採用了如今所謂「產地直送」的方式，把新鮮的肉和蔬菜從他在蒂沃利（Tivoli）的農場帶到羅馬，使得身為自耕農、在道德上受人信賴的他，同時也成為一名世故老練，供應著絕佳食物的東道主，彷彿他履行了一項義不容辭的責任：別忘了羅馬務農的過去，或是這片土地本身。很顯然的，來自帝國周邊的異國食物也許會在富人舉辦的盛宴上出現，但這些菜色卻沒怎麼改變羅馬帝國的飲食核心。它們之所以出現在菁英的晚餐裡，和皇帝之所以找來帝國各地的戰士作為他的隨扈是一樣的道理——為了展現他征服了哪裡，又有哪些人對他效忠。在此讓我們回想起某段歷史：有人說羅馬始於鹽，因為運鹽的商隊在行進期間停靠於某個村落的臺伯河岸，而這個村落，後來成了所謂的「永恆之城」（Eternal City）。羅馬始於各地彙聚而成的風味。

你或可把羅馬飲食文化的核心張力稱作「可辨別的味道」（diacritical taste），亦即在我們進食的同時，也穿梭在多重社會階級的食物之間。「可辨別的味道」是一種彼此之間傳達差異的方式，像是傳達我們在社會階層中的相對地位。這也是正在歷經羅馬化的高盧人所曾努力的方向，因為他們不但取得了羅馬的作物、羅馬的麵包烤爐，還有羅馬對於「食物代表什麼」的概念。類似這樣的轉變在廣袤的帝國上演著，改變了整個歐洲、地中海世界，乃至這些地區以外如何看待食物。就時序來看，波斯的高級料理或許堪稱世界第一，但在羅馬人統治之下，高級料理（相對於低級料理）卻成了一種無論貧富，人人皆可辨識的食物語言。羅馬人的社會階級相對固定，一個人的出身便決定了他的社會階級，但要控制人們如何飲食卻很困難；富裕的平民——如暴發戶——得以仿效那些社會階級「優於自己的人」，他們怎麼吃，自己也就跟著怎麼吃。反奢侈法則是非常普遍，象徵官方對於階級之間的界線感到焦慮。理論上來說，這些法令限制了平民比照菁英用餐的能力，卻常難以切實執行。

羅馬人的正式宴會成了一種傳奇。典型的宴會涵蓋許多菜餚，因為所謂的權貴，乃是由宴會的時間長短，以及菜色的豪華或稀有程度來衡量的。宴會具有特定的架構，包含若干的層次或階段，如最先上桌的是「gustatio」，由少量、簡單的開胃菜組成，其中可能有貝類、沙拉、醃漬蔬菜，還有培根、鹹魚等這些特殊醃製的食物，一方面促進賓客的食欲，一方面促使他們飲酒助興。前菜幾乎少不了橄欖和麵包。「gustatio」和伴隨而來的飲酒旨在讓身體準備好迎接之後的料理。

主菜則是「mensa prima」，由一些意欲使人印象深刻，且常旨在提醒人們羅馬帝國無遠弗屆的複雜料理組成。有些是油炸的料理，雖和中國的油炸料理類似，但可能並非來自中國；其他可能包括昂貴的餐點——如鸚鵡腦或長頸鹿烤肉——以反映出主人的富有。（羅馬人只要有機會，就會食用鸚鵡，當作一種異國美食。鸚鵡原產於多數大陸，但未見於歐陸，似是西元前三二七年時隨著亞歷山大大帝的軍隊才首次來到歐洲，該軍隊在印度發現了這種動物。）㉑在宴會上製造高潮無異是為了得到讚賞，其中「原創性」和「令人吃驚的元素」都很重要，整場宴會儼然是場戲劇般的體驗。奴隸可能在上菜時唱著歌，食物的工程師和藝術家也可能打造出一條潺潺小溪，讓煮好的魚看似悠游其中。一只看似樸素的器皿亦可能在掀開之後，意外地呈現出一道繁複或奢華的料理。一個人除了用嘴吃，他還用眼吃、用耳吃，羅馬人的盛宴不單是為了攝取營養，更是種娛樂享受。

下一道菜稱作「mensa secunda」，意思是「第二張桌子」，通常是甜的料理。羅馬人就像波斯人，並未把甜的料理降格，而留到餐點的最後。「mensa secunda」旨在展示甜點師和藝術家的技巧。整個桌面都會擺滿蜜餞、水果、堅果、椰棗、蛋糕、杏仁膏（marzipan）、蜂蜜麵包，以及用蜂蜜和碎堅果製成的酥皮點心，類似土耳其的果仁千層酥（baklava）。富有的主人可能會在一年中對的時點，遣奴隸前往山裡帶回冰雪，以做成雪酪、冰淇淋之類的冰品，或在碎冰淋上糖漿，抑或放入水果。羅馬帝國朝臣蓋烏斯·佩托尼奧（Gaius Petronius）曾在其《愛情神話》（*Satyricon*）中描寫一場宴會的主人展示了一尊生育之神派亞帕斯（Priapus）的雕像，其性器官竟是以蜜餞和麵包做成，供予賓客大快朵頤。而一路伴隨這些餐點的，正是飄盪在空氣之中，經火盆燃燒香草、香料和乾燥花所接連散發而出的芳香，有些旨在增加氣氛，有些旨在促進消化，鑑賞家則樂於在香氣紛雜的宴會中玩起拆解香味的遊戲。瞭解自己聞些什麼、喝些什麼還有吃些什麼，給予羅馬菁英有別於一般公民的優勢；宴會的藝術，同時也是建立品味和文化資本的藝術。

顯然，宴會與羅馬人祕密祭酒的傳統（orgy）無涉。這項傳統圍繞在狂歡縱舞，而非縱食縱欲；其著重在與神結合，而非與人結合。沒錯，就連在奢華的宴會上，羅馬人也重視有所保留，這樣的保留不單是個人的美德，也是政治上的美德：含蓄地約束帝國本身，又隱約地展現財富與權力。

中國漢朝

一個人若要書寫中國古代的飲食文化，表示他得先熟悉一系列現代普遍接受的觀念。作家和學者常說，在中國，人人都在乎飲食，難民、飢荒和對人口成長的長期恐懼，使得人們須在烹飪上動員所有的動植物種。誠如在二十世紀接受西方教育的語言學家、哲學家暨作家林語堂所言，中國人喜嘗螃蟹，卻也啃食樹皮[22]。林語堂也說，在英語系的國家，多數嚴肅又自認為知識分子的人從不論寫飲食，但在中國，人們論寫飲食已有千年之久。在這裡，外界一向允許，甚至鼓勵學者、詩人和思想家正視餐點。比方說，西元三世紀的西晉文學家束晳就曾寫下一整篇熱情洋溢的〈餅賦〉頌揚麵條及餃類，強調到了哪個時節就該吃哪一種[23]。據說，中國自詡是全世界最悠久的文明之一，且其飲食傳統常被視為源遠流長，根底深厚，因此，享譽國際的

考古學家張光直曾言：「少有像中國這樣以食物為導向的文化，而且這種導向，似乎就和中國文化本身一樣，古老而悠久。」㉔

但我們須對這些普世接受的觀念持保留態度。的確，「食物在中國文化占有顯著地位」這點由來已久，也是事實，但中國歷史亦以「政治斷層」、「文化斷層」，還有「版圖遼闊但毗鄰地域之間迥然各異」著稱，而之所以會出現這樣的差異，有一部分乃是因為中國的地形。在漢朝的統治下，中國毋須進行同化，便整合了迥然不同的飲食文化。一如先前的波斯、羅馬，我們若想談談「中國」的飲食文化，就得先探討其整體性及多樣性。對於茶、醬油、豆腐等這些世人熟知的幾大中國食物來說，沒有什麼是恆久不變的；即使你難以想像當今許多的中國料理少了這些元素會是如何，但它們確實都是歷經時間的淬鍊才慢慢發展、逐漸成形。

中國漢朝的料理具有矛盾性。一如羅馬，奢華、昂貴、極具異國風味又難以取得的食物展現出權力，但官方的哲學觀和道德觀卻也要求人們呈現出某種田園般的節約與簡樸。詩人、哲學家等菁英或許藉由攝取較簡單的食物就能想像出那種理想中的質樸生活，而這樣的舉動和奢華的極致兩兩並存。聖賢有言，炫耀賣弄和講究細節都是不道德的，他們抨擊飲食的繁複，亦對使用遠方的食材深惡痛絕。但質樸有時卻也因為炫耀賣弄，而顯得矯揉造作。

繼混亂的戰國時代之後，秦朝（221-207 BC）最終接替周朝一統天下，旋即又被漢朝取代。

「中國」之名源於秦朝[3]，秦朝替統治的地區命名為「秦」，漢朝則轉而替境內的臣民命名為「漢」，成了漢族，有別於回族、藏族、維吾爾族等許多其他的少數民族。漢朝約始於西元前二〇六年，滅於西元二二〇年，共持續了四百多年，於此期間，有整整一半的人類不是在漢朝的統治下，就是在羅馬帝國的統治下[25]。其中，有一半的人住在地中海沿岸，以小麥或大麥為主食，另外一半則食用小米或稻米——即使許多中國人也吃小麥，只不過是磨成麵粉且多製成麵條或饅頭[26]。中國人向來會區分「飯」和「菜」，前者意指澱粉類的主食，如米飯、麵條、餅，後者則指分量較少，經過烹煮、調味且搭配主食一併食用的肉類或蔬菜。沒有「飯」的食物——可能是一道點心——不足以被視為一餐，而且這在當代中國依舊如此。宴會上的「飯」會出現在餐點最後，然後賓客若在此時狼吞虎嚥，大口吃起米飯、麵條或餅，則會令主人蒙羞——他想必沒提供足夠的「菜」。

此時，羅馬和中國這兩大帝國在歐亞氣候溫和的地帶各據一方，藉著動植物群受益。然而，當地中海促進了政治和文化群體的移動、交織與整合——多透過武力征服——中國的高山及河谷卻使得境內分成不同地區。中國北部和南部的氣候迥異，北方較冷且乾燥，南方則較溫暖且潮濕，作物無法橫跨不同地區蓬勃生長[27]。中國一部分的計畫在於統一這些地區內的群體，而這些群體的名稱，正呈現出中國料理的多樣性，如廣東、四川、湖南、山東等等——但以上僅是西方人最熟悉的四種料理而已。羅馬和漢朝都是承繼先前狀態而立國；兩者都是君主政體，參與政務的貴族頗多，兩者也皆有來自中央和地方的健全官僚體制，如此一來才能治理許多地區性的行政機關。兩者甚至還有接觸，在料理上迸出火花——不論是直接的還是二手的，中國人曾經從羅馬人的手上取得葡萄。此事的經過相當傳奇（但可能並不屬實），據說漢朝最知名的旅行家張騫奉漢武帝（140-87 BC）之命出使西域，這才引進葡萄。

中國自詡擁有多元的動植物種，還兼具各式各樣的地理環境和氣候條件，但唯獨少了地中海型氣候。正因中國介於生物多樣化的東南亞與近東（早期許多農業發展的地點）之間，一向有利其引入各方的料理。就像羅馬人，中國人會藉由提到食物來區分自己和「不文明」的外來者，如蒙古人是飲乳的遊牧人，似乎生性居無定所。帝國雖能接納料理上存有差異，但有些差異顯然「非我族類」所有，具威脅性而難以教人接受。在漢朝的統治下，文化上獨具一格的地區或許會影響漢朝固有的料理，但唯有人們覺得這些地區「夠奇特」，上述情形方才成立。

一如先前的波斯、羅馬，相較於平民的日常飲食，我們比較清楚漢人菁英的飲食。菁英的陪葬品中常常伴隨糧食，透露出地位崇高的漢人都重視哪些食物、飲品、烹調方式等有用資訊。

譯註3　即中國秦朝說，認為中國稱名「China」係來自「秦」（Chin, Qin）的發音。

在一名女貴族的陵墓中，人們發現有幾片小竹簡上刻著文字，描述如何烹煮、調理那些貯存在此的食物。有關方法包括烤、燙、炒（鑊，即炒鍋，似乎是在漢朝發展而出）、醃，不然就是利用其他防腐的食材；調味料則有醬油（大豆的發酵技術於漢朝趨於成熟）、鹽、糖（來自甘蔗）和蜂蜜[28]。貴族陵墓中的壁畫更詳細描繪了宴會時的上菜次序，首先是酒，接著常是燉肉或稱作「羹」的濃湯，之後是穀物料理（貴族多食米飯，而非較廉價的小米），最終才以甜點作結。這些壁畫還描繪出異地才有的肉類，很可能專屬權貴享用，如肥犬、熊掌、豹胸、乳豬、鹿，以及羔羊和牛肉。在波斯、羅馬的盛宴上，主人可用料理的總數彰顯自身的地位。相反地，多數漢人一年只吃過幾回肉，而且常是在年度宰殺豬隻後才吃，農民出於必要（且是非自願）幾乎天天吃素。比起農民的日常餐食，人們的確較易獲知宴會及御膳房的具體細節，但中國意欲發展農業及其保存下來的文獻總數，提供了我們漢朝如何為其子民供應糧食的諸多訊息。在近代工業化農業崛起之前，尚無其他文明達到過這樣的農產量，只有埃及一度相當接近。

美國加州大學人類學名譽教授尤金·安德森（E. N. Anderson）曾寫道：「沒人比得上中國人那樣，澈底地改變了自己國家的地理景觀。」[29]為了追求更高的農業產出及更多的自然資源，中國長期伐林、築堤建壩、引流灌溉農地、修築梯田，以利栽種農作物。在中國，與其說地形本身決定人民的命運，不如說人類的選擇和企圖心形塑出地理的樣貌。早在漢朝以前，又名「都江堰」的岷江灌溉系統之類的水利公共工程計畫就很重要了。然而，在「瞭解中國人口多寡及人口需求」和「決定如何為這些人口供應糧食」方面，漢朝人比前人更煞費苦心。西元二年，他們率先實施了堪稱全球首次的人口普查，得知境內約有六千萬人口。遠遠在這之前，漢朝政府更支持農業研究，公布、分送農民曆及務農守則，正式版本甚至在各地廣為流傳。政府參與發表這類作品並參與水利灌溉等公共工程計畫，正是漢時農業政策的兩大支柱，其他政策還包括徵收低廉或適度的土地稅，保有小農階級（官員表示，小型獨立農場的產值比大型農場的產值還高），並於饑荒時供應食糧[30]。在農業中使用統一標準的度量衡、官方出面穩住農價等在漢朝皆是首見，遑論設有複雜的官僚體制來監督這所有的一切了。漢朝的農業專家亦學著改良中國以外的作物，使其適應本土的氣候。

成於西元前一世紀的農耕手冊《氾勝之書》雖已亡佚，但其遺留下來的斷簡殘篇告訴了後世有關漢朝農業的方方面面。漢朝人會在一年內的許多時節種植主要穀物，在北方，這代表著冬種小麥、夏種小米。農人常用糞肥、煮過的骨頭及桑蠶的殘骸所製成的肥料預先處理種籽，再灌溉稻田，如此一來，春天的水便足夠溫暖，夏天的水也不致太熱。農人還會關心土壤的濕度，這在乾燥的北方代表著碎土，這樣農地的表面才捕捉得到更多的水分。到了冬天，他們會任白雪覆於土壤之上，強風才不致於吹走土壤。為了收集水分，農人會在窪坑內種植葫蘆，或是偶爾栽種穀類。任何一丁點含氮的有機物質都會被保留下來，作為肥料，農人也似乎早將土壤的種類摸得一清二楚。鐵具十分常見。農業雖有官方涉入，但鄉村的農民為了維繫農地產值，一直生活在極大的壓力下，有一部分乃是因為政府常以作物和其他農產品作為賦稅的形式。顯然，氾勝之偏愛勞力密集的耕作方式，就某些學者看來，如此強調勞力預示了中國農業的未來，亦即將來中國農業不會強調技術創新，而會以人類這種生物能源作為提升土地產值的手段。這在後來抑制了中國的農業生產力，衍生出一種「高能量均衡陷阱」（high-energy equilibrium trap），也就是中國人為了維持產出，就算面臨人口增加，卻仍傾注大量勞力，因而耗盡產出的現象。

氾勝之曾經描述「九大主食」：小豆、稻、麻、禾、黍、秫、小麥、大麥、大豆，在小麥、大麥、稻米外加兩種小米之「五大主食」，即漢食文章所提及的常見清單中，再添入四種主食。旋轉的磨石似在西元前三世紀便已從西方傳入中國，以利將穀物碾磨成粉，用以製作麵條或饅頭的麵團，稱之為「餅」，一種在食麥的北方特別常見的主食。中國人也把穀物釀成啤酒或烈酒。但常用以燉煮的大豆，則是與漢朝數百萬貧民息息相關的主食。大豆約於西元前一〇〇〇年引入中國，在歉收之年也能生長，遂成了一種飢餓時的保障。中國飲食裡的其他重要植物還有紅豆、竹筍、大白菜、葫蘆、甜瓜、桑椹、青蔥、芋頭和榆樹葉；一如木蘭和芍藥，韭菜、錦葵（mallow）、芥菜、水蓼（water pepper）也很常見。

漢朝的許多蔬果都是來自本地，但也有其他外來種，如芫荽、黃瓜、洋蔥、豌豆、石榴、芝麻，其中泰半來自肥沃月彎、印度或北非。甜瓜似乎源自非洲，苦橙則經印度河流域傳自東南亞，兩者傳入中國的時間都很早，可能落在西元前二〇〇〇年。其他水果包括杏桃、紅棗、蓮子、龍眼、荔枝、柳橙、蜜桃、李子，以及先前提過的葡萄。調味料和香料則包括花椒、黑胡椒、南薑、薑及蔗糖蜜。《詩經》是中國最早的詩歌總集，成於西元前十一世紀至七世紀，當中就曾列出至少四十五種的可食用植物（反之，希伯來人的《聖經》只提到二十九種）[31]。值得注意的是，漢朝尚未出現豆腐，豆腐可能是待數百年之後，直至唐末（618-906）或宋初（960-1279）才發展而成。最後，從中印邊境傳入中國的茶，也是直到唐代才經人們廣泛種植，進而飲用。

雖然大部分的中國人一年只能吃到一兩次豬肉，比起方便取得的雞肉，豬肉卻穩坐冠軍寶座，成為最受歡迎的肉類。漢朝人一方面負擔不起食用大量的牛肉，一方面受到佛教的影響（佛教於漢時傳入中國）更是避食牛肉，只不過純素者向來罕見，當代的人縱使吃素，也常是基於肉價昂貴，而非出於宗教信仰。富裕的中國人可能會食用鴨、鵝、山雞、鴿子和其他野禽，也可能食用馬、鹿、綿羊和多種鮮魚及海鮮，包括養殖的鯉魚。對漢朝人而言，肉類代表財富和權力，因此，擁有超乎常人技藝的屠夫一次次地現身在中國早期的文學作品，這也許就不足為奇了。以下〈庖丁解牛〉出自《莊子．養生主》，為先秦道家學派代表人物莊周（西元前四世紀）所創作之寓言故事：

> 庖丁為文惠君解牛，手之所觸，肩之所倚，足之所履，膝之所踦，砉然嚮然，奏刀騞然，莫不中音：合於《桑林》之舞，乃中《經首》之會。
>
> 文惠君曰：「譆，善哉！技蓋至此乎？」
>
> 庖丁釋刀對曰：「臣之所好者道也，進乎技矣。始臣之解牛之時，所見無非全牛者；三年之後，未嘗見全牛也。方今之時，臣以神遇而不以目視，官知止而神欲行。依乎天理，批大郤，導大窾，因其固然；技經肯綮之未嘗，而況大軱乎！良庖歲更刀，割也；族庖月更刀，折也。今臣之刀十九年矣，所解數千牛矣，而刀刃若新發於硎。彼節者有閒，而刀刃者無厚；以無厚入有閒，恢恢乎其於遊刃必有餘地矣。是以十九年而刀刃若新發於硎。雖然，每至於族，吾見其難為，怵然為戒，視為止，行為遲。動刀甚微，謋然已解，如土委地。提刀而立，為之四顧，為之躊躇滿志，善刀而藏之。」
>
> 文惠君曰：「善哉！吾聞庖丁之言，得養生焉。」㉜

文中庖丁自認是道教信徒，而所謂的道教，乃是在漢朝獨尊儒術時日益茁壯，並藉著強調平衡而深深影響其飲食文化的宗教。文惠君因本文受惠，他所習得的「養生」之道，同時也是「治理」之道；許多學者曾經表示，中國早期的哲學至少都會涉及部分的政治哲學。庖丁之道反覆地出現在中國早期的文學作品，正因它是一則關於領導力的寓言，呈現出一種「順應，而非對抗周遭環境」、「一如庖丁之刀尋著關節，為一己之身覓得良機」的治理方法[33]。在漢朝以前，保存天然資源——像是秉持仁心管理農業資源——即是儒家作品中常見的主題，和上位者「以德化民」的概念一樣普遍。

文中庖丁技冠群倫的形象，教導後世食物可為我們指引人生。另一種文體，即半詩半文、藉描寫事物而寄托情志的「賦」，則展現出食物乃是日常生活中最重要的部分。在知名的兩大漢賦〈招魂〉、〈大招〉中，食物和烹飪成為了告慰親人亡魂儀式中的一環。招魂者要摯愛的親人歸來，品嘗他們在世時最愛的食物。其實長久以來，供品一直都是中國人祭祖的核心，而且延續至今[34]。在某些情況下，節儉又睿智的漢人家庭會在烹飪時加入「祭拜過的」肉，生者、亡者遂而餵養彼此。

無論如何，一如羅馬在蓋倫式醫學（從生於西元二世紀末、在羅馬行醫的希臘醫生蓋倫〔Galen〕之作品發展而來）崛起後那般，中國自漢朝起，烹飪和醫學向來只有一線之隔。取自動植物的物質被當作藥物，然後一路變成攝取這些物質之人的日常飲食，此外，基於醫療系統強調維持健康、預防疾病，而非單獨醫治特定的病痛，人們認為食物足以影響人體的健康。中國料理的價值和原則從過去到現在，都圍繞著「人體強調平衡」的理論，也就是「氣」的概念。「氣」常被譯為「呼吸」或「能量」，但在多數中國人的心目中，「氣」甚是具體：萬物皆有「氣」，不是抽象、形而上的，而是確確實實地存在於物質本身；某樣東西（包括食物）的「氣」可能屬「陰」，也可能屬「陽」，不是具備剛烈、熾熱的特性，就是陰柔、冰冷的特性。誠如《易經》所言，「陰」與「陽」雖是宇宙本身的樣貌，卻也具備更平凡的意義：「陽」意指向陽的南坡，「陰」則指背陰的北側。古中國的料理手冊亦曾指引身兼大夫的庖子藉著調整飲食或開立藥草、菌類的藥劑，治療病患的生理疾病。

促進中國飲食多樣化——中國料理熱中於雜食的特性——的動力究竟為何，這向來是中國飲食史上的重要問題之一。因為事實上中國持續不斷地發明料理，也幾乎充分運用了每項可用的資源。另一個類似的問題，則在於中國如何逐漸使其耕地變得富饒多產。有些學者主張，人口壓力一向是中國人發明的動力，這既帶動了「農產極大化」的需求，也帶動了「盡可能攝取多種動植物」的需求[35]。但漢朝的發展卻呈現出在中國古代，「人口成長」和「飲食探索」之間未必有著不可分割的因果關係。當漢朝看到當代的人口起伏，它並未預見之後宋朝（960-

1279）面臨人口大爆發，從六千萬人（漢朝的平均人口）增加到一億兩千萬人左右，整整擴張一倍。尤金·安德森主張，早在宋朝人口大爆發之前，中國便已建立農業試驗與農業集約化的傳統。安德森寫道，「我們從近代經驗得知，已經真正活在匱乏邊緣的人們不做試驗，因為他們承擔不起。」[36]但中國人幸運地享有過幾段不虞匱乏的時期，值此之際，嘗試新的動植物種或新的種植法和收成法談不上是場危險的賭注，遂使中國料理能既廣且深。如今，漢朝有項技術遺產就這麼吊掛在數百萬個家戶之中，那就是鑊。人們可用鑊把各種東西有效轉換成餐點，亦可在其中翻炒少量的蔬菜和肉類蛋白，不僅烹調快速，耗用的燃料也最低。

短文3

Coffee and Pepper

咖啡與胡椒

歐西萊爾（Oh Sieh Lair）位居柬埔寨東北且與寮國、越南接壤的拉達那基里（Ratanakiri）省內，其鄰近的山丘種著低矮的咖啡樹，樹上的枝椏白花搖曳，散發出一陣陣宛若梔子花的濃香。附近一座大車棚旁的水泥台上，遍布著數百萬個深褐色的小點：這些都是正經曝曬乾燥的特利奇里（Tellicherry）胡椒粒，其所散發出的氣味，交雜著空氣中的咖啡花香。對農業發展甚感興趣的我，此刻正用自己的鼻子學習著。我拾起一把半乾的胡椒粒，於指尖搓揉，便聞到了一股參雜著泥味的花草香。

但我之所以來到此地，不是因為農業，也不是為了體驗這些香味，我前來是為了瞭解在柬埔寨如此貧窮的一角需要什麼，並且幫助當地的農人子女和「山地人」（mountain people）子女蓋建小學。所謂的「山地人」，指的是來自越南的少數民族，經常遭受排擠。雖然這裡的家庭都很重視上學接受教育，但有時人們亟需童工，也只能先把教育擱在一旁。教師們鮮少高於中學學歷，因此，父母得把子女送往首都金邊。在這，貧窮深深地扎下了它的根，男性的預期壽命是三十九歲，女性的預期壽命則是四十三歲。這裡的農夫種植、瞭解咖啡與胡椒，艱苦度日，還曾歷經許多政治與軍事上的動盪。有些人曾在一九七〇年代被吸收為赤柬的成員，或是遭到鄰國越南的入侵，飽受戰火蹂躪。十九世紀末，來自法國的殖民者率先在此種下咖啡樹，越南人則是種下那些咖啡樹的子代，再投以殺蟲劑和化學肥料。

我雖是來此辦學，但我在咖啡上的個人研究使得我對這些咖啡樹及其為當地發展所帶來的願景備感興趣。最近，柬埔寨的咖啡產業已經獲得外商的具體支持，外國人更是蜂擁而至，就像我，樂於看到柬埔寨的咖啡產業順利發展。只不過，咖啡樹成熟緩慢，從事這行的人得要捺住性子才有回報，有些人便轉而栽種成熟較快的胡椒粒。特利奇里胡椒原從印度的馬拉巴爾（Malabar）海岸傳入柬埔寨，如今柬埔寨境內除了拉達那基里，蒙多基里（Mondulkiri）等許多其他地方也有種植，來自柬埔寨西南的貢布（kampot）胡椒更是一舉躍上了世界美食的舞台。貢布胡椒色呈淡紅，帶有獨特的辣度和香氣。對行銷商而言，柬埔寨的地域性可是賣點之一。

我初來乍到時，似乎罔顧大部分的事物，僅一味地探問咖啡樹，促使我努力地發展咖啡作物，並募集更多的資金建造校園。我清楚明瞭這項發展計畫中的那些歷史軌跡。畢竟，這片土地乃是聽從外來的政權，才開始種植咖啡與胡椒的。每當政權更迭，咖啡與胡椒就呈現出殖民地居民對遠方主宰者的依賴性。然而，當前的柬埔寨政府希望這些作物能夠永續經營下去，足以使當地人民不致轉而栽種較易生長、獲利驚人的罌粟。柬埔寨的咖啡開始有了追隨者，不僅是在觀光客都會購買咖啡的首都，在海外亦然。縱使柬埔寨咖啡在海內外變得越來越有名，它卻仍被譽為「遺產」作物；正如種植咖啡，「遺產」需要時間才會成熟。咖啡與胡椒粒都教人渴望，因為它們刺激感官，還能連結這樣的窮鄉僻壤與外國的市場和欲望。

一如味覺，嗅覺也是種很親密的感官，甚至比觸覺還要親密。嗅覺和味覺都是經由把某物帶入體內而產生作用。我們嗅聞時，物質的小分子進入我們的鼻腔，而我們無法對此進行控制。揮發性物質因其結構不穩定，會釋放出自身的分子。這些分子經由空氣的傳播，進入到我們的鼻腔，並刺激感覺神經元，將訊號傳送至大腦。有機物質往往比無機物值更容易揮發；苔蘚的氣味會比其附著生長的岩石氣味更重。氣味為我們與周圍世界提供了一個寶貴的介面，還提醒了我們人類的脆弱，例如煙味、腐臭味等許多氣味都可能示意危險在即。十八世紀中，普魯士的腓特烈大帝（Frederick the Great of Prussia）就曾利用「kaffeeschnuffler」（咖啡嗅探者，即嗅覺敏感的人）發掘用來進行煽動性活動而遭禁止營業的非法咖啡館：鼻子才是間諜。

沒錯，氣味為我們在進食時帶來了多重感官的體驗，其中包含許多個別的部分，從我們咀嚼時下顎的開闔，一路到動物的肉類脂肪中帶有的味道，在在都是——我們不單單用舌頭品嘗而已。感官研究人員反對「感受到氣味」為我們在品嘗食物上帶來多少幫助，但卻往往同意「嗅覺」（用鼻子感知）才是主要功臣——即使比起許多哺乳動物，人類的嗅覺發展較為落後，可能是最不夠力的一項感官。我們的嗅覺或許相對較弱，但對某些人來說，嗅覺不光彩地提醒著我們身為動物的本質，而這也正是德國哲學家伊曼努埃．康德（Immanuel Kant）如何看待嗅覺，他把嗅覺歸類到遠遠低於視覺（人類最強而有力的感官）的層級。當我們凝望這世界時，我們主掌著視覺，決定自己往哪裡看，但我們嗅聞時，某物進到我們體內，而我們若要防止此事，唯有捏住鼻孔，用嘴呼吸。

但所謂的感官人類學，意指針對我們或許並沒注意到的事物敞開眼耳口鼻。順從各個感官可能會為你帶來意想不到的好處。人行道若以水泥做成，它會在雨後散發出某種氣味，若以磚頭砌成，又會有另一番氣味，而留意到這點，可能會促使你更深入地認識並瞭解都市景觀。每種氣味皆有其情境及文化背景。比方說，隨著部分國家的人們現可合法販售、吸食大麻，此時鄰里間若傳來陣陣的大麻味也就不足為奇，不致令人聯想起非法的嗜好；鄉間焚燒樹葉的焦味可能只是顯示秋天到了；在京都的錦市場漫步時，你可能會聞到不同醃汁所散發的多種氣味，而每種氣味都在訴說著不同的發酵過程。

對歐洲人而言，胡椒之類的香料曾經象徵欲望與貪婪，如今，它們變得如此普遍，以致我們實在難以想像它們過去曾經如此稀有，人們甚至為了找到香料，甘願以身犯險。數百年來，歐洲人都把香料味和奢華聯想在一起。香料象徵著口鼻上的富有。畢竟，要先有人——或者說，比較可能是一連串冒險犯難的商人——以身犯險，香料才可能現身歐洲。一艘載滿肉豆蔻的船隻便足以讓人賺進大把的鈔票，於是，有些人決定讓他人替自己冒險：除了海盜等著「香料商人」（spicer）自遙遠的摩鹿加群島（Moluccas）返回，英國徵稅的船艦亦可有效充當海盜船，登上遠洋的船隻，攫取那些遠遠高於賦稅的貨物。

但在二十一世紀，在柬埔寨，胡椒的獲利尚可，相關軼事也少得多。胡椒是很珍貴，卻不再是人們赴湯蹈火且暴力奪取的主體。我曾在拉達那基里聽說，有種更容易大幅栽種的新作物很快就會取代咖啡與胡椒，那就是腰果。

對柬埔寨政府來說，在巴西土生土長的腰果象徵著某種特別的意義——由柬埔寨自己選擇的資源。柬埔寨腰果政策共同合作團體（Cambodian Cashew Nut Policy Joint Working Group）副主席李奇拉（Reach Ra）旨於「把柬埔寨變成主要的腰果生產方和供給方……以供應本地、區域及全球市場」[1]。在選擇各式堅果的過程中，決策者捨棄了知名又香氣四溢的咖啡與胡椒，轉而投入一種遠不那麼浪漫的商品，為了有利農民生存並鞏固國家的經濟主權，做出這樣的決定並不難。

Chapter 3

中世紀的口味

Medieval Tastes

他們為這次旅行帶了個廚師，
要他把又酸又香的佐料配製，
再加上髓骨和良薑把雞燒煮。
倫敦的酒他一嘗就能夠辨出。
他能烤會燒，善於煎炒善於煨，
做的雜燴濃湯和餡餅是美味。[4]

——傑佛瑞．喬叟（Geoffrey Chaucer），《坎特伯雷故事》（*The Canterbury Tales*）之〈總引〉（Prologue），一三九二年

傑佛瑞．喬叟筆下的朝聖者之一是位廚師。《坎特伯雷故事》描述有個人精通各式各樣的烹飪，而且這些烹飪方式在中世紀末的英格蘭赫赫有名。這位彬彬有禮的廚師備有肉類的菜餚，懂得運用香料，很可能是為菁英掌廚；畢竟，富貴之人才有資格享用香料。這位廚師還喜歡飲酒作樂，他以受雇的身分踏上朝聖之路，暗示著他多少喜歡冒險。來自各行各業的朝聖者正是改變料理的媒介，他們不但影響造訪過的地點，還有後來返回的家鄉。旅行乃是通往料理創新之路，喬叟史詩般的文集始於用餐，續以說故事比賽鋪天蓋地地展開，而且最後的贏家可

在旅途終了再吃一餐，作為獎賞，顯見喬叟之所以這麼安排故事的橋段，絕對有其深意①。本章旨在探討中世紀歐洲人的飲食文化，以及改變這些飲食文化的力量——旅行。旅行不僅改變了土地使用的型態、城鄉生活的動態，還有農業技術暨工具上的發展。中世紀的歐洲顯然沒被歐洲以外的飲食文化孤立在外。香料經由海路、陸路傳入歐洲，帶來強而有力的誘因，促使歐洲人外出遠行、找尋更多。誠如英國歷史學家約翰．基伊（John Keay）所言，香料的供給「有如天氣一樣充滿神意卻又很不穩定」，於是，歐洲人一方面想食用香料，一方面又想更規律、安全地享用香料，終究改變了一切。②

我想在此加註說明「中世紀」（medieval）這詞的起源及用法，相信會有幫助。首先，「中古時代」（middle age; middle ages）的說法（起初為拉丁文）始於十六世紀的歐洲——歷史學家普遍將此視為近代初期——藉以標示出某段就歐洲學者和歐洲文明來說，皆已成為過去的時代。文藝復興期間，人們逐漸認為文明史的順序先是「古典時代」（antiquity），經「中古時代」，再透過學術的重生邁往「近代」（modernity）③。如此排列的時序帶有自我讚許的意思。文藝復興的人文主義者建立起這種看待事物的方式，有效承繼了宗教上「從黑暗邁向光明」——一種

譯註4　譯文摘自《坎特伯雷故事（上）》，黃杲炘譯，遠足文化，二〇一一年十二月初版，第四十二頁。

在中世紀基督教長盛不衰的隱喻。

此外，「中世紀」和「中古時代」是歐洲人的說法，當我們採用以上兩者來描述歐洲以外的地方及時點，就得萬分小心。縱使歷史學家有時會在談到歐洲以外的地區用起這樣的術語，如「中古時代的中國」，但剔除其中談及歐洲的涵義，可謂極其重要。可汗（Khan）主宰了「亞洲的中古時代」，其版圖橫跨了整個亞洲大陸。當今柬埔寨境內的吳哥窟（Angkor Wat），其宏偉的寺廟建築群正是在這段時期蓋建而成，中國甚至還在十一世紀發明火藥。而且就算我們論及歐洲，也該小心翼翼，別讓「中世紀」或「中古時代」太過琅琅上口，彷彿我們確切明白其中描述的內容為何。有些中世紀的食物名稱，如「烤肉」（roast meats）或「烘焙麵包」（baked bread），迄今仍在使用，但中世紀的食物和我們現知的食物有別，動物的品種也不盡相同，牠們更常在完成農作、年邁之後遭到宰殺，而非培育成工業化生產。中世紀的穀類也經常磨成較粗糙的麵粉，其中還有很多不是小麥做的。此外，縱使有些中世紀的料理名稱聽起來很熟悉，例如「派」（pie），但它嘗起來的味道完全不同。

喬叟筆下的朝聖者可不是烹飪上的新手。他們在離開倫敦，途經介於坎特伯雷和聖奧爾本斯（St. Albans）之間的羅馬古道惠特靈大道（Watling Street），並前往坎特伯雷以前，便對食物興味盎然。而他們位於歐陸的同胞可能早已嘗過當時伊比利半島上阿拉伯人所變化過的料理。信奉穆斯林的阿拉伯人後代摩爾人，自七一一年至一四九二年格拉納達（Granada）最終陷落之間，共掌控了高達七成的西班牙土地，且在當地統治七百多年（後來摩爾人多遭驅逐）。羅馬人雖曾在歐洲土地上種過香櫞（citron），但摩爾人率先在此種植了我們更為熟悉的其他柑橘類水果，如柳橙；西班牙也有許多食物源於阿拉伯，並可從食物的名稱窺知一二，像是字首有「a」或「al」，如「arroz」（米）、「albondigas」（肉丸），或是墨西哥的「al pastor」（串烤）。朝聖者所攜帶的蛋糕不但扎實，用蜂蜜賦予甜味、保存（在糖尚未傳入歐洲前的數百年間，蜂蜜特別重要），另以花露——如橙花水、玫瑰水——調味，而以上兩者都彰顯出阿拉伯人帶來的影響。一如其他中世紀的歐洲人，信奉基督的朝聖者還會以醋醃魚，用於貯存或遠行。

朝聖者行至西班牙西北方加利西亞（Galicia）的聖地牙哥康波司戴拉（Santiago de Compostela）——該地名指出拉丁文的「composium」（墓地）或「campus stellae」（繁星點點的原野），相傳耶穌十二門徒之一的大雅各（St. James）安葬於此——便吃起特別的杏仁蛋糕。至今人們仍會烤製同一款蛋糕，稱為「Tarta de Santiago」，用以慶賀人們順利完成朝聖之旅。這種質地綿密的甜蛋糕以杏仁粉製成，糖霜上還刻有大雅各之劍；但諷刺的是，對這些仿若聖餐的基督教蛋糕來說，糖最初竟是由穆斯林的醫生和廚師傳入歐洲。朝聖一事則可追溯至西元九世紀，當時康波司戴拉對基督徒而言已是聖地，加上摩爾人握有南伊比利半島，基督徒遂在北西班牙尋求庇護，康波司戴拉因而在政治上顯得格外重要。國王和位高權重的朝臣不但會在康波司戴拉受洗，死後也會安葬於此，其信仰上的虔誠合理化其政權的正當性。

歐洲各地的朝聖路徑，之後全都在這條通往康波司戴拉的朝聖之路交會（其他道路則是通往基督教另外兩大朝聖地點：羅馬及耶路撒冷）。千年以來，前往康波司戴拉的朝聖者分享了來自歐洲及歐洲之外的故事與食物。這條路雖揉雜了多國的傳說與料理，但加利西亞的特產，特別是當地的扇貝和其他海鮮，逐漸成為這趟特殊旅程的象徵，魚類尤其大受歡迎，因為朝聖者常常力行禁欲、苦行，這對許多基督徒來說，代表著他們一如齋戒期間那樣，捨棄陸生的肉類，轉而擇魚類而食。我們甚至還能在當代看到這樣的傳統，亦即基督徒會在週五（傳聞耶穌死亡的那天）吃魚，而不吃肉。理論上，人們在朝聖期間力求飲食簡樸，應會弭平彼此在階級與財富上的差距，但實際上，富裕的朝聖者還是吃得比貧窮的朝聖者好[4]。農民的麵包係以黑麥、小米等粗糙的穀物製成，十分乾硬，以致食用前得先用酒、水泡軟，與富有人家以精緻麵粉製成的麵包有別。隨著朝聖越來越受歡迎，大雅各的扇貝殼也成了一種象徵，供朝聖者佩戴於頸部。有人說，朝聖者以此食用他人樂施的食物，只舀起與單片扇貝等量的稠粥。姑且不論這段故事的真偽，許多朝聖者確實會購買扇貝殼留念。

說到食物和肉體，朝聖有其矛盾之處，朝聖者一路所歷經的神學背景亦然。對中世紀的基督徒來說，「吃」具有宗教上的涵義，泰半是因基督教誕生之後，基督徒開始避免猶太人所會有的飲食習慣，藉而與其區隔開來。當猶太人拒絕食用特定的動物、認定那不符合猶太教規，將乳製料理和肉類料理分開，並依循嚴謹的方式屠宰所欲食用的動物，抱持著相同精神生活的基督徒可就不仰賴這類的儀式。使徒保羅（又稱大數的掃羅〔Saul of Tarsus〕，猶太人）就曾猛烈抨擊猶太飲食（kashrut）的律法，還有身為猶太人的諸多限制[5]。對基督教來說，肉體，還有性欲、食欲都很重要。性和食物可能會干擾你虔誠的宗教生活，於是齋戒常被視為一種抑制肉欲和食欲的手段。誠如美國的中世紀學者卡羅琳・沃克・拜南（Caroline Walker Bynum）所言，人們認為齋戒（特別對女人而言）「迫使肉體迎來美德」。[6]

中世紀的基督教日曆上充滿了齋戒日，這些日子通常限制飲食，並非全然禁欲禁酒。然而，對基督教相當重要的聖餐禮來說，有些食物（麵包及紅酒）卻是不可或缺。所謂的聖餐禮，是種能與聖靈接觸的儀式，信徒會透過餅酒實體轉變（transubstantiation）的奇蹟，攝取到其救世主的血（請注意，對猶太人來說，血是一種被禁止的食物）和肉。基督徒在從生活中剔除猶太飲食律法的同時，卻仍把飲食當作精神生活的核心。麵包是種普遍存在，卻又自相矛盾的象徵。聖奧古斯丁（St. Augustine）曾於四世紀的一次布道中，把「基督徒在精神上的提升」比喻成「用『有志的基督徒』的『穀物』做出發酵的麵包」：當你接受驅魔，你遭「碾磨」；當你受洗，你已「發酵」；當你承受聖靈之火，你受「烘烤」[7]。就像個別的穀物轉變成一整條的麵包，基督徒也同樣在耶穌的肉體——那條他們自己分食的同一條麵包——之內合而為一。

基督徒的朝聖者常以齋戒展開神聖的旅程（喬叟筆下的朝聖者則是以一場大餐開啟了他們的旅程），而且專心致力於苦行、苦修。奇怪的是，苦修主義並不總是代表著剝奪自己沿途享用美食的權利。雖然知名的法式料理「coquilles St-Jacques」（「St-Jacques」為法文的「大雅各」）是由鮮奶油、葡萄酒調和的醬汁做成——先以奶油煎炒扇貝，上菜時才於殼內放入奶油醬——看似諷刺，但朝聖者有時確實吃得挺好的。小酒館供應他們簡單的食物：冷盤和乳酪，麵包（農夫麵包或更高級一點的），燉菜，甚至還有蔬菜和豆類煮成的中世紀版「minestrone」（義式蔬菜濃湯）。有些朝聖者食用「empanadas」，一種餡餅或可一手拿起的派，裡頭塞滿了魚、肉或蔬菜，乃是近代餡餅的前身，價格低廉，又便於旅行食用。每家酒館也都供應啤酒——在當時，啤酒代表歡迎與健康。其他飲品可能還包括葡萄酒（遍及整個歐洲）和地方特產，如梨酒（發酵後的梨子汁）、蜂蜜酒，或法國境內的一種酸酒「piquette」[8]。朝聖者若在途中找到熱情好客的宗教修會，也可能會在修道院內發現啤酒。

啤酒這種飲品的起源眾多，但卻各自獨立，互不相關。全世界幾乎是在同時發展啤酒，從非洲撒哈拉以南到冰島都是。有些人類學家甚至表示啤酒比麵包更早出現，並提出發酵的麵包

（「lavash[5]」、「chapatti[6]」、「matzoh[7]」等則屬未發酵的麵包）其實源於啤酒，因為空氣中的天然酵母會在潮濕的麵團或液體中發酵，發酵後的啤酒正可作為發酵的媒介，從而「啟動」麵包發酵。美索不達米亞及史前埃及的考古遺址就曾發現相關證據，呈現出類似啤酒的飲品，還有用以製造並盛裝啤酒的陶器。同時，還有揉捏大麥以製作啤酒的古埃及女性雕像，亦有證據顯示蜂蜜被用以保存啤酒並為它添加甜味。在埃及、非洲撒哈拉以南、拉丁美洲還有許多近代以前的地區，女性向來都是製作啤酒（或類似飲品）的人，她們藉著咀嚼穀物，將其吐進共用的容器，再讓經唾液發酵的液體靜置數日、發揮作用，這才過濾飲用。

本篤會（Benedictine）的修士可能正是率先把啤酒花加入啤酒，繼而創造出啤酒那種獨特風味的人⑨。不論哪種情況，本篤會的修士及修女一直都和啤酒有著密切的關聯。在法國，本篤會的隱修士暨主教聖愛諾德（St. Arnold of Soissons, c.1040-1087）被視為啤酒釀造商的守護神，常被描繪成頭戴主教冠，手持攪拌棒，以在啤酒發酵時翻攪糖化槽內的混合物。在生活中，聖愛諾德主張比起有些人滴酒不沾，大量飲用艾爾啤酒（ale）的人較不可能患病；傳聞更指出

譯註5　亞美尼亞的扁麵包拉瓦什。
譯註6　印度烤餅恰巴提。
譯註7　猶太人在逾越節食用的無酵餅馬佐。

他囑咐信徒別喝清水，改喝啤酒，拯救他們免受瘟疫荼害。然而，喝啤酒是不是一概比喝清水來得健康，向來都是史上爭論不休的主題。

啤酒與酒醉時的粗暴、吵鬧無涉。許多釀造後的啤酒酒精濃度甚低（常被稱作「淡啤酒」），不致使人喝完之後喪失行動能力。在中世紀的歐洲，女性通常掌握著全家人的健康，而會經過審慎衡酌，才給孩子飲用這種「淡啤酒」。請注意，啤酒並不是一種假外界專業人士之手所製成的工業產品或手工藝品，釀造啤酒乃是日常家務的一部分，換言之，這是女人的事。

幾乎任何穀物都能做出啤酒及艾爾啤酒，但人們長期以來都選用大麥（這種作物的好處之一，是比小麥耐寒）製成大部分的歐洲啤酒，其他常見的主要成分還有酵母菌和啤酒花。大麥會先「發芽」（malted）——浸濕後使其萌芽——在這階段生成大量的澱粉酶，再經加熱中止生長過程，使澱粉酶將澱粉轉換成糖。發了芽的大麥可經烘烤強化口味、深化色澤，再加入啤酒花（一種開了花的爬藤類植物）作為防腐劑，藉其釋出的苦味平衡發芽時產生的甜味。酵母菌則把糖轉變成酒精，不但作為防腐劑，就某種程度來說，亦可為淨化劑。

在英格蘭，被稱為「酒婆」（ale-wife）的女性居家釀造啤酒，並與親友鄰里分享。但當羅馬教廷訂定了釀造啤酒的新制度，酒婆便沒活兒可做了。天主教廷在與法國和當今德國境內的修士合作下，發放啤酒的釀造許可（實為「格魯特」〔gruit〕的使用許可；格魯特是中世紀所使用的啤酒香料配方，由蓍草（yarrow）等多種香草調配而成，可為啤酒增添風味；啤酒花在當時僅是格魯特的替代方案），並收取費用，也就是釀造啤酒的稅賦。於此同時，教廷的修士可藉著使用格魯特釀造啤酒，協助自己的修道院支付稅賦。對家計單位不利之事（禁止花錢購入啤酒的釀造許可）反倒間接促進了啤酒的發展：修士擁有時間、資源投入實驗，大幅改善啤酒和艾爾啤酒的品質，致使釀造出來的成品比居家釀造的更為出色。後來，到了新教改革（Protestant Reformation）期間，馬丁路德挺身而出，鼓勵其他新教徒抵抗教廷壟斷格魯特，而僅用啤酒花代替；他甚至指出格魯特中的香草致生幻覺，暗示教廷的啤酒癱瘓整個歐洲。[10]

路途漫漫漸使旅店、酒館及酒店須向旅人供應點心，而其中通常包含簡餐、啤酒及葡萄酒[11]。隨著旅店、酒館逐漸因服務良好、餐點美味而名聞遐邇，便開始競相做出最棒的「table d'hote」或「host's table」，亦即「套餐」。由於中世紀的熱情好客並不代表賓客可以自由選擇餐點，後來城市中才出現「a la carte」（單點）的菜單。都市裡最早的餐廳起初只能向觀光客供應「燉湯」（restorative），人們最後遂以「restaurant」稱之。然而，酒館不只代表了食物、飲品，以及歇息的機會，當各地之間詳加劃分，「外地人」或「陌生人」可能只是用來稱呼來自其他城鎮或其他村莊，也可能是來自其他國家的某一個人，酒店同時扮演著一種場所，可讓人們一口氣得知來自遠方的消息。相較於十七世紀才在美洲、英格蘭成立的咖啡館，中世紀的旅店及酒館不但預先考慮到，還滿足了廣大客戶群的需求，包括離鄉背井的旅人。

鑑於近代普遍存有餐廳料理，我們是值得談談對中世紀歐洲社會的名門望族來說，在自家以外的場所用餐，是件多麼不尋常的事了。其實在眾多社群中，與家人共進餐點是種世俗的標誌，夫妻一齊用餐也常被視為婚姻健全的象徵[12]。十五世紀以前，倫敦市內沒有類似近代這種可以坐下來的餐廳，但卻有「市集熟食店」（cookshop）可供人們（主為窮人和勞工階級）買到現成煮好的菜餚[13]。家裡沒有烤爐的人則可備好食材，再攜往供其使用烤爐的專業廚房。旅店、酒館的確屬於複雜的社會設施，因為它們可使人們在自家以外租用傳統的當地資源（一處用膳的餐桌、一張過夜的床鋪），而這些處所，正可能為「公開、隱私和與社會背景迥異之人共享空間」之類的概念帶來改變。[14]

歐洲史上規模最大的「朝聖」莫過於十字軍東征，這是一項不怎麼像要改變摩爾人的信仰，反倒像要征服、滅絕摩爾人的行動（摩爾人偶爾也被稱作「薩拉森人」〔Saracens〕，直到十六世紀，歐洲才開始普遍使用「穆斯林」這詞）。這一連串由激進的新近教廷所發起的長期活動，最重要的幾次發生在十一世紀至十三世紀，始於教宗烏爾班二世（Pope Urban II）在一〇九五年呼籲民眾加入遠征軍，以從伊斯蘭人手中奪回聖城耶路撒冷，不久之後，未經教廷批准的「平民十字軍」（People's Crusade）加入了第一次十字軍東征，由基督教農民自行前往聖城，而他們常在發現猶太人時進行屠殺（相較於遠方的摩爾人，猶太人最接近他們憎恨的目標）。當時信仰基督教的歐洲之所以展開這次勇敢無畏的行動，有一部分是因基督教最後不僅傳遍了地中海，也傳遍了先前異教徒所在的不列顛群島及斯堪地那維亞。「crusade」這英文字本身是到十六世紀末才出現，源於法文的「croisade」，意表「背著（或被劃上）十字架」。

雖然年輕的十字軍可能背負著「為耶穌基督征服聖城」的正規使命，但他們還帶回了當地的食物，有時更帶回了製作食物的女人，作為俘虜。然而，多數獲得正式批准的十字軍都是非常貧困、年輕且見識淺薄的鄉下人，對他們來說，自家壁爐之外的食物是很奇特，但不怎麼誘人，聖城的食物就跟他們在那遇到的人一樣「未經開化」。他們一直很感興趣的只有香料，認為這些香料具有經濟價值，而非烹飪價值。激進的基督教有效利用了來自西歐各地的年輕人，這些人在太平時期大多集結成在外遊蕩的幫派分子，對社會秩序造成難以控制的威脅。教宗曾經承諾這些人若在為耶穌奉獻時身亡，可直接進入天堂，他們遂而在教宗的放縱下，透過攻打教廷在東方所認定的敵人，如曾於一〇七一年擊敗拜占庭帝國（Byzantine Empire）的塞爾柱土耳其人（Seljuk Turks），而找到新的天命。藉著將其送往他處征戰，家鄉的人也能夠擺脫這些逞兇鬥狠的少年人。沿途劫掠算是額外的好處，香料才是帶回家鄉的戰利品中最重要的，因為在這之前，香料只有透過重要的貿易路線（特別是絲路）零星地傳入歐洲。

但截至目前，我們僅描述過人們行經的道路及其享用的特定食物。在中世紀的歐洲，「吃」本身是件不確定的事。穀物的供應取決於收成，而收成又取決於氣候：雨量太少會致災，雨量太多又會讓貯存的穀物潮濕腐爛。但歷史學家各持己見，認為關鍵不是在於「無法預測的收成乃是糧食保障度最重要的因素」，就是在於「歐洲封建制度下的管理技術」，或是「從出口禁令，到政府管控物價、囤積食物、頻繁參與軍事行動等其他林林總總的社會因素」。比方說，托斯卡尼的城邦佛羅倫斯在與另一城邦西耶納（Siena）交戰時，就曾用盡全力截斷西耶納的穀物供給。⑮

不論是什麼造成這樣的不確定性，貯藏、保存穀物以因應日後的需求非常重要，卻也耗費人力、財力。比起富人，窮人遠遠更常挨餓，而且無法歸咎於氣候。營養不良、飢餓都是常見的人為現象，反映出社會上的不平等。歐洲的農民常常挨餓，為了應付吃力的工作，但凡能吃就會吃得很多，而且飲食多由穀類、莢豆類（在英格蘭多為菜豆、豌豆、野豌豆）、蛋白質和極少的肉類組成，每日可提供三千五百至四千大卡。在英格蘭，唯有最富有的農民才會週週吃上八盎司的豬肉或其他肉類（最常來自乳牛、山羊、綿羊、豬隻等動物）。許多人會剝奪農民餐盤內的食物，比方說稅吏，他們常要農民繳出穀類還有雞蛋、乳酪等其他可運送的食物，當作稅收。頻繁徵稅導致農民營養不良。一個人一天中泰半都在栽種、收成、看照，或處理、烹煮食物；多數現代人並無法理解他們投入的時間和勞力。同時，相較於二十一世紀的子代，中世紀歐洲的動物和作物普遍較小，產出的食物較少，需要處理的步驟也較多（在廚房裡更費工）。

匱乏激發了只有飢餓的農民才幻想出來的事物。不論是法國農民口中的「樂土」（Cockaigne），還是低地國家（指今日荷蘭、比利時、盧森堡及法國北部及德國西部地區）農民所指的「安樂鄉」（Luilekkerland），它們都只是某項主題的變化版，亦即一處你若知道往哪尋找便可抵達的人間天堂，四面環牆，應有盡有，宛如伊甸園[16]。但這些牆以粥糊成，你可以從頭吃到尾。「樂土」中不僅肉類充足，動物其實也想被人類食用。煮熟的鳥兒直接飛進人的嘴裡，豬背也已烤熟、切片，甚至放上叉子，然後豬隻就這麼頂著突兀的叉子走來走去。潺潺小溪流淌的是啤酒、葡萄酒，抑或你所想喝的其他飲品。不消說，人人不必工作就能享用這些，而人體另一種主要的歡愉——性愛——也在那等著你去體驗。「樂土」中善與惡的類型跟基督教歐洲善與惡的類型恰好相反：怠惰、暴食、色欲全都成了美德——起碼成了人們競相追逐、邁向歡愉的道路。

咱們重返俗世吧。中世紀的人們吃些什麼多由社會階級決定。很不幸地，在文學、簿記尚未廣泛發展之前的時期，相較於農民的日常生活和飲食，我們反而比較清楚菁英的日常生活和飲食。我們須得結合考古上的證據、記事、歷史、法令文件以及先民在農地所殘存的物品清單，才能促使前者再現[17]。此外，我們已經大致瞭解皇族盛宴的樣貌。根據記載，英格蘭國王亨利四世的宮宴極盡奢華之能事；一四〇三年，在其迎娶納瓦拉國王卡洛斯二世之女胡安娜（Joan of Navarre）的婚禮上，一開始的三大「前」菜就已涵蓋各式的肉類：禽肉，如兔子（當時被歸入此類，現在偶爾也是）、閹雞、山鷸、乳鴿、鵝、天鵝；紅肉，從鹿、羊，乃至豬、牛都有；以及三種魚肉，再分別烹調成五六份不同口味的菜色。

正因人們這時尚未把甜食貶成最後一道稱作「布丁」或「甜點」的菜色，所以每道菜都還包括甜食，揉入鹹點一併出現，然後這些鹹點本身不僅帶著甜味，還帶著一股香料味，或可讓西方食客聯想到近代鹹點的風味[18]。每道菜更有自己的「沙拉」及「果凍」，有些形似戴冠的黑豹，有些形似戴冠的老鷹。在類似的宴會中，人們若於桌上看到可能是用絞肉搭建而成的城堡，或是看到一種動物的肉被刻成了另一種動物的模樣，這些都不稀奇。每場盛宴充斥著化妝舞會般的奇思妙想，且這樣的發展吸引了喬叟的注意。《坎特伯雷故事》中的一名牧師，就曾猛烈抨擊這種戲劇化的盛宴，視其為七宗罪之一「傲慢」的表現[19]。我們鮮少在這段時期所留存的菜單上看到葉菜類或其他的蔬菜，但這可能是因為它們太過普遍，不值一提。

歷史學家曾經深入探討中古世紀歐洲農業的成敗及其全面的政治經濟[20]。倘若羅馬帝國以廣泛的農地耕作為特徵，那麼，在其衰亡（亦是羅馬高級料理的衰亡）數百年後，我們可以看到隨著耕作及人口下降，大部分的歐洲開始重新造林。世世代代的農民都吃得相當簡單，他們多仰賴當地氣候下生長的穀物，輔以其他蔬菜和偶爾才會出現的少量動物蛋白。當查理曼（**Charlemagne**）的法蘭克軍隊在八世紀末行軍時，他得命令帝國（已一統大部分的中歐）內的農人種植特定的作物，以確保軍隊擁有足夠的食糧。在一份名為「維利斯之都」（*Capitulare de Vilis*）的古代文件中，人們描述了繼查理曼之後的卡洛林皇族（Carolingian royals）於地產上的規畫，使後世能夠一窺法蘭克貴族所種植的作物與攝取的食物。這些作物與食物的種類繁多，包括牛蒡、蘿蔔等根莖類，高麗菜，還有萵苣、芝麻菜等比較耐寒的葉菜。法蘭克人還種洋蔥、青蔥、大蒜，以及南瓜等各種瓜類。文件上並列有茴香、櫻桃蘿蔔，以及蘋果、無花果、榲桲、櫻桃、李子、梨子、蜜桃、歐楂等水果。的確，單一貴族家庭似乎不可能在一年內就全數種出這些品項。糖係於十一世紀傳入歐洲菁英的手中，而在這之前，多數人知道的甜味劑只有蜂蜜。

約從十一世紀至黑死病來襲的十四世紀中，歐洲逐漸變得富饒。農人因人們口中常說的「中世紀氣候適宜期」（medieval climatic optimum，又稱「中古溫暖期」）受惠，所謂的「中世紀氣候適宜期」，乃是一種較溫暖且乾燥的氣候條件，約從七〇〇年持續到一二〇〇年，使得人們可在山坡較高的地方種植作物，可耕地變多，從而提升收成量。但這並不代表耕作是容易且可信賴的。在中世紀的鼎盛時期，農人得在不耗竭土壤之下，想方設法增加生產力以趕上人口成長的挑戰。但休耕的品質並不穩定，且在有些地方，人們不斷地使用土壤、剝奪了其中的養分。一如歐洲各地的農業，英格蘭的農業容易受到危機的衝擊，農民還得面臨封建制度否定他們向來用以耕作的資源，轉而改變耕作方式，方得度過難關。在這些情況下，決定每季栽種什麼堪稱是場賭注——常常還攸關生存。

但也出現了一些新的工具。藉水力和風力驅動的磨坊澈底改變了英格蘭處理穀物的方式，正如它們改變了整個歐洲處理穀物的方式。這一點至關重要，因為從中世紀早期至中世紀晚期，歐洲人越來越倚賴穀物作為主要的熱量來源，另一方面，天主教熙篤會（Cistercian order）的修士會在自己的修道院附近廣泛使用磨坊，也促使碾磨穀物日漸普及。根據一項數據指出，截至一〇八六年，在英格蘭境內運作的水車磨坊就有五千六百二十四座，有些甚至架設在駁船之上。

人類在使用鋤頭等早期農具時，會以兩大新式犁具作為輔助，即「刀鋤鐮犁」（knife plough）及「犁壁鑄模」（mold board），而這兩大犁具係經「抓」犁（"scratch" plough，一種自古典時代以來透過人力才能使用的犁具）大幅改造而成。犁壁鑄模在接上另一項創新農具——馬軛（horse yoke）或馬頸圈（horse collar）——後變得更重，而能在充滿黏土或積水的農地上犁得更深，生成較長的犁溝，促使農人在下鋤、灌溉、除草、收成時提高效率。此外，馬兒所套上的頸圈及鞍轡若不致勒得太緊，牠們耕作起來更有效率，而馬蹄鐵亦可強化馬兒在泥濘中的抓地力，防止滑倒。這段時期的人們也進行伐木。從英格蘭到中歐，林地成了農地。就經濟面，比起無法豢養牲畜的地區，人們往往鍾愛可以豢養牲畜的地區，有一部分是出於農民可以較輕易地把畜產品從遙遠的農地送往市場——不論是牽著牛隻步行前往，還是把乳製品（特別是乳酪）分成個個價值不菲的小包裝——除此之外，過程中所需的費用也較低廉。

雖然農產增加確實促成了廣泛的人口成長，但自一三四八年後，歐洲因為爆發黑死病導致人口急遽下降。這種淋巴腺鼠疫始於亞洲，先是於一三三一年累計殺死了數百萬名中國人，後又在歐洲奪走了絕大多數的人命（基於地方上的差異，死亡人口有的占原有人口的三分之一，有的占三分之二），窮人最是慘烈。歐洲菁英擁有足夠的食物、較良好的衛生，以及可供差遣的奴僕，幫助他們遠離窮人染上的瘟疫及遭逢的不幸。黑死病也使各地政府開始留意市場上販售的飲食是否安全，許多城市還通過法令，要求肉販、魚販撤下腐壞的商品，在夏天，這也就代表未能於送到市場的第一天就順利售出的所有物品。

瘟疫使得人們逐漸對養生之道產生興趣，而常把食物視為「醫療的頭號利器」㉑。雖然中世紀的醫生汲取了蓋倫著作中的內容，承襲他整體上認為遵循「適度運動及適度飲食」的養生之道、穩健踏實地進行即能常保健康的概念，並據此照料著菁英的需求，中世紀晚期的平民卻也因民間流傳的養生法獲益匪淺。當時的藥典常可引導人們如何運用香草及植物，但平民無法讀懂這些作品（其實放眼整個歐洲，人民的識字率很低），坊間遂而充斥著以中世紀英文寫成的圖書資料，內含瘟疫相關的短文，如勃根地的約安尼斯（Johannes de Burgundia）於一三六五年完成的《流行病專著》（*Tractatus de morbo epidemi*），當中就建議平民一方面如何防範瘟疫本身，一方面如何從飲食上著手。

隨著印刷術於十五世紀問世，除了這一類的圖書資料，另一種新興的圖書資料——食譜——也跟著蓬勃發展，即使早期的食譜不是為老百姓而寫，而是專業的廚師寫給同行看的。法國宮廷御廚泰爾馮（Taillevent）於十三世紀末或十四世紀初所寫的《膳人》（*Le Viandier*）正是早期最知名的食譜，其中反映出皇族，亦即作者烹飪的對象在用餐時的策略。由於喬叟筆下《坎特伯雷故事》中的廚師曾經秀出一道食補的料理，此人想必也對醫學略有涉獵。相傳閹雞對臥病之人有益，因而得有人烹煮才行。香料一方面可為食物增添風味，另一方面可用作藥物，此事實非巧合，因為中世紀在營養學上的邏輯，本就沒有特別區別「藥品」和「營養品」。香料來自東方，人們普遍認為它們可能來自人間的伊甸園。[22]

繼黑死病之後的那段時期，都市化的趨勢漸長，農民原先擁有的耕地再也無法因應所需，他們遂而開始尋找資源集中的地區。黑死病是犧牲了許多人命，但卻只是在歐洲正要展開一連串的變化時，暫且讓它放慢腳步而已。截至十二世紀中葉的歐洲，都市生活開始顯得不那麼引人注目，不再只是原始鄉村社會中特立獨行的生活方式。最初由羅馬人修築的舊路形成了一條條的輪輻，匯聚成都市樞紐。商品與資訊沿著帝國的古道緩緩移動，香料等罕見的奢侈品才一路成功地傳入廣泛的歐洲社會，影響歐洲人的品味。阿拉伯貿易商把菁英才負擔得起的香料，以及權貴才配享有的貨物（例如絲綢）帶往城堡、宮殿。商人不僅向買家稱讚著薑或薑黃的療效，更默默頌揚著琥珀及綠松石，還有珊瑚及龍涎香所代表的社會地位。富有的人首當其衝，率先感受到料理上的創新，而中東獨創的水果「薄餅捲」（leather）正是其一，它先是傳入法國、義大利，後來才一路傳往歐洲其他地區。中東人之所以做出這種東西——杏桃等水果經乾燥且壓成薄片——是為了保存過季的水果，也方便旅行攜帶。人們可用手撕成長條直接食用，或是切成小正方形、放入熱水中融化，泡出一杯營養又美味的飲品。新口味往往先從真正富有的菁英發展出來，再「慢慢下滲」（trickle down）至較沒那麼富有的人——他們會模擬社會地位較優越的人所發展而出的口味。

中國漢朝建立了人們口中常說的「絲路」，數百年來，絲路一直都是連接、發展歐亞，並且串起中國、印度次大陸、波斯、阿拉伯與歐洲的主要力量。在拜占庭時期（四世紀至八世紀），長程旅途和貨物交換仍因絲路變得便利。爾後，到了歐洲中世紀期間，伊斯蘭人的影響和蒙古人的霸權沿著絲路數條不同路徑上移動的貨物及旅人留下了痕跡。絲路或因運送絲綢而得名，但絲路上也運有香料、原料和食譜。

許多人認為麵條是藉由絲路傳入歐洲，其實這不太正確，因為麵條、麵食或餃子並不只源於一處，它們似乎是在不同地方、不同時點裡發展而成。傳奇的航海家馬可波羅曾於一二七九年至一二九五年行經絲路，而他在之後把麵食從中國傳入義大利（某些義大利的資料來源則傾向麵食是從義大利傳入中國）的故事幾乎可以確定是杜撰的。證據顯示，不論是在歐洲還是中國，麵條早在馬可波羅東遊前就已存在。

麵條和餃子都是由穀粉製成的麵團經滾水煮過後的形式（又如某些情況下，餃子是用蒸的）。麵條可以只是將麵粉和水，經手　或掐捏成一塊塊或一束束，再放入滾水烹煮，因此，無論麵粉是在哪碾磨而成，麵條都可能在許多地方屢經人們的「創造」。義大利文的「pasta」直截了當地譯成了英文的「paste」。同以水和麵粉製成的麵團可以變成薄麵餅，而空氣中的酵母若引起發酵，原先的麵團便可能成了一條粗製的麵包。西元前一世紀，義大利還在羅馬帝國的統治下，人們會在千層麵之類的料理放入一張張的薄麵皮。阿拉伯人也有麵條，稱作「ittriyya」，是種用粗粒小麥粉（semolina）製成的乾麵線。隸屬於阿拉伯帝國時期的北非人會在布丁、麵包、庫司庫司（couscous，即北非小米）和麵食中使用粗製小麥粉，也就是杜蘭小麥的胚乳，而且在北非，粗製小麥粉仍相當普遍。它約在一一二〇年代傳入諾曼人所統治的西西里。二〇〇二年，中國人在黃河沿岸的出土文物中，發現一種保存了四千年的麵條，係經前人徒手拉伸延展麵團而成。這種佐以香料羊肉一併食用的手工麵條，在新疆和中國西部的其他地區依然很受歡迎，同時也是彰顯在地料理的一大特色。

從中國經中亞、俄國到歐洲，還有從漢朝到現代，絲路沿途的料理傳統顯然一直持續著。除了都有麵條之外，大部分的絲路料理都出現由某種主要穀物製成的薄麵餅，從中國人用煎餅佐以羊肉或鴨肉，到印度的「chapati」、俄國的「lapyoshka」，乃至亞美尼亞的「lavash」等都是。在中亞，居於山區而與世隔絕的群體也有自己的麵包，並且透過商隊將麵包食譜發揚光大。這種麵包可快速在磚塊上、平岩上，甚至在鏟子背面烘烤而成。絲路沿途的群體也都喜愛羊肉、果乾。

中世紀期間，絲路上最常見的香料就是孜然、芫荽，以及丁香，而且後者幾乎和肉豆蔻（nutmeg，與肉豆蔻皮〔mace〕[23]同為三大肉荳蔻科肉豆蔻屬〔*Myristica fragrans*〕植物的產物）

一樣昂貴。肉豆蔻後來變成全世界最昂貴的香料，最終甚至現身喬叟筆下的《坎特伯雷故事》，成了「放入艾爾啤酒裡的肉豆蔻」㉔。阿拉伯商人將其他香料輸往歐洲，如薑、肉桂，中國商人則在遠行的配備裡放入八角、芝麻、孜然和芫荽。但歐洲列強逐漸厭倦了中間商——不論是阿拉伯人、中國人，還是常與前兩者打交道的威尼斯人——終於邁出步伐，前往原產地找香料。起初，歐洲的船艦依循已知的路線，之後才修正改進，致力以更便捷的方式取得稀罕且昂貴的原料，如肉桂、肉豆蔻及胡椒粒。早期探索香料的任務都是勝算渺茫的賭注，每三艘東行的船隻中，僅能回來一艘。甚至，有時回來的船隻早已不是原來的「香料船」，而是載著已被劫掠的香料、「代替」被害者完成任務的海盜船。當然，香料只不過是些乾燥且散發香氣的種籽、根部、樹皮、果實、鱗莖或塊莖，但其利潤太過可觀，對於想要發財而甘願涉險的人來說，他們擁有足夠的誘因航向印度（為了胡椒和其他香料）或印尼群島（為了丁香、肉豆蔻和肉豆蔻皮）。

縱使印尼群島中的「香料群島」（Spice Islands）非常重要，印度卻一直是多數香料最重要的來源，而且產量很高。直到本書付梓之際，印度都還是全球最大的香料生產國，每年的種植和採收量占全球總量的百分之八十六。即使在古希臘只有菁英階層才有機會品嘗印度香料，這些香料的故事卻仍令古希臘人深深著迷。至於羅馬人，隨著羅馬帝國的版圖擴及更遠的亞洲，他們也更容易取得胡椒粒，進而對胡椒培養出格外的偏好。根據羅馬遠征軍的紀錄顯示，就連最基層的士兵都會在印度購買胡椒。印度西南的馬拉巴爾成了羅馬香料商的目的地之一，他們還能在那找到豆蔻、胡椒及肉桂，不過肉桂可能長在更東邊的中南半島。大家在猶太儀式、天主教儀式和基督教儀式中所熟悉的乳香（frankincense）與沒藥（myrrh）則是薰香用的香材，便以保存食物，或為食物增添香氣。這些香料出現在《聖經》中，於歐洲地中海沿岸存在已久，除了在阿比修斯於一世紀寫成的知名羅馬食譜，連在坦米爾人（Tamil）描寫希臘人航至南亞且斥資買下胡椒的作品中，都可看到它們的蹤跡。[25]

歐洲人斷斷續續地尋找起通往「香料群島」的海上之路。「香料群島」即包括班達群島（Banda Islands）在內的摩鹿加群島，位於當今的印尼群島。由於阿拉伯人為能確保將肉豆蔻及肉豆蔻皮的貿易握在手中，不願對外透露摩鹿加群島的位置，因此，順利登島成了一個難以實現的目標[26]。但在一五一一年，葡萄牙人發現了摩鹿加群島，並奪得了這些香料的掌控權。自此之後，摩鹿加群島一直都在葡萄牙人的控制下，直到荷蘭人在十七世紀取代了葡萄牙人。隨著歐洲列強陸續奪下這些島嶼，他們彼此透過軍事和外交來決定由誰掌控該地區的各個部分。為了確保繼續持有肉豆蔻，荷蘭人用一處位於北美、名為「曼哈頓」（Manhattan）的島——北美原住民萊納佩人（Lenape）所曾居住的土地——和英國人進行交易，換取了一處長有肉豆蔻的小島「盧恩」（Run）。荷蘭人「在一六六七年的《布列達條約》（Treaty of Breda）中」，取得了一片遠比未來的世界金融首都更有價值的土地，於是，他們在摩鹿加群島建立政權，嚴禁從香料群島出口種籽或植物，並有效掌控了丁香、肉豆蔻及肉豆蔻皮的出口[27]。截至十八世紀，這些島嶼都是歐洲人唯一能夠取得肉豆蔻的來源，但到了一七六九年，法國人皮耶・鄱佛（Pierre Poivre，其姓氏「Poivre」即表「胡椒」）將肉豆蔻走私到印度洋西南的法屬島嶼模里西斯（Mauritius），且讓肉豆蔻樹在那蓬勃生長。

此外，海盜及私掠船變得跟香料商一樣普遍。他們最典型的策略就是按兵不動，等到好不容易載滿丁香、肉桂和肉豆蔻的船隻折返，方行掠奪。但海盜並不是回程船隻所會面臨的唯一風險。國家海軍也可能會襲擊飄揚著外國旗幟的船隻；比方說，英國海軍曾經搖身成為私掠船船隊，一六六五年，擔任英國海軍考察員的日記作者塞繆爾・皮普斯（Samuel Pepys），就曾目睹英國人襲擊荷蘭的船隻，稱「無上的財富就這麼散落在吾人畢生所見最混亂的場面中——每個裂縫散落著胡椒，你踩踏其上；多到過膝的丁香和肉豆蔻，我漫步而過——所有空間看上去如此壯觀，我此生此世從未見過……」[28]香料船自然希望自我防禦，在妥善的武裝配備下航行，軍方的護衛艦遂成了香料船的「de rigeur」（必備的一部分）。

到了十八世紀至十九世紀初，香料所造成的衝突最終慢慢減少，有很大一部分乃因到了那時，香料的生產不再局限於印度和東南亞的少數島嶼。法國人及英國人把種籽和植物從印尼帶往他們在加勒比海與非洲沿岸的殖民地，並發現它們在那生長良好。但就算香料變得更普遍，因而變得更廉價，它們卻仍保有異國的氛圍，以致讓許多歐洲人聯想到太平洋或加勒比海上的小島。他們可能幻想著這些島嶼正是伊甸園般的福地，大自然會主動（sua sponte）生成豐富的物產——你若沒直接體驗過熱帶的炎熱和疾病，的確很容易產生這樣的幻想。

然而，在香料變得更普遍之前，香料貿易豐富且改變了某些歐洲的港口。試想一下亞德里亞海北方的威尼斯——拉丁文傳統稱作「La Serenissima」（最寧靜的共和國）——有著令人稱羨的港灣。截至五世紀為止，威尼斯向來都是羅馬香料貿易的核心，到了十世紀才躍升為城邦。整個中古時代，它一直扮演著連接西歐和阿拉伯世界的重要管道。十三世紀至十五世紀之間，威尼斯人漸漸主宰了大部分的東西貿易，其中也包括奴隸交易。特定的食物也從這裡引進歐洲，譬如甘蔗是由阿拉伯商人經印度傳入威尼斯，之後威尼斯人將甘蔗加工成「糖餅」或「糖塔」，不然就是用以製成小糖果或蜜餞（英文的「candy」即是從阿拉伯文表「糖」的「kand」演變而來）。有些香料如今雖會使人聯想起西歐的甜食，譬如肉桂，但在當時，人們則會盡情地把這些香料放入肉食和蔬食。十六世紀初，咖啡經由威尼斯傳入歐洲，起初人們在飲用時，還認為那是一種「異教徒、土耳其人才喝的飲料」。[29]

其實，對其他歐洲人而言，他們懷疑威尼斯人本身開始變得異國化，他們似乎不夠歐洲、不夠像基督徒，而且太過拜金，以致於對上帝不夠虔誠。截至十五世紀，在歐洲列強為了追求香料和財富而競相爭奪殖民地之前，威尼斯基本上支配著香料源源不絕地流入歐洲，而且其中多是透過與埃及貿易往來。當一四九二年哥倫布出海橫渡大西洋時，每年運經威尼斯城邦的黑胡椒可約達一百五十萬磅。威尼斯的建物常常飾以東方的式樣，一如伊斯蘭或佛教的建築結構，看上去不是圓頂，就是拱門。[30]

有些歷史學家主張，香料貿易造成歐洲的財富如此集中，以致成為早期資本主義崛起的要素之一[31]。德國歷史學家沃爾夫岡・希維爾布奇（Wolfgang Schivelbusch）甚至在其《味覺樂園》（*Tastes of Paradise*）中斷然主張：香料是種料理上的催化劑，一下子就把歐洲世界從中世紀，轉變成近代、激勵式貿易、探索與經濟上的發展（遑論蓄奴與征服）[32]。但隨著香料有助於形塑出歐洲的近代世界，它們有一部分的吸引力也慢慢消逝，最後人們已不再像中世紀那樣，把香料和遙遠且彷若伊甸園的東方福地聯想在一起。香料的普及使其從伊甸園中除名，化為俗世之物，人們遂而把香料和殖民主義、國際政權的角力——多為歐洲列強間的競奪——聯想在一起。

不論我們是否欣然接受野心勃勃的列強在歷史上所為己方提出的說詞，香料及香料貿易確實有助整個世界在許多方面澈底轉型。自農業問世以來，尋找香料發揮了催化作用，為全球的飲食方式帶來最重大的改變，也就是歐亞和美洲大陸之間生物有機體（動物、植物、微生物）的交換。正因這是始於哥倫布努力想藉橫渡大西洋抵達香料群島，如今我們把這稱作「哥倫布大交換」。

短文 4

Before Kimchi

辛奇之前

二〇〇三年，為了和友人共進韓式料理，我從當時居住的京都飛往首爾，而且旋即瞭解到自己將「韓國食物」視為單一集合名詞式的民族料理，著實是大錯特錯。當你不在某種料理的原生地，你的評論很容易變得通泛，譬如你若住在日本，「日本」食物便會轉變成琳瑯滿目的複雜料理，無法一概而論。

那家首爾的餐廳名為「池花子」（Jihwaja），其中的菜色仿自古朝鮮王朝早期的宮廷御膳，從十四世紀末到十五世紀初的都有，這也就代表這頓飯完全不含西方引進的食材，像是十六世紀才傳入韓國的辣椒。因此，就現代韓國人對自己國家食物的理解，這算不上是一頓韓國餐。典型的韓式料理又紅又辣，藉由國內種植的辣椒增溫、添色，但這實非朝鮮半島本土特有的。那天我所嘗到的美食不辣，比起我們如今所認知的韓式料理，不僅顏色淡得多，整體也精緻不少。

約在那時，有齣韓國電視劇風靡一時，名為《大長今》。這部傳奇劇描述的是近代初期朝鮮的宮廷御膳及藥膳食療，使人想起另一種不同的韓國，遺世而獨立。劇中年輕的女主角奇遇不斷，亦使觀眾樂於藉著追劇，逃離在一九九〇年代晚期所爆發的亞洲金融危機，更能經由觀看朝鮮在全球化前的宮宴呈現何種樣貌，而讓古朝鮮變得傳奇又浪漫。《大長今》多少呈現出一種自「全球化及國外影響」下遁隱的朝鮮文化，一種對朝鮮原住性（indigeneity）的頌揚。我在池花子所吃的那頓飯也是，該店係於一九九一年開始營業。

池花子的菜單須由服務人員解釋的地方實在太多，以致菜單上幾乎都有註解。整頓飯吃下來安排了幾道湯品：一是放有菜絲的味噌湯；二是海帶冷湯；三是牛肉清湯。此外，還有餃子（韓文稱「mandu」）及麵條，和鹽漬的蝦子一併燉煮的牡蠣，豆腐料理，許多由蛋、蘿蔔、高麗菜和海鮮所製成的小菜，以及更多我早已記不得的佳餚。只不過，店裡也有比較現代的菜色，教人吃驚：滿臉歉容的服務生端出了用韓式辣醬（gochujang）——自「哥倫布大交換」之後才出現且無所不在的辣椒調味醬——製成的辛奇，彷彿就連標榜是「哥倫布大交換」之前的這頓韓國餐，也不能沒有這種辛奇。

端出這份辛奇，顯見池花子屈服於一項簡單的真理，那就是任何一種民族料理，都沒有最道地、最純粹的版本——倘若那指的是一種不受其他地方和其他傳統所影響的烹飪風格。即使沒了韓式辣醬裡的辣椒，這頓飯仍不算道地，因為我們處處都能看到中國帶來的影響，不論是大豆（爾後製成的味噌、醬油），還是米飯、筷子，樣樣都是從中國傳入朝鮮的。

我們是能試著剝開一層層的「外國」食物，從我們的料理中剔除，但到後來，我們既找不到核心，也找不到絕對的韓國食物，更找不到任何一種民族料理最「固有」的樣態。這類事情壓根就不存在。但現代顯然流行藉著「穿越古代」而努力促成這類的事。你大可把這種行為稱作你正在表達一種「現代擬古主義」（modern archaism），實際上意指你對當代感到惱怒，從而強烈地感受到自己有必要逃離現代。因此，人們尋找起「真正的」（authentic）食物，試圖在多少經過證實而恆久可靠的料理中有系統地編纂文化與身分；因此，人們追求「原初的」（original）食物，也就是一道料理在經過反覆修改、迭代變化前的第一個版本。在一個動盪的世界裡，我們何不夢想著較不艱苦的過去，任隨其中毫無雜質、最是純粹的單一文化澄清定義上的每一項爭議、風味上的每一道疑問，同時打造出一趟心靈上的朝聖之旅，沿途通往一個「起源」、一個「源頭」？謎樣的事物自有吸引人之處。有關辛奇的起源眾說紛紜。有些考古上的證據直指這道菜由來已久，可溯及古代（畢竟，它毋須用到苦椒醬裡的辣椒，那項後哥倫布的產物）；發酵用的陶器也顯示「kimjang」，即辛奇製作的方法，已有數千年的歷史；但卻有其他學者主張辛奇沒那麼古老，乃是朝鮮半島受到中、日影響之後才有的產物，致使各界議論紛紛、爭辯不休。倘若「真正的」民族料理本身就是個謎，人們便會持續不斷地尋找謎底，這才是最有趣的地方。

我在池花子用完餐的隔天仍舊感到不知所措，幾乎無法好好地端詳食物。我有氣無力地瞄了一眼自己的韓式早餐——一碗鋪著辛奇的「jook」（米粥）——然而，就算是在這種狀態下，那早餐聞起來依舊美味。要是沒了辛奇，你還算得上在「吃」嗎？

Chapter 4

哥倫布大交換／世界的重塑

The Columbian Exchange,
or, the World Remade

「哥倫布大交換」指的是歐亞大陸及美洲大陸之間自一四九二年所展開的動植物移動。本章描述了這兩大陸之間既有的食品貯存室如何合而為一，並帶來如此廣泛的影響，以致美國歷史學家阿爾弗雷德・克羅斯比在其經典的研究書籍《哥倫布大交換：一四九二年以後的生物影響和文化衝擊》中提出了這項概念，敘述一種突然發生、具關鍵性且又翻天覆地的變化，彷彿全球馬鈴薯的重新分配正是驟然隆升的火山島鏈[①]。這一點都不誇張。試想一下披薩吧——披薩的特色係以歐洲歷史悠久的脆薄麵餅為底，再鋪上例如番茄這種新大陸植物——大家想必會點頭如搗蒜。

在近代初期，克羅斯比筆下的生物巨大變革重新形塑出全世界的農業和飲食方式。這始於歐洲人抵達了他們後來所稱的美洲大陸，同時「發現」當地居民所熟知的那些土地。歐洲人引進了新奇、怪異的動植物種，像是豬、乳牛、馬（馬在戰時本身就是種駭人的武器），帶來了美洲原住民在生理上無從抵禦的致命疾病，還把糧食作物和其他食用植物帶回歐洲大陸，繼而改變了從大不列顛群島到東亞，乃至更遙遠的地方的平民和菁英所吃的餐點。中國地方性料理中所放入的辣椒，最早即是出現在當今的厄瓜多，至於花生，最初則是在當今的巴拉圭或玻利維亞馴化而成。不久之後，一如遠古的皇室菁英，中國的王公貴冑也會向賓客招待自遠方帶回的異國原料，展現自己的財富。而歐洲人殖民美洲大陸，也為「新世界」的原住民、移民者及其後代子孫重新打造出嶄新的飲食方式，一如它重新打造出所有的一切那樣。

全球料理文化的改變超乎了人類以往的認知。試想一下，如今義式料理中還有哪些經典的菜色：一盤烤甜椒及烤櫛瓜的前菜，或是一道拌以新鮮番茄醬的麵食或玉米粥。義大利人早在一四九二年前（其實是早在一二九五年，即馬可波羅從中國返回義大利前）就有麵食，其他菜色則尚未出現。韓國食物中也還沒有辣椒，我們對韓式料理所熟悉的那種辣，其實是十六世紀以後的事。愛爾蘭也還沒種植他們最具代表性的馬鈴薯。有些輸往舊大陸的食物（如玉米、樹薯）若沒先經過新大陸原住民特有的技術處理，可說是毫無營養，甚至是有毒的。

由於航行在十五世紀的公海實在風險太大，沒有人會獨自出海，並橫跨大西洋進行探索之旅。當歐洲人西行抵達香料群島，他們追求的是財富。他們希望這些新的航線會比原先所熟悉的航線更安全、更快捷，也較不會受到海盜侵擾。一開始的冒險家係來自西班牙和葡萄牙，即哥倫布、瓦斯科·達伽馬（Vasco da Gama）及斐迪南·麥哲倫（Ferdinand Magellan），他們都是十五世紀末至十六世紀初的第一代航海家，眾人耳熟能詳。造船品質的提升促使他們遠征。在當時，中世紀較脆弱的小船幾乎出了地中海即遭覆滅，熱那亞（Genoa）及葡萄牙的船廠遂發展出一種橫帆、六帆且適合遠洋航行的較大船隻，稱作「卡拉克帆船」（nau; carrack）。十六世紀初，葡萄牙人駕著卡拉克帆船啟航、遠征東方，到了一五一五年，葡萄牙的貿易商在一五一〇年便已納為葡國屬地的果亞（Goa）中，以銀交換香料。這些船隻的排水量逾千噸，迅速使它們順利駛向中國、日本，開啟了東亞的貿易路線。眾所周知，哥倫布誤以為加勒比海上的島嶼即是東南亞香料群島的延伸，而常在日誌中提及他和「Cipangu」是如此接近——他沿用了馬可波羅的說法，稱日本為「Cipangu」。但哥倫布及其船員所遇見的動物、植物、梯田及人口，對那些曾經真正到訪香料群島的人來說，卻是如此新奇，如此陌生。

美國特派記者查爾斯・曼恩（Charles C. Mann）曾在其著作《一四九一：重寫哥倫布前的美洲歷史》（*1491: New Revelations of the Americas Before Columbus*）中深入研究哥倫布前的美洲文明，並指出論寫美洲原住民的作品雖不計其數，卻多誤以為美洲原住民並未改造自身的環境[2]。其實，一如這世界的其他地方，美洲原住民不但涵蓋多元人種，他們和大自然的關係也同樣錯綜複雜。美洲原住民有自己的「新石器革命」、農業的問世，並於後來稱作中美洲、南美洲及北美洲的各地耕作，在很多情況下改變了環境，以適應農業——縱使有些群體或多或少真以狩獵、採集維生，且在並未受到如此大幅改造的環境棲位下繼續生存[3]。北美東海岸的部落在生火烤魚時，都會深度焚燒沿岸的林區；從北美大平原（Great Plains）至大西洋沿岸，原住民則會用火修整林地、使其變得稀疏，藉以做出人造平原，好在其上馴育成群的野牛，作為食物的來源。對狩獵而言，火也是一種普遍存在的工具。

待哥倫布抵達南美洲時，許多城市已在當地蓬勃發展許久，像是蒂瓦納庫（Tiwanaku）及瓦里（Wari，印加人的先祖）兩大對立文明轄下的城市；有些馬雅（Maya）的城市坐擁數百萬的人口，皆以農耕維生、以玉米為主食。其實外界有此一說，稱馬雅文明之所以驟然殞落，乃因他們在人口成長下開發了過多的耕地，而當他們亟需耕地之時，土壤侵蝕摧毀了原有的農業。雖然許多北美（尤其是北美大平原）原住民社群所過的生活在技術上較不那麼繁複、先進，他們卻願意跋山涉水、千里迢迢地去從事交易、與人交流。哥倫布時期即已存在長達千年的貿易網路。就一四九一年各大帝國的疆域而論，印加帝國堪稱世界第一——縱使它在西班牙人抵達不久即被征服。

乃至到了一八三四年，諸如喬治．班克羅夫特（George Bancroft）的歷史學家都還主張哥倫布前的北美向來是「毫無產出的荒地」（unproductive waste），意指北美從未歷經任何的農業發展。但自那時起，有許多學者開始指出疾病和歐洲征服者摧毀的不僅是美洲上的人，還有美洲上所曾建立的文明。其實「歐洲人抵達美洲時，看到的是一幅伊甸園般無拘無束的景象」一壓根是種錯覺，歐洲人在滲透、征服美洲大陸期間所帶來的疾病害死了太多的原住民，以致文明的象徵——如原住民為了獲取食物來源而改良自然環境——逐漸消失。林木將曾以火修整而出的裂口填滿，梯田狀的山坡再度長滿植物，養來食用的牲口四處遊蕩。

哥倫布（其義大利原名為「Cristoforo Colombo」，一四五一年生於熱那亞，一五〇六年卒於西班牙的巴利亞多利德〔Feria de Valladolid〕），在西班牙伊莎貝拉女王（Queen Isabella）和斐迪南二世（King Ferdinand）的資助下，在原已妥善繪製但卻危機四伏的東行航線之外，著手找出更近的航線通往香料群島。從歐洲出發的一般航線耗時較久，商人會先橫渡地中海，跨過陸地進入紅海，航經阿拉伯海、孟加拉灣，這才抵達摩鹿加群島。此時眾人早已知道地球是圓的，而和傳說中相反的是，哥倫布啟航不是為了證明球形理論，而是他從這概念推斷出香料群島可藉由跨海西行抵達，並且推測這麼一來航程較短。他希望自己既能一帆風順地航行在開放的水域，又可避開印度洋上揮之不去的海盜。當他抵達好不容易才在航行途中找出位置的美洲大陸，他堅信那就是香料的來源，即使地面上的景觀、原住民、動植物群全都和從摩鹿加群島歸來的香料商所描述或帶回的截然不同。在尋找丁香、胡椒及肉豆蔻的過程中，哥倫布反而找到了「aji」，即當地人所說的辣椒。他在自行命名為「伊斯帕紐拉」（Hispaniola，此島現隸屬於海地及多明尼加共和國）和加勒比海的其他島嶼靠岸，但卻拒絕接受事實，承認自己的所作所為，極不尋常。他不斷堅稱自己幾乎已經抵達摩鹿加群島，不是以鼻子聞嗅，就是以手指搓揉當地的樹木、種籽及根莖植物，信誓旦旦地說這些可能就是肉桂、丁香或薑，並解釋它們之所以嘗起來味道不對，乃因「時令不符」。哥倫布直到逝世之前，都還深信他只消再航行一日、再差那麼一點兒，就能抵達摩鹿加群島。

縱使哥倫布沒帶回東方的香料就回到歐洲，他的航行激起了許多人紛紛追隨。葡萄牙航海家麥哲倫便是在一五一九年展開他著名的個人航程。麥哲倫得益於哥倫布的發現，預先得知美洲介於伊比利半島與珍貴豐富的香料之間，卻不清楚他實際上得要繞著美洲航行多遠的距離，才能經過它繼續前進。麥哲倫在繞經南美洲並橫渡太平洋的那些日子裡，都是在缺少新鮮食物或可用淡水的絕望下度過的。後來，麥哲倫命喪菲律賓酋長之手，他麾下殘存的水手最終找到了摩鹿加群島及珍貴的丁香。當初追隨麥哲倫離開西班牙的水手約有三百名，但最後順利返鄉的只剩四名，而且他們幾乎沒有因這趟致命的旅程領到任何賞金。

厄爾朵拉杜（El Dorado，意表「鍍金之物」〔the gilded one〕）又稱「黃金國」，乃是一片以金色鵝卵石鋪設街道，並以珍貴寶石鑲入大理石宮殿的土地。後來，厄爾朵拉杜的黃金傳說吸引了許多歐洲船隻駛向新大陸，但返回的並不多。其實，隨著海盜獲知了最多人航行的非法交易路線，遂而掠奪去程及回程的旅行家，更頻繁的船隻往返只會徒增海上航行的風險。沒有冒險家會隻身一人貿然出海，反之，他們會在歐洲各國和本國貴族的資助下，代表這些人出海遠征。從十五世紀至十七世紀，旅行家不是探索全新的路線通往已知的目的地（如摩鹿加群島），就是策畫更加危險的發現之旅，前去找尋新的土地和新的利潤來源。於是，歐洲人找到了他們從未見過的居民、作物及各式各樣的動物。

葡萄牙人和西班牙人在往南探訪新大陸時，發現他們必須調整個人的飲食，有一部分是出於熱帶氣候完全不適合繁殖某些歐洲作物——尤其是果樹或小麥之類的穀物，因為這些作物需要比較溫和的氣候帶才能生長。熱帶的濕度也會影響熟食。有位傳教士就曾指出，聖餐禮所用的小麥薄餅會「由於極濕、極熱，而像受潮的紙張一樣彎折」。在巴西，樹薯等當地的澱粉雖可用來製作麵包之類的東西，但歐洲人想吃的是小麥做成的麵包，而這樣的欲望無從滿足，遂使歐洲人的偏執成了最強大的推力。許多探索家和定居者都認為當地「印第安人」所吃的是不文明的食物，甚至不配稱作是人類的食物，另一方面，當地原住民無疑也對到訪者的飲食感到吃驚，同時懷疑他們缺乏人性。

起初，西班牙人和葡萄牙人試圖繁殖歐洲的堅果樹，譬如核桃樹或榛果樹，但他們把這些品種種在過於溫暖的地區，以致作物無法存活；不管怎麼說，水手畢竟不是專業的農夫出身。歐洲人用玉米、樹薯做出了一些尚可接受的食物，用以替代某些熟悉的食物，但他們覺得（源於秘魯的）馬鈴薯並不可口。一四九三年，哥倫布二度到訪「伊斯帕紐拉」，他帶來了某些歐洲作物的種籽及插條，發現它們可在此地萌芽、生根，並有效、快速地生長，而其中最重要的，或許是源自於印度次大陸的甘蔗，它在後來成了新大陸最重要的經濟作物之一。歐洲人希望用以釀酒的葡萄則長得並不順利，反倒是咖啡、菸草長得較好。歐洲人還帶來了馬、乳牛等馴養的動物用以運輸並生產肉類及乳製品——而新大陸在與外界接觸之前，最大型的馴養動物為大羊駝（llama）。有些果樹則蓬勃生長——如原產於中國的蜜桃——由於蜜桃係經波斯傳入歐洲，有時也稱作「波斯蘋果」（Persian Apple）。歐洲人從加納利群島（Canary Islands）所引進的香蕉樹，則在有些地區快速生長，無花果、石榴、柳橙和檸檬也是——即使檸檬就像大部分的柑橘，需要涼爽的夜晚，而無法在過於溫暖、潮濕的氣候下順利生長。

統掌墨西哥及中美洲的阿茲特克人（位於馬雅人北方，印加人的更北方）正是農業工程師的最佳典範[④]。阿茲特克人透過征服、管轄，創造出一種精密複雜的農業社會，其中以玉米為主，並運用「奇南帕」（chinampa）農法下的溝渠進行灌溉。阿茲特克帝國有時也稱作「三邦同盟」（Triple Alliance），因其係由同樣說著納瓦特爾語（Nahuatl）的三大城邦組成，分別是墨西哥城邦特諾奇提特蘭（Mexico-Tenochtitlan）、特斯科科城邦（Tetzcoco）及特拉科潘城邦（Tlacopan），其中墨西加城邦特諾奇提特蘭的勢力最大，自十四世紀到被西班牙征服以前，都掌控著墨西哥中部的領土，還在後來成了西班牙人的大本營。如今在墨西哥市，人們到處都能看到阿茲特克早期統治的據點。

許多北美的原住民都仰賴玉米、豆類、南瓜「三姊妹」作為主要的農作物。誠如我們在第一章所言，玉米屬於穀物、草類，其祖輩是來自墨西哥及中美洲的一種野草，名叫「大芻草」（*teosinte*）。縱使外界對玉米的歷史有些爭議，查爾斯．曼恩仍在其書中寫到，透過馴化大芻草這種植物而改良、創造出近代的玉米乃是「一項極不可能實現的壯舉，以致考古學家、生物學家數十年來都在爭論人類究竟是怎麼辦到的」⑤。近代玉米很硬，可在較溫暖、涼爽的氣候下生長，也能適應較長及較短的生長季；玉米粒亦可在乾燥之後妥善保存。阿茲特克人種植許多種類的玉米，包括黃玉米、黑玉米、藍玉米及白玉米。他們還用玉米釀造啤酒，稱之為「奇恰酒」（chicha）。為了做出這種啤酒，阿茲特克的婦女會咀嚼發了芽的玉米或其他的穀類，然後吐出、和入清水並任其發酵後，才加以沸煮、過濾。當代版本的「奇恰酒」如今是以工業方式釀造，加入酵母取代唾液（一種極佳的發酵劑）；不過，當代西藏及印度拉達克地區（Ladakhi）的婦女仍以類似的方法製作大麥啤酒或小米啤酒「chhaang」。

玉米或許是種產量豐富的作物，但某些營養成分的含量很低，譬如鈣質。相較於以其他主食構成的飲食，玉米占比甚高的飲食需要補充更多的營養，但玉米若是透過「鹼法烹製」強化其中的營養價值，那麼，它即可成為一種令人滿意的主食，一種可以做出蛋糕、麵包、玉米粥或薄麵餅的好材料。鹼法烹製不是一種顯而易見的處理技術：在前西班牙時期（pre-Hispanic）的美洲大陸，當地居民起初可能是誤打誤撞，才會以草木灰或熟石灰處理玉米。而西班牙征服者及後來造訪拉丁美洲的歐洲人都對原有的處理技術興趣缺缺（「不文明的」人怎可能有什麼值得汲取的知識？），便省略了鹼法烹製的步驟。這對那些仰賴玉米而活，卻不瞭解如何正確處理玉米的歐洲居民帶來了嚴重的後果。很多人不是得了糙皮病（pellagra），就是罹患缺乏維生素的其他疾病，而且常常致命。

其實，一開始歐洲人認為玉米僅適合餵養牲畜，看不起當地人拿玉米作為糧食。一如十六世紀的英格蘭醫生約翰．傑勒德（John Gerard）所言：「我們並沒有什麼特定的證據或經歷，足以說明玉米這種作物的相關用途——縱使野蠻的印第安人最是瞭解玉米，勉強把它當作必需品，還認為它是種好食物，但我們或可輕易地判斷出玉米不怎麼營養、難以消化，比較適合餵豬，而不適合人類食用。」[6]然而，玉米對中歐及東南歐的影響特別大。截至十九世紀末，比起主要種來出口的小麥，羅馬尼亞一直都種植且食用較多的玉米，而且羅馬尼亞農民的「國民料理」正是「馬馬利加」（mamaliga），一種像極了義大利波倫塔的玉米粥，大多搭配玉米酒一同下肚。

新大陸也有其他食物需要經過處理，方得變得美味可口，並供人們安全食用，譬如樹薯。樹薯（別稱「木薯」〔cassava〕或「尤卡」〔yuca〕）含有危險的氰化物（cyanide），是新大陸的主食，幾乎在哪都能生長，每英畝的樹薯能夠產出比任何一種新大陸作物更高的熱量，內含的營養成分也相當合理。如今，樹薯是熱帶非洲最重要的作物，作為主食餵養著撒哈拉以南大部分的人口。奈及利亞雖是樹薯最大的產地，但各地的人都食用樹薯，常常做成質地像是布丁的澱粉類食物（例如「富富」〔fufu〕），再以少量的魚、肉或蔬菜調味。雖然樹薯得經處理才能剔除有毒物質，但凡處理過，就能妥善保存好一段時間。樹薯分有兩種：甜樹薯和苦樹薯。人們若未完整剔除氰化物就吃下苦樹薯，可能足以送命。正如一名十五世紀的歐洲旅行家所描述的，住在巴西中部及沿海且說著圖皮．瓜拉尼語（Tupi-guarani）的印第安人知道怎麼做。瓜拉尼人會取來樹薯根，「在石上摩擦，如此一來，它會轉為凝乳，人們再用樹幹做成的狹長囊袋接收，壓出汁水匯聚在容器中，而囊袋內一旦沒了汁液，剩下的便是既細緻又呈現雪白的粉末，人們再藉以製成餅塊，於平底鍋具上煎烤。」其他技術還包括按壓、烹煮、浸泡及掩埋，倘用掩埋可令樹薯發酵。對歐洲的旅行家來說，注意到這些處理方法或領會到其中的價值，可說是很不尋常的。

地瓜和馬鈴薯在許多國家成了人們營養上的支柱，而它們剛引進歐洲時，只被視為新奇的玩意兒⑦。歐洲人一開始接觸馬鈴薯時興趣缺缺、能避就避，但馬鈴薯的優點顯著，它們容易栽種、極度耐寒，而且數量繁多。雖說馬鈴薯可以吃，人們卻還是花了好一段時間才接受馬鈴薯作為糧食。即使遲至一七五一年，我們仍可從法國啟蒙思想家狄德羅（Danis Diderot）與法國物理學家暨數學家達朗貝爾（Jean d'Alembert）所共同編寫的《百科全書》（*Encyclopedie*）中，看出馬鈴薯遭到鄙視：「此根無味、含有粗粉，無法劃歸為人類認可的食物，但卻為樂於受到滋養的人們提供豐富又有益健康的營養。馬鈴薯確實會引發胃腸脹氣，但是對於農民和勞工強健有力的器官而言，排氣問題又算得了什麼呢？」⑧ 菁英厭惡這些他們視之為「容易讓人排氣」的食物，也不僅僅「樂於受到滋養」而已。他們需要用食物來證明自己被賦予某種特權，而來自新大陸的食物鮮少能符合他們的需求——至少一開始是如此。這些菁英是直到比較後來才發掘出馬鈴薯在料理上的可能性：法國宮廷最終接納了馬鈴薯，細緻地將其削成薄片，並妥善地加入松露、奶油及鮮奶油。後來的世世代代，人們都會在砂鍋中放入馬鈴薯與大蒜、鮮奶油一同烹煮，成了一道「中產階級」（bourgeoisie）才有權享有的菜色。值得注意的是，馬鈴薯最終為種植該作物的農民提供了一種策略上的優勢，當稅吏或竊賊在收成之後盯上了貯存起來的穀物，馬鈴薯這種作物就埋在它所生長的土裡，得以受到掩護、倖免於難。⑨

十五世紀到十七世紀間，其他的貿易路線影響了全世界的飲食方式。在全球航行條件最差的一些地方，船夫會帶著食物橫渡大洋洲，尤其是在密克羅尼西亞島群及玻里尼西亞島群（Micronesian and Polynesian islands）之間來回往返。考古學家曾在拉丁美洲找到來自夏威夷的石錛（stone adze），研判始於十四世紀。這些證據都證實了人類曾於近代前橫渡兩千五百英里的開放水域，歷經未受到干擾且最為漫長的海上航程之一。玻里尼西亞的貿易路線在太平洋中縱橫交錯，人們沿途運送著椰子、其他水果以及豬隻。南太平洋的口述歷史訴說著船舶以星星為導航，載著精挑細選後的男男女女，前往開拓新的殖民地。玻里尼西亞人在島嶼之間交換食物，同時把栽種和繁殖所用的工具從一處帶往另一處。多種魚類和水生植物俯拾即是。澱粉類的主食包括木薯及球莖（corm，許多不同植物，例如開花植物的地下鱗莖），以及其他的根莖和塊莖，譬如芋頭。麵包果很多，會被放入深坑裡保存、發酵。椰子可作為食物、飲品，椰殼則成為飲食的容器，以及編織與建構房屋所用的纖維。這些食物大多會自行生長，不太需要培植或照料，直到仰賴這些食物的人口過度成長，食物變得入不敷出；同理，我們一樣可以在這看到，隨著人口增加，相較於採集，人類社會有時傾向朝定居農業發展。

正如「哥倫布大交換」促使了人類、植物和動物在大西洋東西之間移動，之後來自於非洲的人口和植物，也同樣改變了美洲人餐桌上的菜餚——即使我們在描述美洲如何轉變的同時，常常忽略非洲的飲食習慣所帶來的影響。從非洲輸往美洲最重要的作物之一，就是稻米，這種主食的歷史與非洲、美洲都有關聯，而且相當諷刺的是：奴隸的飲食文化竟對征服者的飲食方式帶來影響。

有關稻米的起源和傳輸的經過眾說紛紜，有時還相互矛盾，而目前比較合理的說法是稻米源於印度河流域，遷徙的群體將它帶往東亞，於當今的中國境內接受人類的馴化[10]。雖然人們常常認為稻米是後來才隨著葡萄牙的探索家和貿易商傳入非洲，但其實有一種獨立、原生的非洲稻米——光稃稻（*Oryza glaberrima*）——至少已在西非種植了三千五百年。有種完整的文化系統，包括種植技術、性別分工，還有何種神靈能使土壤肥沃、稻作豐收的概念，全都圍繞著此種稻米而生[11]。非洲稻米逐漸具備了波士頓大學人類學助理教授喬安娜・戴維森（Joanna Davidson）所說的「核心文化邏輯」（core cultural logic），涉及了儀式、撫慰神靈的音樂，以及栽種和收成時進行的舞蹈。稻米對社群的身分認同變得不可或缺。由於稻米供養著整個村落，相關儀式不僅頌揚著這項主食，同時亦向其表達崇敬之意。戴維森寫道，稻米「或許……一向是土地與生計，人與人口流動，還有欲望、夢想與失望所交織而出的核心特徵」。曾在西非幾內亞比索（Guinea Bissau）進行田野調查的她，引用了當地西非人所說過的一句話：「沒了稻米，我們還能是誰？」[12]我們或許可在許多種植稻米的地區，譬如日本及中國境內的部分地區，提出這樣的反詰。在這些地方，餐點中若沒有米飯，就算不上是一餐，而且人們每日攝取的熱量，絕大部分是來自這種穀類。

非洲黑奴在新大陸建立起自己偏好的主食，也把他們的知識——稻米的價值、儀式以及栽種方法——帶往當地[13]。隨著他們一同前往的，更有他們在文化上對於稻米應如何處理、分配以及共食的期待。這樣的稻米文化尤其在美洲帶來了偌大、深遠的影響，但對於先祖帶著稻米跨越大西洋的人們來說，這可就沒什麼稀奇了。非裔美國作家暨烹飪史學家麥可・特維蒂（Michael Twitty）在緬懷他於非洲獅子山（Sierra Leone）的祖輩時，表示親戚們都會說：「你要是沒吃米飯，那天就等於沒吃。」[14]獅子山的「加羅夫飯」（jollof rice）——某種象徵記憶與身分的「紅飯」料理——橫跨了大西洋，連接起他和他的祖國。對其家族來說，用番茄、洋蔥、甜椒和香料烹煮而成的加羅夫飯是如此簡單而基本，以致於根本沒有任何食譜，一個孩子只要坐在祖母的廚房裡，就會知道這種飯，且留意到這個放一點、那個多一些，便做得出祖母的那種風味。美國著名餐飲文化作家潔西卡・哈里斯（Jessica Harris）曾把非洲稱作「大規模的米飯廚房」(extensive rice kitchen），而加羅夫飯僅是其中的一部分，另外還有塞內加爾（Senegal）的碎米飯，據說比完整的飯粒更容易吸收醬汁[15]。非洲黑奴還帶來了辣椒醬，一如美國紐奧良最著名的克里奧料理（Creole）、肯瓊料理（Cajun）和牙買加食譜中所會出現的加勒比海煙燻蝦乾，「連接了非洲整個大西洋岸的人們」。[16]

美國喬治亞州及南卡羅萊納州的吉奇格拉人（Geechee-Gullah）保留了許多中西非的飲食方式，他們就地取材，利用濕地及沼澤地帶的原料，製作出顯然由非洲食物所衍生出的料理。他們所使用的原料中，有些來自非洲，如稻米、秋葵（格拉語稱秋葵為「gumbo」）、胡麻籽（芝麻籽）以及落花生（即花生，原屬新大陸作物），但吉奇格拉人的某些技術，如利用大鍋燉煮大型蔬菜，烹調米飯的方式類似香料飯（pilaf），還有使用「紅」米和長穀的卡羅萊納米等，都使得吉奇格拉人的料理獨樹一格，有別於非洲的其他飲食方式。這樣的料理既經濟又實惠。一鍋到底不但節省燃料，亦不需要用到很多器皿。農作歉收時，山藥可放入爐火旁的草木灰裡烘烤，而肉類（若有的話）或可吊掛在烹煮的鍋子上，藉以燻熟。

花生在被帶往西非、扎了根後，又隨著黑奴回到美洲大陸。前英屬殖民地甘比亞（The Gambia）——位於塞內加爾中央且沿著甘比河而建的小國——具有大規模生產花生的農業景觀，而花生也正是該國主要的出口產品。本書的作者之一就曾造訪甘比亞，品嘗過他們以蔬菜為主的國民料理「多莫達」（domoda），即以濃稠的花生醬燉煮山藥和雞肉。這既傳達了主人的熱情好客，也驕傲地展現出地方特色。許多西非的醬料及燉物皆以花生為特徵，後來西非人在北美衍生而出的菜色亦然。

非裔美式料理多元，卻常被歸類成簡單稱作「靈魂料理」（soul food）的飲食文化，且上述料理縱使相當出名，塑造出這種料理的靈魂卻常鮮為人知。最知名的非裔美國農業科學家喬治・華盛頓・卡佛（George Washington Carver, 1864-1943）即生於黑奴之家。他在農業上所做出的諸多貢獻都與花生有關。他早期的研究著重在植物病蟲害，繼而研發出許多創新的技術，如利用輪作（crop rotation）、種植花生（因花生這種作物會「固定」土壤中的氮素），促使因種植棉花而枯竭的土地再生。他還發明了三百多種花生製品，如油、紙、肥皂與藥物。為了取得美國眾議院的支持、透過關稅保障本地花生，他在引述花生的種種好處及用途時，更榮獲與會人士一致起立鼓掌，為他喝采。近數十年來，特維蒂、哈里斯等非裔美籍的烹飪史學家一直致力於把非洲料理與非洲美式料理的故事帶到大眾的面前。

「哥倫布大交換」堪稱近代最戲劇性的「生物事件」（biological event），影響了整個世界的食物系統，但除此之外，奴隸交易，還有殖民主義和帝國主義紛雜繁複的各種型態，也都居間發揮了相當程度的影響。人類、植物、動物在世界各地重新分配，久而久之，人們逐漸熟悉來自異國的事物，也就容易忽略「生物重組」這項簡單的事實。我們以鳳梨為例，鳳梨乃是新大陸的水果，可能源於巴拉圭河（Paraguay River）沿岸，爾後經巴西原住民攜往遙遠的加勒比海地區種植，哥倫布才會在一四九三年於東加勒比海群島上的瓜地洛普（Guadeloupe）發現鳳梨。鳳梨屬鳳梨科（bromeliad），切下果實上的冠芽即可栽種，且鳳梨樹在種植三年之內就會結成果實。這種果實看上去極像松果，西班牙文遂而稱作「pina」（哥倫布命名為「pina des Indes」，表「印第安人的松果」）。巴西境內說著圖皮．瓜拉尼語的各個種族亦把鳳梨叫作「anana」或「ananas」。鳳梨甫傳入英格蘭時，馬上掀起熱潮、成為新聞。英格蘭日記作者約翰・艾夫林（John Evelyn）為此曾在一六六一年寫下一段日記，描述自己親眼見到有人從西印度群島之一的巴貝多島（Barbados）帶回著名的「女王松果」（Queen Pine），進貢給英王查理二世；而第一顆鳳梨進入英格蘭，也不過是四年前的事。到了一七一九年，歐洲人在溫室種植鳳梨，這種水果逐漸變成財富與好客的象徵。在英國人老舊的門上、新英格蘭圍起柵欄的木樁上，還有法國殖民時期的宅邸上，你或許都能看到一顆木頭刻成的鳳梨，昭示著「歡迎：你將在此受到最殷勤的款待」。歐洲人把鳳梨引進亞洲，除了其他植物，商人與傳教士（或許包括最知名的耶穌會士）還帶上鳳梨的插條，縱使他們在旅程中瞭解了不少當地作物，卻也同時傳播了新的品種。外界認為，一艘西班牙的船隻在十六世紀航行至夏威夷時，將鳳梨傳入了當地，然而，鳳梨是在一八一三年，當一名園藝家再度把鳳梨帶進夏威夷群島之後，才和該群島變得密切相關。

我們攝取的食物不但是文化變革的指標，也是近代動植物在地表重分配後的結果，這一連串的轉變始於歐洲人對財富的追求，並在哥倫布之後的數百年間漸行失控。為這樣的重分配鋪路，可謂正在進行一場生物戰：歐洲的微生物發動攻擊，摧毀了美洲的當地人口，這表示世世代代之後，他們的子孫已經鮮少有人品嘗得到「哥倫布大交換」下的水果。

短文5

The Spirit Safe

烈酒保險箱

我們正在參觀威士忌的蒸餾廠。導遊向我們展示蒸餾器旁的金屬平台上，放了一只長方形的箱子，箱內匯聚了數條蜿蜒曲折、分別接往蒸餾器內大型酒槽的管子，而管子的栓口可使少量的琥珀色烈酒——仍在蒸餾中的威士忌——流入品酒杯。（在美國和愛爾蘭，威士忌的英文拼法中有「e」，寫作「whiskey」；在日本、蘇格蘭和加拿大，威士忌的英文拼法中一般沒有「e」，寫作「whisky」。）箱子的門是打開的，門上有掛鎖用的孔環，但孔環是空的。這只箱子正是所謂的「烈酒保險箱」（spirit safe），一種經蘇格蘭率先使用，且在全球許許多多的蒸餾器都看得到的裝置，至於人們起初設置烈酒保險箱的目的，在日本這裡卻沒派上用場。

我們目前正處於東京以北埼玉縣秩父市的秩父蒸餾廠（Chichibu Distillery），這家酒廠獲獎無數，其創辦人肥土伊知郎生於釀酒世家，在以水質聞名，且啤酒釀造廠、清酒蒸餾廠早已四處林立的城鎮中建立了自己的蒸餾廠。話說是「Corky」的研究將我們帶往這裡的。她現正從事一項有關日本境內威士忌產業的民族誌研究，而研究的一部分，在於觀察蒸餾的作業方式，還有釀酒者如何找出他們居間的價值。民族誌旨在觀察，而不在測試人們帶往田調的假設是否成立，觀察者向來也都是帶著行囊和期待的旅人。比方說，我們就很期待比日本更早開始釀造威士忌的蘇格蘭在製作工法上，會否與日本有別，而且四處找尋跡象。

秩父當地的導遊告訴我們，在蘇格蘭，烈酒保險箱之所以上鎖，是因為缺乏信任。釀酒者可能太過頻繁地嘗酒，也可能偷酒；管理階層不信任勞工階層。在日本，事情有所不同；管理階層不但信任勞工階層，也重視他們對於風味的貢獻。在秩父，釀造威士忌的品質之高，除了涉及釀造師傅本身的工法，還有酒廠廠區內每一個人的致力奉獻。蒸餾廠裡的每一個人——從釀造師傅到廠區內負責貼酒標的女工——都會品酒，在確保威士忌的高品質上各司其職，善盡職責。我們方才明白，這些關於秩父酒廠的詳細說明，正是在表達如何透過團隊合作、責任共享，而造就出更優質的威士忌。責任共享的醇酒流經了那只未上鎖的烈酒保險箱。

秩父酒廠的故事或許是真的，但就烈酒保險箱而言，卻只有部分屬實。秩父酒廠烈酒保險箱的故事，與該設備在蘇格蘭及其以外的地區所曾有過的歷史不太一致。蘇格蘭的釀酒商早先之所以發展出烈酒保險箱，不是為了防止酒被喝、被偷，而是為了遵從國家自一八二三年起所對酒商推行的新稅制。烈酒保險箱可使人們在不打開蒸餾器的冷凝器（condenser）或干預製程下，自冷凝器提取威士忌，採樣試飲。同時，保險箱裡的比重計（hydrometer）亦可讓操作人員從外部評估酒精的濃度。但握有保險箱鑰匙的人不是釀酒商，而是代表政府的稅吏。稅吏會拜訪釀酒商，打開烈酒保險箱量測酒精濃度，而且量測時的酒精濃度，須與注入圓木桶內的酒精濃度一致。在美國，許多手工威士忌的釀酒商都傾向在沒有烈酒保險箱之下運作（該國法令也允許如此），代表著釀酒商藉由品酌、聞香——而非量測——進行「掐頭去尾」（切換收集蒸餾液的容器），提取酒心（cut）。有位釀酒師傳告訴我們，以烈酒保險箱的原始方式釀製烈酒，彷彿是按圖索驥，而非讓經驗、直覺及各個感官引導著他。

秩父酒廠烈酒保險箱的故事並不符合該設備所曾有過的歷史，這確實為我們上了一課，但課程的內容不在於強調日本酒商有錯、蘇格蘭的歷史才對，而在於指出人們口中關於飲食、飲食起源的傳聞，有可能到處流傳、錯雜交疊，這才是秩父和蘇格蘭何以分歧的重點。這些傳聞脫離了最初的事實，轉而承載起風土上的涵義，煥然一新。這些涵義及其傳達文化的方式讓我們在田調過程中產生興趣（而非我們忽略事實）。畢竟，訴說一段日本酒廠如何強調團隊合作的故事，藉以暗指這些廠家比較讓人「信得過」，方才符合秩父酒廠的目的。在秩父，烈酒保險箱代表這個；在十九世紀中的蘇格蘭，烈酒保險箱代表那個；而對美國當代的精釀酒廠來說，烈酒保險箱又代表另一個。有些工藝品很適合拿來說故事，而人類學家本身正是說故事的人。我們能迅速地沉浸在田調時所聽到的故事，還得再三確認不同的故事版本，因為我們感興趣的除了故事是否屬實，還有人們出於不同的用意說起手邊的故事，便可能讓事實看似有所差異。最後，我們的確品嘗到一小杯秩父威士忌。其釀造精緻，色澤明亮，層次豐富，人們更告訴我們，它嘗起來有著當地水質的風味。

Chapter 5

社交飲品與現代性

Social Beverages
and Modernity

在一九七〇年代，尼泊爾飯店裡的工作人員小心翼翼地沖泡咖啡，展現起自己的技巧。他們把雀巢即溶咖啡粉舀進咖啡杯，加入一匙糖，再拿出一只厚重、鍍銀且冒著蒸氣的窄口茶壺。「咖啡瓦拉」（coffee wallah，即製作咖啡或販售咖啡的人）會緩慢將熱水注入加了糖的即溶咖啡粉，再用另一隻手猛烈攪拌——或有兩人同時沖泡咖啡，一人拿湯匙急速攪打，另一人負責分次注入少量的熱水。之後，水面開始浮現一層米色泡沫，像極了義大利人所說的「crema」（咖啡脂）。這樣的表演將工業化生產後的咖啡產品變成一道美食，適合用來款待上流社會的賓客，而類似這樣的技法不只在尼泊爾，在二十世紀末的後殖民世界也都處處可見——不論雀巢咖啡粉究竟傳到了哪些地方。

食物團結起餐桌上一齊分食麵包的人們，但茶、咖啡，還有常被遺忘的另一個——巧克力，則較像酒類，是用其他方式團結起酒吧、吧檯、露天咖啡廳還有其他社交場合中的人們。製成茶、咖啡和巧克力的植物產地雖然距離歐洲非常遙遠，但這三大飲品卻成了歐洲在全球擴張殖民統治的一部分，即使它們獲取了地位——先是奢侈品，接著是大眾趨之若鶩的目標，最後成了歐洲人日常生活普遍存在的特徵——也因剝削勞工而蒙上陰影。茶、咖啡和巧克力算不上是營養必需品，卻扮演著興奮劑、心情的調適劑，以及社會的潤滑劑。

這三種不含酒精的社交飲品中，歐洲人最先接受的是巧克力，茶和咖啡後來居上，而三者當中，唯有茶葉產地的人如今還會固定喝茶，至於最常飲用咖啡、巧克力的人，皆已非來自其各自的原始產地，而是來自遙遠的他方。我為何要特別談到這三種飲品呢？因為它們既有藥理的特性，也有調適心情的特質，會帶來社交所需的活力或自我療癒的感受。這些大眾飲料當前如此普及——或以咖啡尤甚——呈現出它們輾轉流動的過程，就像鹽、糖、小麥擁有自己的貿易史和征服史那樣。含酒精和含咖啡因的飲料雖都具有類似的社交功能，但兩者的歷史截然不同，普遍隱含的意義——我們期盼藉以形成的社交方式——也大相逕庭。拉比（rabbi，猶太律法學者）、牧師和神父是會走進酒吧喝酒，但他們喝的若是下午茶或咖啡，當下進行的對話則會迥然不同。

茶

「茶」不僅是某種源於中國，學名為「*Camellia sinensis*」的茶樹，這字還代表以花草植物泡製而成的其他飲品，不論是提神的，還是鎮定神經的，全都囊括在內。比方說，在阿拉伯世界裡，茶的種類可能包括洛神花茶（埃及）、豆蔻紅茶（波斯），或者薄荷茶（摩洛哥）。對日本人而言，麥茶是種很重要的飲料，在熱浪來襲期間，人們會沖泡麥茶作為冷飲，以因應夏季潮濕的熱氣。各種泡製而成的茶向來都被當作「藥物」(materia medica),以及社交與樂趣的來源。早在英國將茶樹轉為殖民作物之前,茶樹便已在中國受到人們高度鑑賞且普遍飲用。中國茶源自於中國西南與西藏,而關於茶的起源,外界各執一詞,莫衷一是,有一說稱是某位皇帝正在花園裡啜飲一碗熱水,此時茶樹的葉子意外落入碗裡,產生了一股愉悅的單寧味。姑且不論茶的起源為何,茶在中國確實很受歡迎,被人們當作藥物、社交飲品,到了六世紀時,偶爾還被用作貨幣。茶係因佛教僧侶宣揚佛法才傳入日本,一路隨著佛教逐漸流傳開來。詩人和哲學家告誡著世人有關茶的風味及其藥理效力。唐代詩人盧仝(790-835)就曾於〈七碗茶歌〉指出茶在生理上的影響,激盪出詩意般的心境:

一碗喉吻潤,二碗破孤悶。
三碗搜枯腸,唯有文字五千卷。
四碗發輕汗,平生不平事,盡向毛孔散。
五碗肌骨清,六碗通仙靈。
七碗吃不得也……

讀完上述的詩作，人們可以瞭解茶令盧仝情緒起伏，還有為了臻得盧仝的境界，回沖茶葉數次所扮演的重要性。但對許多品茗人士來說，數次浸泡茶葉不單是為了從同一壺茶裡喝到新的風味，也是為了撙節支出。當西班牙及葡萄牙傳教士於十六世紀抵達東亞，茶似乎扮演著藥物及社交上的功能，直到茶傳入了大不列顛，人們才逐漸認為茶與藥物無關，但卻依舊認同盧仝的觀點，相信茶有「醒腦」之效。

從此歐洲的詩人、作家在認識盧仝這類的詠茶詩人後，藉著在字裡行間流露出對東方知之甚詳、援引東方人對茶的鑑賞，偶會將茶運用在諧擬（parody）之中，從而擴及對咖啡的探討。英國詩人亞歷山大・波普（Alexander Pope）在其諷刺長詩〈秀髮劫〉（The Rape of the Lock，發表於一七一二年，時值英格蘭首度掀起咖啡的熱潮）中，便是藉茶來闡述咖啡帶來毒害，從而引發了一場重大犯罪——一位姑娘的鬈髮受劫遭剪：

看哪！牌桌上擺滿了杯子和湯匙，
翻炒著的咖啡豆發出嗶啪聲，研磨器不停轉動著；
塗了金漆的日製托盤上架設著銀製燭台；
火焰輝耀：

可口而芬芳的咖啡自銀製的壺嘴流淌而下，
落入了瓷杯，泛起裊裊輕煙……

英國藝術家湯瑪士・韋伯斯特（Thomas Webster）於一八六二年的畫作〈茶會〉（*A Tea Party*）中，呈現出藍領階級的英格蘭家庭進行下午茶時的場景。這場下午茶涵蓋了茶、鮮乳、蛋糕、糖罐，還有麵包及奶油，而畫作本身的魅力在於對孩童的描繪，亦即畫中的孩子仿效成人，替彼此斟著茶。他們坐在地板——旁邊的婦人也許是他們的祖母——沉浸在這場他們精心模仿大人的「茶會」，然後其中一名女孩抱著洋娃娃，仿若正在教育下一代用茶禮儀的細節。鮮少有畫作能夠充分體現十九世紀中葉典型的英式特色，但韋伯斯特畫中的兩大要素，正好呈現出大英帝國殖民擴張下的產物：一是茶本身，英國透過與中國貿易率先取得了茶，然後在英屬印度大量種植；二則是糖，糖產於加勒比海的英屬殖民地，對於英式飲食及社交生活帶來翻天覆地的影響，足以與茶匹敵。

從十九世紀中葉，乃至後來的世世代代，茶一直都廣為英國人所知，但韋伯斯特筆下的場景，反映了英屬東印度公司藉由在大吉嶺及喜馬拉雅山的山麓上種植茶葉而打造出的大眾市場。英國茶在印度的故事始於一位名為羅伯特・福瓊（Robert Fortune）的蘇格蘭植物學家，他曾為了執行東印度公司所賦予他的任務，佯裝成中國邊疆的貴族深入武夷山區，盜取種籽、植物，但於此同時——這點非常重要——他也才能走訪中國各地的製茶坊，學習分類、乾燥、團揉、焙火等製茶工序。他瞭解到綠茶和紅茶其實來自同一種茶樹，只不過處理方式迥異。接待他的人教導他如何用相同的茶葉泡出一遍又一遍的茶，告訴他第三泡最佳，而要把第一泡「留給敵人」，藉此描述第一泡的苦味，真是比盧仝直白得多。福瓊所走私的種籽、植物後來成了印度的苗木，至於印度，則早在名為「阿薩姆」的地區種植茶樹，只是當地人主要把那裡的茶當作治療頭痛和腸胃不適的藥物。

截至十九世紀中葉，大吉嶺和阿薩姆皆已為英國人所熟知，除此之外，英國人也在錫蘭（Ceylon，今斯里蘭卡）種茶。種植、收成和處理茶葉皆屬勞力密集的工作，於是來自大英帝國各地的工人紛紛移居產茶地。對東印度公司來說，印度茶利潤豐沃，而其中最重要的，或許在於該公司運送印度茶並不像運送中國茶那樣，必須給付附加的高額特種貨物稅（excise tax）。茶逐漸組織建構起英屬印度許多地區內的經濟生活，正如它也回過頭去組織建構起英國境內的社交生活那樣。在英屬印度種茶較為輕鬆、成本也較為低廉，遂使印度茶逐漸取代中國茶在英國本地的市場，成了英屬東印度公司最有利可圖的進口商品之一。茶於是變得便宜，多數人都負擔得起，甚至變得比啤酒更廉價，就連收入不穩定的貧困勞工也喝得起。另一方面，在當時，琴酒常被視為大眾酗酒與生活崩壞的罪魁禍首，推廣喝茶的人因而把茶當成琴酒的替代品，四處兜售。一百年前，英國藝術家威廉．賀加斯（William Hogarth）就已在〈琴酒巷〉（Gin Lane）和〈啤酒街〉（Beer Street）這組知名的版畫中描繪出英國民眾濫飲琴酒引發的社會亂象：琴酒巷呈現的是墮落、酗飲、貧窮與失序，啤酒街呈現的則是健康、繁榮與井然有序的社會。而比起啤酒，茶當然又教人「清醒」多了。除了說服人們戒酒，一八三〇年代發起這項活動的禁酒主義者還有另一項優先考量，那就是藉著在壁爐旁喝茶，團結起自己的家族。對此，人們懷疑啤酒的效果有限，他們一方面認為啤酒含有酒精，另一方面認為男性似會為了飲用啤酒外出，因主要暢飲啤酒的地點都在酒館，亦即通常只有男性才會聚集的社交場所。

當時的英國社會，因工業化而歷經各種改變，這使人們的生活重心轉向生產力，且以各種新的方法，劃分出日常的每一天——工廠工人尤其如此，而且受到影響的不只他們。家成了尋求慰藉和支持的場所，得以遠離工業上的髒汙及風險，茶（更甚於咖啡、啤酒）也成為家庭生活中的飲品。當工廠經理更頻繁地評估工人產值的高低，茶和使茶變甜的糖即是理想的能量來源。慢慢地，就連英國社會裡最窮困的人也開始喝起這種從世界另一端進口的產品。隨著「規模經濟」和「在殖民政權下生產」雙雙削減了茶的成本，茶大幅提升了英國工廠工人的產值。一七〇〇年，英國進口的茶約有兩萬磅；僅僅十年之後，這個量就增至六萬磅，到了一八〇〇年，進口茶的總量更達到兩千萬磅①。截至十九世紀中，這些茶全都在英國飲用，並成了多數英國人日常的一部分。茶與東方、殖民權力的關聯性依舊存在，在描寫東方的卡通中，我們偶可看到茶葉包裝上印著「喝茶」兩字的中文，從而窺知一二。

茶為何會在不列顛群島打敗咖啡，這點有些令人費解。咖啡早在十七世紀初就傳入大不列顛，迅速占得先機。在當時，無味、低酒精濃度的「淡」啤酒原是人們平日選用的社交飲品，除了冰的、含酒精的飲品，人們從未喝過熱的、苦的且含有咖啡因的飲品。咖啡獨樹一格，可說是一種嶄新的飲料，而茶之所以擊敗咖啡，可能是出於茶飲可大規模生產，售價低廉。許多英國消費者偏愛劣質的茶，卻不愛劣質的咖啡，特別是他們在前者放入糖和牛奶之後——原因就出在糖和牛奶往往仍然蓋不過劣質咖啡又濃又苦的味道。而另一個原因也同樣重要，且明顯是出於政治考量，那就是咖啡並不屬於英國的殖民作物。其實，自英屬東印度公司於阿薩姆、大吉嶺、孟加拉和其他地方開闢大面積的種植園（plantation）後，茶便取得了壓倒性的優勢。

正如韋伯斯特在畫中呈現的，沏茶可以是種社交行為。沏茶的過程常得遵循特定的儀節，甚至變成一種儀式。茶扮演著召集人，一種促成對話與共享時光的社交興奮劑。在摩洛哥，泡茶則是訓練年輕人的好機會，男孩們要學著從兩英尺，甚至是三英尺以上的高度，把滾水倒入茶壺，然後接受長者們的觀察、評論、批評與指導。為何要距離這麼遠呢？這可不只是一種成年禮，為了測試他們能否控制身上的肌肉。長者們解釋，用這種方式沏茶，會將氣體注入水中，強化風味，形成泡沫，而這些都象徵著主人的熱情款待。沏得出一壺好茶展現出你已成年——至少在人生中的某一方面是如此——像極了韋伯斯特畫中的孩子們仿效成人，為自己成年之後的午茶時光做好準備。

十九世紀中的英國家庭都會依據喝茶的時間排定行程。午茶會排在當天工作結束時，以使人們拋開在外的生產工作與勞力付出，好好休養生息。在許多家庭中，「茶」也指小吃一頓，對孩子而言，這或許就是入睡前的最後一餐。午茶可能大多包含甜點、蛋糕和布丁，反映出糖在眾人的飲食中無所不在。糖不再只是一種調味料，而成了一種食材。

如今，（各種形式的）茶已在全球許多地區帶來影響，尤其是東亞，一路延伸到中亞，乃至於中東。茶在中國、印度乃是日常社交的一部分，現已完全融入前英屬殖民地。土耳其精美的喝茶儀式及相關茶具、韓國擺設優雅的水果茶，還有日本靜思式的茶道，都充分反映出當地的品味和社交活動的傳統形式。茶常常作為一種傳達善意與熱情的工具，但我們亦可跳脫既定的儀式感，愜意地在露天咖啡座慢慢啜飲、細細品嘗。

糖

英國小說家珍·奧斯汀（Jane Austen）筆下《曼斯菲爾德莊園》（*Mansfield Park*）的人物之一托馬斯·柏爾川（Thomas Bertram）男爵，在加勒比海群島中眾多英屬殖民地之一的安提瓜（Antigua）擁有一座蔗糖種植園，由黑奴負責耕種[②]。蔗糖在擁有淡水的加勒比海群島長得極好，但安提瓜擁有的淡水有限，使得該地的種植園更易於受到旱災侵襲。當英、法兩國相安無事，柏爾川男爵和安提瓜境內其他種植園的主人可從鄰近的法屬群島取得水源，但自雙方開戰之後，此事便再無可能。書中某個橋段敘述了柏爾川男爵離開英格蘭兩年（可能從一八一〇至一八一二年），前往安提瓜照料他當時可能已遭旱災襲擊，或因監管人缺乏誠信、管理不當而岌岌可危的園地。外界對於奧斯汀這種描述家道中落的批判性文體做出了許多推測。英格蘭人普遍清楚蔗糖足以成就一個家族，亦足以毀掉一個家族。截至十九世紀中葉，糖及其夥伴茶，皆已成為英國各大社會階層的飲食必需品。在那個產值至上的時代，糖為工作時的人們——藍領、白領皆然——提供能量，就跟它本身甜美可口一樣重要。

從古希臘一路到中世紀末的歐洲，糖（蔗糖）常被視為藥物。在阿拉伯人的藥典中，糖可用於熬好的湯、泡製的茶，以及其他種類的藥物治療，而且隨著阿拉伯的貿易商，還有西班牙及波斯商人傳遍歐洲。蓋倫式醫學乃是根據體液的原理，以求達到人體內的平衡。師承蓋倫的醫生咸認糖為「熱性」物質，對於平衡「涼性」物質或「涼性」狀態非常有效。比方說，糖不宜用來治療年輕男性，因其本屬熱性，但糖若用在正確的病患上，則可治癒多種疾病，不僅可退燒、治療胃痛、抑制肺疾，還能消除紅疹。外界普遍認為糖會造成蛀牙，但奇怪的是，它也被用作潔牙的牙粉。

慢慢地，糖開始作為香料、調味劑，以及增添風味的食材。它不但成了歐洲上層社會之間展示財富的方式，以造型糖組成的裝飾性甜點更成了宴會時餐桌中央的擺飾。比較富裕的西西里人家則是年年都在復活節的餐桌擺上一隻糖製的立體裝飾小羊，作為一種傳家寶，同時也象徵為家族祈福。一如飲食人類學鼻祖西敏司（Sidney Mintz）在其《甜與權力：糖——改變世界體系運轉的關鍵樞紐》（*Sweetness and Power: The Place of Sugar in Modern History*）所描述的，吃糖就像食用碾磨成粉的珍珠，「彰顯出自身的不凡」[3]。隨著糖在英國變得越來越普遍，它也開始作為烹飪、烘焙的食材，幾乎盛放在每個人桌上的糖罐裡。糖亦可作為防腐劑，水果或可做成蜜餞或進行糖漬，以待過季食用。

在歐洲史上，甜點算是相當近期才出現的概念。直到十七世紀末，也就是菜單中出現「蜜餞」（sweetmeat）之前，人們仍較常以堅果、水果結束一餐。待進入十九世紀初，「布丁」才在英國變成一道既普遍又可預期的菜色。然而，截至一八九〇年代，英國人每年平均攝取約九十磅的糖，大多搭配茶和咖啡一同飲用。而且這項數字還不包括加工時用到的糖，當時，工業上的加工食品越來越受歡迎。二戰期間，英國對糖施行定量配給，後來糖的消費量遽增，對當時還是孩童的人的牙齒產生了影響，因為他們突然間得到了成堆的免費糖果。

當時的勞動階層常常飲食單調、營養不足，徒有熱量而欠缺營養的糖多被用來當作一種熱量補給品。隨著糖變得更便宜、更充足，它在英國人的生活中也就更加不可或缺。一如西敏司所言，糖逐漸從富有人家的奢侈品、具有龐大的「展示價值」，轉變成工人及其家庭的必需品。在忙碌的工業生活下，糖能讓人們殘存的短暫時光變得幸福，還有助於藉著本身具備的熱量及象徵的意義，而讓繁忙、艱苦的生活看似比原本更美好，因糖即使已經普遍成為勞動階層生活中的一部分，但它就跟茶一樣，人們仍難免把它跟富人聯想在一起。西敏司主張糖乃是消費者「夢寐以求」的系列產品之一，令消費者感到自己可能「藉著消費不同物品而變得與眾不同」④。在一個重視地位的社會裡，糖提供了一種拉抬地位的錯覺。

我們若從拓展全球生產網路的角度觀之，即可看出糖乃是經濟暨政治體系茁壯的根本，而這種體系，唯有仰賴糖才可能「擴大規模」。實際上，英國政府及奧斯汀小說中柏爾川這類的商人持續不斷地擴展殖民地，並致力於提高家鄉對糖的需求。殖民地的茶加上殖民地的糖既能確保人們吃得習慣，又能保障自己的利益，因此，這些掌權者經由糖，而讓數百萬人具體感受到他們能夠提升個人的社經地位（即使這通常只是甜蜜的幻想），於此同時，也讓自己變得更加富裕。從馬克思的觀點看來，精緻糖其實正是「人民的鴉片」（opiate of the masses），且「其消費體現出產糖體制相當成功」。⑤

巧克力

「巧克力……一趟前往遠方的土地，以襄助最佳品種的可可生長、茁壯的旅程。和生活在可可種植地的人們——這群遠古智慧的守護者——建立友誼，並尊重與他們的合作。一場與過去的邂逅，以及一次與未來的連結。」義大利托斯卡尼知名巧克力大廠「艾美黛」（Amedei）在一條可可占比七成，且由委內瑞拉單一來源的可可豆所製成的巧克力包裝上，印著上述的標語。這麼寫挺怪的，不單單因為它使用了那種向來言詞誇張的行銷語言，還因為這份產品文案雖為當代編織出一個關於巧克力的起源及其工人的浪漫幻想，但似乎不甚明智地喚起了巧克力在殖民主義下那段痛苦的歷史，以及勞工所曾遭受的剝削。一如茶和咖啡，巧克力也會讓人成癮，但有些人說，這可為生活上的煩憂帶來緩衝，令人滿足。巧克力就跟茶與咖啡一樣，多被人們當作飲品，而且主要是社交飲品。

一如咖啡，巧克力的主要市場和巧克力的種植地點相距甚遠。可可係於潮濕、熱帶的條件下蓬勃生長，似乎最早出現在現今墨西哥境內。中美洲的奧爾梅克人（Olmec）率先把可可樹碩大的豆子變成飲料，過了許久，馬雅人——可溯及西元一〇〇〇年——將可可製成祭祀的飲品，以木刻的旋轉「攪拌器」（現代墨西哥語稱作「molinillo」，研磨器的意思）打出泡沫。馬雅人把這種用可可粉泡成的飲品命名為「xocolatl」，即「苦水」，如今英文的「chocolate」就是源於這個字。不論是豆狀，還是粉狀的可可，都可見於馬雅人的結婚典禮，或是作為祭品、貢品分別獻給神明及統治者。一如歐洲的肉豆蔻和胡椒粒，可可屬於奢侈品，亦可作為交易的貨幣。戰士上戰場前也都會飲用「xocolatl」獲取能量。阿茲特克人的家鄉對於種植可可來說溫度太低，但隨著阿茲特克帝國逐漸擴張，阿茲特克人獲取了新耕地，可可的貿易也使得阿茲特克的商人積攢了大量的財富。

十六世紀，西班牙征服者在占領墨西哥後，把可可帶回了歐洲。隨著歐洲人陸續將氣候溫暖的國家納入殖民地，他們也將可可的生產傳往世界各地，致使可可的產量在十八世紀初遽增，約與他們開始拓展蔗糖種植園同時。在英國，販售巧克力的店鋪如雨後春筍般林立，首家店鋪於一六五七年開張，也就是在當地第一批咖啡館成立數年之後。其實，正因人們都會群聚社交、交換情報、談論政治，所以許多店家雙雙供應咖啡及巧克力，只不過咖啡最終勝出，成了人們較常選擇的飲品。

十八世紀，新技術能更有效地將可可籽磨成膏狀。十九世紀，法國、荷蘭所發展出的新技術能使巧克力廠商從巧克力分離出可可油，產出可可粉，亦可讓他國——他們曾將非洲和其他天候較溫暖的地區納入殖民地，方得種植屬於自己的可可豆——的巧克力廠商生產固態巧克力。其他率先發明巧克力糖、巧克力棒和「巧克力食品」（相對於「巧克力飲品」）的廠家確實都是來自英格蘭的貴格會（Quaker）望族，比如弗萊（Fry）家族、朗特里（Rowntree）家族以及吉百利（Cadbury）家族等等。貴格會在生產巧克力時對待勞工的方式，也堪稱是工業史上的創舉。雖然較早期的貴格會教徒曾藉販賣黑奴大賺一筆，但到了十九世紀，教徒大多主張廢奴，禁止奴役，並為英國的工廠員工樹立良好的生活條件。他們蓋住宅區，將員工視為公司這個「集體家族」的成員，只不過並非所有的巧克力廠家都具備這樣的「仁行義舉」。

對中產階級而言，巧克力就像茶、糖和咖啡，成了一種「負擔得起的奢侈品」，但有別於茶和咖啡，巧克力還讓人聯想到節慶。一八六一年，英國人理察・吉百利（Richard Cadbury）藉著把巧克力放入紅色的心型紙盒，連結起巧克力和浪漫的愛情，這番創意更在十九世紀末傳入了美國市場。巧克力象徵著墮落及性誘惑，每逢二月十四日的情人節，就會伴隨著鮮花和愛心的意象一同出現。日本在剛結束二戰的那幾年，由於糕點糖果製造業大力促銷巧克力，巧克力遂成了情人節的同義詞。然而，當美國女性可預期收到心儀之人所致贈的巧克力，日本女性卻得替圍繞在生活中的男性購買巧克力——包括她們毫無愛慕之意，而須對其負起責任的男性在內——稱之為「義理巧克力」，表「基於義務所致贈的巧克力」。這些巧克力會送給同事、主管還有心上人。糕點糖果製造業注意到日本的「回禮」傳統有利可圖，從而創造出回贈巧克力的另一個節日，也就是三月十四日的「白色情人節」。這一天，在上個月收到棕色巧克力的男性會向送禮的女性回贈白巧克力。

二戰時，美國軍方比照英國軍方先前的範例，在配給士兵的口糧中放入巧克力棒，此舉既非出於儀式，也非出於浪漫。一九三七年，美國政府要求巧克力大廠好時（Hershey）製作軍事上緊急使用的巧克力棒，要它重達四盎司（約一二〇公克），高熱量，在高溫之下才會融化，還要它難以下嚥，因為他們不希望士兵拿巧克力來吃是為了嘴饞。於是，用巧克力、糖、燕麥粉及脫脂牛奶所製成的「D口糧」（D ration bar）便成了軍方要求下的成品。你或許可以想像，D口糧絕不會成為軍隊在戰後懷念的物品，但卻助長好時主宰了整個美國市場。當我們橫越大西洋，可以看到如今雖已歇業，但當初同為製作巧克力棒的英國廠家班迪克運動與軍事巧克力（Bendick's Sporting and Military Chocolate）就曾賦予巧克力一種健壯、陽剛的特質，這可是一盒心形的情人節巧克力無法呈現的。一九五三年，參與英國珠穆朗瑪峰遠征團的紐西蘭登山家艾德蒙．希拉里（Edmund Hillary，後於同年受封為爵士）與雪巴人嚮導丹增．諾爾蓋（Tenzing Norgay）靠著肯德爾薄荷糕（Kendal mint cake，一種來自英格蘭湖區的甜點）代表人類首度征服珠峰，為人津津樂道，因在當時的英國，巧克力仍屬於戰時定額配給的食物，只不過自此之後，所有攀登珠峰的登山客都會帶上巧克力。本書作者之一曾在尼泊爾道拉吉利峰（Dhaulagiri）與安納普那峰（Annapurna）之間的甘達基河（Kali Gandaki）健行時，遭嚮導吃掉她分配到的那一份巧克力，該名嚮導還趁她睡著後逃得無影無蹤。後來，她只好獨自奮勇撐下去，即使缺少一直以來都是能量來源和心靈慰藉的巧克力作後盾。

如今，巧克力成為全球主要的甜點，常和糖一併享用，但它同時也是鹹點中的食材，最著名的就是「莫蕾」（mole），一種在瓦哈卡和其他墨西哥料理中所會使用的混醬，而使用這種混醬的地區，顯然都距可可的產地不遠。「莫蕾」是種相當精緻、層次分明的醬料，常會放入大約三十種不同的原料，更依據不同的地域、家庭而有著不同的變化，以致在整個墨西哥，乃至墨西哥以外的地方，都掀起了一股鑑賞「莫蕾」的風氣。還有，「莫蕾」需要的是特定種類的可可，而非一般的可可。

巧克力的宣傳行銷可能會讓這段混亂的剝削史看似傳奇浪漫，但該產業如今已有許多人開始密切關注勞工的狀況。現在，很多拉丁美洲的巧克力都是來自巴西、秘魯、厄瓜多，以及多明尼加共和國。雖說在二〇一九年，有項支持重建古墨西哥可可產業的計畫逐漸成形，但相較之下，墨西哥生產的可可還是很少。許多消費者十分關切非洲撒哈拉以南從事可可生產的勞工近乎奴隸般的工作條件（當地不再受到殖民，卻仍遭受剝削）。有些製造商轉而改變生產方式。「公平貿易」（Fairtrade）、「平等交換」（Equal Exchange）等合作社開始擔保巧克力的營運不僅友善環境，也友善勞工；茶和咖啡的生產也是同理。

咖啡

咖啡無所不在——至少在進口咖啡豆的國家確實如此。生產咖啡的國家反而很少人飲用咖啡。龐大的經濟差距將「多數咖啡飲用者的生活」與「多數咖啡生產者的生活」區隔開來，而唯有巴西人不僅生產咖啡，也固定飲用咖啡。在飲用咖啡的世界裡，這項飲品處處可見，除卻年齡不說——因為咖啡像茶，常被當作成人飲品——各個社會階層都喝咖啡。一如茶和巧克力，環境對於生產咖啡至關重要。咖啡在赤道南北各二十五度之內的熱帶及亞熱帶地區長得最好。高度和濕度成就了咖啡豆的品質：（就專家的標準來看）最好的豆子生長在海拔三千至六千英尺的坡地，而最頂級的就屬阿拉比卡豆種（Arabica）了。不過，在越南、巴西大量種植的羅布斯塔豆種（Robusta）緊跟在後，此豆種對於製作冰咖啡、濃縮咖啡等品項特別重要。羅布斯塔豆種比阿拉比卡豆種耐寒——「羅布斯塔」之名即有「強健」（robust）之意——可在低海拔生長。羅布斯塔更能耐受咖啡的病蟲害，如咖啡鏽病（coffee rust），此病會在咖啡樹的葉子上帶來鐵鏽般的特有病斑，危及許多咖啡生產國的咖啡作物。

咖啡最早種植在葉門及衣索比亞，據說，衣索比亞有位名叫「卡爾迪」（Kaldi）的牧羊人注意到他的山羊在嚼食灌木叢裡某種紅色的「櫻桃」後，就變得格外好動。為了調查此事，他摘下漿果帶給自己的伊瑪目（imam，即伊斯蘭教的宗教領袖），詢問這些果實究竟帶有什麼特性，而伊瑪目在試吃幾顆之後，發現自己居然變得精力充沛。整個社區的人經過多次的實驗，遂發展出一套技術，乾燥這些咖啡樹的「櫻桃」，再經研磨、沸水烹煮，將其泡製成飲品。伊瑪目和其他神職人員發現自己一旦喝下該飲品，即可保持清醒，持續禱告到深夜。卡爾迪的傳說或許僅止於此，但這呈現出對於最早開始飲用咖啡的人來說，咖啡提振精神的功能已經相當顯著。

至少從六世紀開始，非洲東北部即已種植咖啡，但直到十六世紀初，當阿拉伯商人從非洲東北部把咖啡帶進馬爾他、伊比利半島，才將咖啡傳入歐洲。後來，咖啡透過少數的歐洲旅人分別向北、向西傳播。一五三〇年代，咖啡藉由海運傳入西西里，並一路向北傳到了威尼斯。不久之後，到了十六世紀中葉，葡萄牙的商人和傳教士將咖啡帶往遠東的日本，日本人遂而得知咖啡可作為藥物，專門治療失眠。

十七世紀初，來自希臘克里特島（Crete）、名為納桑尼爾・卡諾皮爾斯（Nathaniel Canopius）的年輕學生將咖啡帶往英國牛津，並在他的大學宿舍裡泡煮咖啡、喝了起來。最後，牛津開了一家咖啡廳，同年，也就是一六五二年，來自希臘，抑或亞美尼亞的巴斯瓜・羅塞（Pasqua Rosee，他是哪裡人向來成謎）開設了倫敦的第一家咖啡館，位於現在稱作「倫敦市」（the City）的地區，而且商人、銀行家都紛紛注意到這種飲品。數十年後，咖啡在歐洲大陸、維也納，和其他雖已發展咖啡飲品但卻細節不詳的土地上站穩了腳跟，曾有的事實也被後來這段看似「神話」的故事掩蓋過去：一六八三年，鄂圖曼土耳其人的軍隊於維也納之戰（Battle of Vienna）遭波蘭立陶宛聯邦與哈布斯堡帝國的聯軍擊潰，留下背載著鞍囊的駱駝，而有些鞍囊裡裝著奇怪的豆子，維也納人無法識別。這時，一名替維也納人擔任翻譯的波蘭人耶日・弗朗茨・庫爾齊茨基（Georg Franz Kolchitzsky）因常與鄂圖曼土耳其人交涉，經驗豐富，一眼就看出那是咖啡豆，遂把鞍囊帶回維也納，在一六八六年開設了傳說中歐洲大陸的第一家咖啡館——藍瓶（Blue Bottle，其原文「Hof zur Blauen Flasche」意指「藍瓶下的屋子」）。不過創新常常遭逢阻力，十七世紀初，羅馬教宗克萊孟八世（Pope Clement VIII）曾在樞機主教的要求下明令禁止咖啡這種源於伊斯蘭、因而助長反基督教勢力的飲品，但他在嘗過咖啡之後卻說：「這撒旦的飲品果真美味……不妨賜咖啡一個聖名，使其變成基督教真正的飲品，藉以捉弄撒旦一番。」⑥

不久之後，倫敦的可可館成了咖啡館，咖啡一直在當地處於主導地位，直到茶後來居上，取而代之。英國並沒在殖民地種植咖啡。十七世紀中葉，荷蘭人開始在斯里蘭卡（時稱「錫蘭」）培植咖啡，並把樹苗帶往爪哇島（Java）及整個東印度群島（East Indies）種植。荷屬爪哇的咖啡最後在國際貿易中取代了葉門摩卡的咖啡（其係以港口城市「摩卡」命名），而「爪哇」二字更在全球成了咖啡的同義詞。在英屬的北美殖民地中，咖啡比茶更占優勢，有一部分乃因茶與英國密切的關係「剝削」了美洲殖民地的英國人，但此處指的不是對待加勒比海奴隸的那種「剝削」。一七七三年，美洲殖民地爆發了「波士頓傾茶事件」（Boston Tea Party），使茶成為殖民掌控、無代表卻仍須納稅的象徵，於是，咖啡館成為革命的溫床，串起了「咖啡」與「政治」之間的關係，而這種關係在美國獨立革命之後，仍舊在紐約、費城等大城存續許久。

咖啡就跟茶一樣，早期因作為提神飲品而聲名卓著，與戒酒關係密切。這兩種飲品雙雙發展出與「開放、自由談話」的關係，因而吸引了評論家和反對者——尤其是畏懼臣民聚集的地點超乎自己掌控之外的統治者。於是，咖啡在英格蘭幾乎遭到禁止（英王查理二世視咖啡館為叛亂溫床，於一六七五年頒布禁令），卻未丟失它在社交上的重要性，持續扮演著社交場所的核心，而人們或可在這些場所結識朋友、陌生人，從交流、對話中獲益，或擺脫工作、家庭上的壓力，從而獲得療癒。德國思想家暨社會理論學家尤爾根・哈伯馬斯（Jürgen Habermas）就曾把咖啡館視為社會發展的重要部分以及「公共領域」（the public sphere）的延伸。人們口中常說的「公共領域」始於十七世紀中的英格蘭[7]，它是「政府」與構成資產階級的「個體」之間對話的場所，接受來自不同背景及生活條件的人們，並給予他們機會討論當前的政治與經濟現況。正如人們會在咖啡館談妥交易、做成生意，他們也會在這交換各地的消息以及對治理的看法。咖啡館內有著各種不同的社交形式，但不論是哪種形式，都比在酒館內進行且深受酒精影響的那種社交來得「清醒」，還有，就算評論家會把咖啡館和「浪費時間」、「無所事事」聯想在一起，但咖啡館和「情報交換」已變得密不可分。

到了十八世紀，咖啡為殖民國帶來了財富，如荷蘭（殖民印尼），以及在非洲各擁殖民地的法國與葡萄牙。然而，到了十九世紀末，一八二二年始脫離葡萄牙而獨立的巴西開始生產咖啡，最後成為全球最大的咖啡生產國。二十世紀初，日本曾經安排農民前往巴西聖保羅（São Paulo）從事咖啡生產，而其中幾位在返日之後，創建了全球第一家的連鎖咖啡廳，名為「老聖保羅咖啡館」（Cafe Paulista）。

咖啡在日本大獲成功的故事，可謂獨一無二[8]。雖說咖啡在一五四九年便已由葡萄牙商人和傳教士傳入日本，但在數百年之後，飲用咖啡才變得普遍起來，咖啡甚至取代了茶，成為眾多日本人的日常飲品。身為全球第三大咖啡進口國——僅次於美國及德國（後者將許多進口咖啡轉變成「咖啡產品」，如糖漿）——日本卻成了咖啡技術與咖啡潮流的出口國。在日本當代的「喫茶店」（咖啡店）如何「手沖」（pour-over）製作咖啡可能涉及一種表演；這算不上是茶道，卻傳達出類似的熱情與好客。縱使濃縮咖啡機在日本處處可見，手沖咖啡卻是「喫茶店」必備的飲品。咖啡店店員研磨咖啡的時間，恰好就是水已沸騰而要開始冷卻的時間；接著，她以劃圈的方式，一絲不苟地緩緩將水注入磨好且已放入濾杯的咖啡粉，而過濾架的底部，可能連往帶著木頸的玻璃壺。在比較復古的咖啡店裡，我們都能看到藉此製成的咖啡，稱之為「手工」（hand-made）咖啡，相較於隔著一段距離、經由機器的介入才製作而成的濃縮咖啡，這種方式享有較高的文化聲望。虹吸咖啡是在十八世紀經荷蘭商人傳入日本，與手沖咖啡共同享有「手工」咖啡的地位。濃縮咖啡雖是透過旅日義大利人變得普遍，卻是等到二十世紀末、日本引入美式連鎖咖啡廳後，才變得特別普及，並擁有死忠的追隨者。對有些追隨者而言，濃縮咖啡也可以是「手工」的，這取決於一個人如何確切地使用機器本身。一名日本咖啡師就表示：

「我已經把濃縮咖啡機變成我手臂的延伸。」⑨

不論人們在哪喝咖啡，他們往往都會賦予咖啡社交上的功能——的確，衣索比亞就擁有自己的咖啡儀式，分享咖啡（阿姆哈拉語〔Amharic〕稱作「buna tetu」或「buna inibila」）等同於進行社交。據說，這種表演源於衣索比亞的西南方，但如今幾乎到處都能看到這種固定的儀式。表演者通常是女性，其中可能包括在外生火，放上平底鍋，再於鍋上手炒生豆，之後藉缽杵搗碎熟豆。正如日本的茶道，這麼做旨在為友人泡出一杯良飲，而且過程費時。接著，她先燒開陶壺（該陶壺以禾稈為蓋）中的熱水，放入磨好的咖啡粉混合攪拌且經多次過濾之後，再將咖啡連續倒入托盤上的各個杯子，直到個個斟滿為止。你有一連串的咖啡可喝，有的加了糖，有的加了鹽和奶油。點心很重要；佐以咖啡的爆米花正是好客的象徵。雖然咖啡一開始生長在衣索比亞及葉門，但衣索比亞的優質咖啡可是費了好一段時間才獲得人們的認可。精品咖啡具有各式各樣的本質與特色，而人們常常認為，特定的咖啡豆會呈現出某個特定地點的「風土」（terroir，字面意義表「土壤」）。衣索比亞的咖啡迷清楚要在耶加雪夫（Yrgacheffe）的豆子裡尋找「藍莓的風味」，也清楚哪些豆子要淺焙、哪些豆子耐受深焙。咖啡師及咖啡觀光客對衣索比亞的咖啡突然大感興趣，這使得當地人困惑不已，縱使他們就和外國人一樣珍惜衣索比亞的咖啡，但他們的品味與製作咖啡的方式，與那些到訪的「精品咖啡」專家截然不同。

短文6

Authenticity in Panama

巴拿馬之真實性

我身在某個環太平洋島國的山脊森林，一名和我語言不通的男人向我展示了如何從咖啡樹枝採下咖啡櫻桃。我們所處的不是一般的森林，我們腳下踩踏的，正是一座咖啡園。這座咖啡園已經過妥善規畫，如此一來，咖啡樹才能受到遮蔽，在樹木、灌木和藤蔓間順利生長（有道陽光淘氣地落在了我的項頸）。向我示範如何摘採咖啡櫻桃的哥恩貝（Gnäbe）部落原住民班傑明似乎對這裡的寸草寸木瞭若指掌。他先指著一顆咖啡櫻桃，再指著另一顆，表明我應該尋找整顆變紅且根部略呈白色的果實，因為這樣代表我只要輕輕一扭，即可順利採下。我們逐漸放滿了塑膠籃。這種名為「gesha」（藝妓／瑰夏）的咖啡一旦經過處理，便能從咖啡烘焙業者手中拿到好價格；凡是經過烘焙、沖泡，即可從識得其獨特風味輪廓（flavor profile）的咖啡專家口中榮獲高度評比。巴拿馬的「gesha」已在國際咖啡競賽中急速竄起，名列前茅。「gesha」屬於特殊的咖啡品種，其果樹生長緩慢，比起生殖力較強的其他近親，產出的咖啡櫻桃較少，因而較不受到大規模種植者的青睞——像是在巴西、巴拿馬低地，或在全球許多其他地區種植咖啡商品的咖啡農。「gesha」主打精品市場，而該市場在全球每年飲用的咖啡市場中占比很低，恰好跟我心目中的比例接近，於是這樣的比例，帶我來到了巴拿馬——我當時正在尋找稀罕的事物。

奇里基省（Chiriquí）位處巴拿馬西部高地，我很幸運地接獲邀請，和數名飲食作家一同加入當地精品咖啡種植者所組成的參訪團。我欣然接受這次的機會，因為我除了造訪過夏威夷的咖啡種植園，從來就不曾「到過產地」（gone to origin）——我們這行慣以這樣的俚語稱呼這類的行程。這趟朝聖之旅變得像是「hajj」（伊斯蘭教徒至麥加的朝覲），證明一名咖啡人是如何認真地看待他決心想做的事。咖啡的買家逐一走訪各個莊園，直接與咖啡種植者交涉，他們看到了一個生產咖啡的世界，而這樣的世界，絕大多數飲用咖啡的人鐵定沒有機會看到。生成風味的條件，同時也是勞工的條件、環境管理的條件、加工處理的條件。我們的快樂建立在他人的工作上。我想在咖啡產地品嘗當地的咖啡，想把雙手伸進泥土，想要感受落在咖啡樹上特殊的薄霧。波奎特（Boquete）——奇里基省各大種植咖啡的城鎮之一——得天獨厚，下著薄霧般細緻的雨，稱作「bahareque」；在日本，這種雨叫作「nuka-ame」，即「糠雨」（rice-bran rain）。我還想看到「風土」的概念——味道會傳達土壤中的某些東西——是否屬實。縱使我已經非常瞭解「真實性」（authenticity），但我仍在尋尋覓覓。

話說，這有點棘手。「authenticity」此英文字經過悠久的演變，從表「純的」、「主要的」的古希臘文「authentikos」，到後來拉丁文的「authenticus」，爾後在較近代的語言中，更被賦予其他的含義，如暗喻威信、正規等等。因此，我們找起正規的「cacio e pepe」（乳酪胡椒義大利麵）、正式的「béchamel」（法式貝夏梅白醬），或「真正的」「nuoc cham」（越南蘸醬）。此字暗指，你若拿某種東西（如巴拿馬的「gesha」）舉出一堆例子，就會發現有些例子比其他例子更接近柏拉圖所稱的「理型」（Platonic ideal）。若非有著影本、近似版、仿製品和徹頭徹尾的贗品，或有講者、作家想把東西貼標籤、貶抑成這類的物品，「真實的」（authentic）這形容詞根本就毋須存在。這詞呈現出一種對「複製」或「被複製」的焦慮，或是對代用品的恐懼。「吃貨」似乎都會廣泛用起這詞，他們對「最真實的」（most authentic）料理版本窮追不捨，不論是在洛杉磯的韓國城找起黑山羊燉肉湯，還是問起為何某種披薩似乎成了紐約風的代表，或是為何布滿藍莓的貝果看似「不夠純正」（inauthentic），令人不快。「真實性」是一種分類的機制、一種評價的字眼，以及一種讚美的說法，正如講究正統的人會用「不夠純正」來表達鄙視那樣。「真實的」若走向極端，便會導致人們太過狂熱，盲目地崇拜生成食材或料理的社會與環境條件。

在波奎特，咖啡種植者已分析出「bahareque」如何減緩咖啡櫻桃的生長，使其在果樹上待得較久，從而積聚更多的糖分。巴拿馬的「gesha」乃是人們誤打誤撞之下產生的結果——一棵果樹在一種氣候下最終催生出香醇美味的咖啡櫻桃。淺焙的「gesha」有著我從未在咖啡中發現的風味，從茶般的煙燻味，到有如葡萄柚的果皮味，從而改變了我對咖啡的觀感。但這些都算不上是「真實性」，因為「真實性」是我們投射在事物（如飲食）上的特質，而非事物具備的性質。

我很好奇為何有這麼多人常用「真實」這詞來指稱飲食。此時，我心中浮現了一些答案：在以工業處理原料的年代，每袋麵粉和你最後烤麵包所使用的麵粉——完美機器研磨，效果可以預期——一模一樣，毫無二致。有著不同故事的獨特原料可能才有吸引人的地方。藉著運用、品嘗這些原料，我們或許可以學習食物生產的用語，亦即那些我們通常不可能知道的用語。在有些圈子裡，這類原料還可能為我們帶來更多的文化資本，正如一根手工雕刻的木製湯匙會比一根打上印記的金屬湯匙更加獨特，展現出近代前的農民風，而非近代後的工業風。奇怪的是，在適當的情況下，工業化的物品一旦體現出已歷經工業化的當代在飲食上的「真實性」，它也可能具備文化資本的條件。我曾在舊金山某次「一人一菜」的聚餐中，幾近病態地好奇看著某位女士拿著一個小手提袋抵達主人家，她從中取出三個罐頭，分別是豆子、乳酪及炸洋蔥圈罐頭，再用主人家的烤箱烘烤，做出她口中所謂的美國中西部熱菜。對我而言，這道菜雖比我在印度德里街道上所曾買過的咖哩餃（samosa）還要陌生，但它就和咖哩餃一樣「純正、真實」。

我認為料理的真實性乃是一種哲學上的僵局，但這想法絲毫不影響「真實性」這概念長期以來對人們產生的吸引力。我們雖可因為「真實性」並不存在，而捨棄對正統料理的渴求，但人們未來仍會持續飢餓卻是不爭的事實。「權威成癮」（addiction to authority）正是德國哲學家暨評論家狄奧多・阿多諾（Theodor Adorno）用來描述「真實性」這種思維模式的說法之一[1]；直接告訴我們要在哪買披薩、哪裡買貝果，當然還有哪裡買咖啡吧。我要再次重申我的觀點：「真實性」或許並不存在，但對實質目的來說，它存不存在並不重要，因為「真實性」作為一種持續性的信仰——一種常受人們瘋狂擁戴的信仰——我們便不可能對其置若罔聞。姑且不論對錯，我們身處的世代重視「authentikos」，一種真實、純正的東西，且其存乎於工業的標準化中，廣泛的旅程和遷徙中，還有不同料理的廚師與食客間前所未有的緊密接觸中。我們應該繼續地探問緣由，同時認同「真實性」的議題不僅是社會議題，似乎恰好也是哲學議題。

Chapter 6

殖民與咖哩

Colony and Curry

殖民與咖哩

以下是一篇英國殖民時期咖哩肉湯（Mulligatawny soup）的食譜，首見於一八六一年版的《比頓夫人家務管理書》（*Mrs Beeton's Book of Household Management*）：

咖哩粉兩湯匙；洋蔥六顆；蒜片一瓣；杏仁碎一盎司；檸檬醃汁少許或芒果汁適量；家禽或兔子一隻；瘦培根四條；普通高湯或（若想增添美味）特級高湯兩夸脫。

烹煮方式：洋蔥切絲，炒至顏色通透；在燉鍋排好一條條的培根；將家禽或兔肉切成小塊、煎至略呈褐色；放入炒好的洋蔥、大蒜、高湯，小火慢燉，直到肉質軟化；小心撈除表面浮沫，待肉質軟爛後，將咖哩粉加水和勻【編按：用作增稠麵糊】，和杏仁一起倒入湯裡（杏仁要先加點高湯搗碎）；加入調味料、適量的檸檬醃汁或芒果汁，即可與白飯一齊享用。①

英國小說家威廉・薩克萊（William Thackeray）則於一八四七年至一八四八年所完成的小說《浮華世界》（*Vanity Fair*）中，描述英國人首度嘗到印度料理的場景如下：

「我不能多話，」蕾貝卡自忖道，「而且要表現得對印度非常感興趣。」……「親愛的，給夏普小姐舀點咖哩。」薩德利說道……「妳覺得這菜跟印度其他東西一樣好嗎？」薩德利先生問道……「噢，這太棒了！」蕾貝卡嘴裡這麼說道，可是她卻在遭受辣椒粉的折磨。「試試配著辣椒吃，夏普小姐。」約瑟夫說，他真的很感興趣。「辣椒，」蕾貝卡喘氣吁吁地說，「噢，好啊！」她以為辣椒是一種清涼爽口的東西，因為名字聽上去有這個意思……「看起來多麼鮮嫩翠綠啊，」……她連忙放下叉子。「水，天哪，水！」②

貝琪（蕾貝卡）・夏普（Becky [Rebecca] Sharp）在薩克萊小說中所吃下的辛辣辣椒，與《比頓夫人家務管理書》中所描述的淡味咖哩肉湯相差甚遠。（《比頓夫人家務管理書》係將英國維多利亞時代本地較為單調乏味的料理文化編纂成書；「Mulligatawny」一字源於坦米爾語，「molagu」表「胡椒」，「thanni」表「水」。）請各位把這樣的差距稱作「帝國觸角」與「祖國英國」之間，還有「被征服的『異族』世界」與「安全的本地家庭」之間的落差，而薩克萊正是以諷刺的筆觸，刻畫且傳達出這樣的落差：一名一心想躋身上流社會的年輕英國女子希望吸引一名自英屬印度回任的收稅官，企盼藉著嫁給他提高自己的社會地位，因為她的目標約瑟夫・薩德利（Joseph Sedley）乃是「Raj」的成員（當時大英帝國多以「Raj」稱呼其所殖民的印度地區，這些地區自一七五七年起受到英屬東印度公司管治，到了一八五八年才直接劃歸英國治理）。但貝琪的努力暴露出她如此汲汲營營帶著算計，還有她忽略了她相中的此人早已體驗過更國際、多元的美食，令人遺憾。當然，並不是每名「僑居印度的英國人」（Anglo-Indian）都會「入鄉隨俗」，而把喀什米爾的披肩、象足製成的傘架，以及南亞的食物風味帶回家鄉。這有助於解釋比頓夫人所研製而成的咖哩肉湯為何如此清淡，足以符合普遍英國人的口味，但卻仍可辨識這是一道受到南亞料理的啟發才有的菜色。它喚起了人們對於印度、英屬印度的聯想，卻又不致讓英國人吃不慣，或辣了個熱火朝天。

「殖民主義」（colonialism）和「帝國主義」（imperialism）雖常交相使用，但彼此描述的卻是截然不同的政治與軍事現象。歷史學家及社會學家偶爾會把「帝國主義」定義成一個國家刻意擴張，以統治新的領地；一如我們在第二章提過的，「帝國主義」的英文「imperialism」來自拉丁文的「imperium」，表「統治」。「殖民主義」的英文「colonialism」則來自拉丁文的「colonus」，表「農民」，亦即為了種植作物或採掘其他資源而在新的領地建立定居點。換言之，「殖民主義」首要追求的是經濟增長，「帝國主義」追求的則是政治掌控。在許多情況下，如同在英屬印度，早期的殖民主義會為後來的帝國主義鋪路，致使帝國最終在某些地區擁有合法的權利。大英帝國主義的擁護者塞希爾．羅德斯（Cecil Rhodes）——英屬殖民地羅德西亞（Rhodesia）以其命名——就曾宣稱他想「把地圖塗紅」（paint the map red），而全球在十九世紀末的地圖也確實略呈粉紅，昭示著英國從世界各地所攫取的領土。到了十九世紀末「瓜分非洲」（Scramble for Africa）的時期，也就是歐洲列強大幅擴展在非洲的土地，直到掌控了近九成的非洲大陸，帝國主義才成了一種支配權的比賽，各國以天然資源為帝國擴張的重要動力，而在世界的舞台上拚搏演出、相互角力。本章即將檢視近代歐洲的帝國擴張與殖民擴張對料理所帶來的影響，同時回過頭去審視英國、荷蘭及法國等國在當時的狀況。相較於古羅馬帝國持續了五百多年，這些帝國的國祚都不長，僅僅維持了兩百年。但近代科技促使歐洲延伸觸角，且近代的歐洲帝國也有助於重新塑造全球的飲食方式。

英國菜單上的日不落

英國對印度次大陸的統治始於十七世紀初，自東印度公司的船隻駛抵該地且建立貿易據點之後。貿易帶來財富，而武力支持下的財富帶來統治。截至一七五七年，印度泰半都在英屬東印度公司的掌控下。到了一八五八年，英國王室接掌印度，印度許多地區遂成了大不列顛的殖民地。英國文化透過英國官員的行為以及他們負責運作的公家單位——如印度文官機構（Indian Civil Service）、教育部門及其他機構——而散播出去，其中還引入英國的社會習俗和飲食（比方說，印度文官都要奉行下午茶文化），致使「紳士風味」（Gentleman's Relish）這類混雜後的食物最後出現在印度中產階級的家裡。「紳士風味」乃是英國人約翰・奧斯波恩（John Osborn）於一八二八年所發明的一種魚醬，由磨碎後醃過的鯷魚乾、奶油、香草及香料組成，反映出十九世紀時英國人對營養和風味的概念，也稱作「patum peperium」。這種魚醬裝在美觀的瓷罐裡，方便攜帶，不易腐壞，且若抹上吐司，便成了一道可輕鬆完成的鹹食——當時上流階層必會以鹹食結束一餐。

大英帝國的食物來自四面八方，包括美洲殖民地、英國在東非及加勒比海的土地，還有它在全球的其他殖民地，然而，卻是區域差異甚大的「印度」食物，才對英國本地飲食帶來最大的影響。比頓夫人，亦即《比頓夫人家務管理書》的作者，被視為維多利亞時期家喻戶曉的權威人士，方得在「大不列顛帝國」的食物傳入「祖國小英格蘭」時，對其進行詮釋和重新設定編排。嚴格說來，咖哩肉湯並不「印度」，但卻證明僑居印度的英國人及其在英國的同胞嘗試攫取「印度」的風味。這道菜裡使用了「咖哩粉」，象徵「本地」食物的轉型：相較於印度的任何一種湯，這道夾帶杏仁碎的濃湯，其實比較接近維多利亞時期營養豐富的奶油湯。

英國雖掌控了印度次大陸，但其涵蓋的範圍——好歹還有半自治的土邦（princely state）「小島」——不那麼廣泛，勢力也不那麼持久。倫敦的印度事務處設立治理結構，和殖民地人民接觸最多的英國地區總督在平房中揮汗如雨，僅命「操控風扇的僕人」（punkah-wallah）拉著一片片由粗帆布製成且懸吊於天花板的布屏風扇，好讓住處變得涼爽。他們在英屬印度的一隅，努力以當地的方式適應著炎熱及食物（有時還接收當地女性作為「妻子」）。返國後的英國人也許自詡相當熟悉「真正的」的印度食物，但他們人在印度時，常常盡可能地保有自己的飲食方式，教導印度廚子（khansamar）在午餐烤牛肋排，同時佐以水煮蔬菜。在這頓頗為英式的餐點中，僑居印度的英國人會頂著印度午間的高溫，穿起他們在家鄉穿的套裝、背心、束腹、高領長洋裝，甚至打上領結。有些人雖能在夏季那幾個月前往較涼快的山間小鎮避暑，但不是人人都這麼幸運，有些人仍得待在酷熱難耐的平地。英勇地在外地嘗試保留家鄉的習俗有其政治意涵。食物和正式服裝表達出身分認同：「無論歷經怎樣的痛苦，我們都將秉持英式作風，保持既有的傳統。」以及人格與權力：「我們能夠做到這些與眾不同的事，犧牲安逸的生活，因為我們骨子裡堅毅不屈，令我們成為大英帝國的統治者。」能在所有事物上保持英式作風，正是合法統治的證明。再者，英國人將其飲食方式視為一種文明化的影響。誠如一名殖民官員所言，當地人規律地喝起英國茶乃是進步的象徵：「他們喝茶時會索取糖、茶杯——接著想要桌子……然後……椅子……歐洲習俗很快就會變得無遠弗屆。」③

較年長的殖民地居民認為「吃印度菜」等於「遭到同化」或「讓自己人難堪」，是一種文化上的叛國。「一頭栽進市集」（plunging into the bazaar）的英文片語便是藉由人山人海、雜亂無章的「市集」象徵印度習俗和印度人目無法紀，從而描述英國人在殖民當地時拋開了英國「文明」的包袱，選而承繼當地人的衣著、行為模式和顯而易見的「混亂」。然而，隨著印度的飲食方式長驅直入，一路直搗英國人在次大陸及其家鄉的廚房，大英帝國也逐步反擊。縱使英國人的餐桌上盡是英國文化認可下的烤肉，此時卻也出現了符合英式口味的「咖哩」。咖哩粉本身就是僑居印度的英國人發明的，印度的廚子和家庭主婦並不會使用這種標準化後的綜合香料——即使當地早已有綜合香料，譬如北印度專門使用的葛拉姆馬薩拉（garam masala），還有南印度坦米爾人使用的桑巴粉（sambar powder）。通常印度的每個地區、村落和家庭都有自己的配方，每道菜所放入的香料鐵定也不相同。印度人可能會在所需的醬料或混料中放入七八種已經烘烤且磨碎的獨特香料。就像傳說由格雷少校（Major Grey）所發明且以此命名的「果菜甜酸醬」（chutney），英式「咖哩粉」竟變得比原先模仿的東西更普遍、更盛行。

殖民地官員一旦回到英國，即使沒因逐漸愛上殖民地的人事物而在文化上犯下叛國之罪，卻也常因在海外生活而被貼上「瑕疵品」的標籤，面臨社交孤立。起碼，返國人士常會想起以前的僕人，尤其是自己的印度廚子。有人甚至把僕人帶回英國，致其身陷困境，因為比起他們的主人，這些人在社會上的孤立感尤有甚之。不過，隨著其他印度人也陸續抵達英國——特別是那些曾任職於英屬印度，並在此過程中有所「英化」（anglicized）的人——這使得咖哩肉湯、魚蛋燴飯（kedgeree; khichuri; kitchiri）等「印度」料理便在英國流行起來。魚蛋燴飯乃是一道將煙燻、煮熟的鱈魚肉末鋪在香料飯上一齊食用的殖民料理，常常作為早餐。「蒂芬」（tiffin，印度傳統的筒狀多層式午餐盒）也傳入了英國，隨著裡頭裝進「略帶印度風」的菜色，印度人得以一解鄉愁。就如同對英國人來說，經由倫敦知名的福南梅森百貨公司（Fortnum & Mason）裝入方形野菜籃，繼而輸往印度的雅各布斯餅乾（Jacob's Biscuits）包裝錫盒，以及其他果醬和日常必需品所扮演的功能那樣。誠如獨立歷史學家莉琪・科林漢（Lizzie Collingham）所言，殖民者的餐桌正是「英國人〔不斷變換〕身分的劇院」。[4]

荷蘭帝國餐盤上的冒險

大英帝國的日不落正如荷蘭帝國的日不落，兩大帝國皆往全球的各個角落延伸觸角。荷蘭帝國與大英帝國類似，都是藉著貿易公司的相關活動建立起來，而荷蘭帝國最先是從商業技巧發跡，最後才獲得荷蘭軍方的支持。荷蘭帝國幅員遼闊，隨著荷屬東印度公司及荷屬西印度公司相繼於一六〇二年、一六二一年成立，帝國轄下的一切逐漸制度化。當荷蘭共和國（Dutch Republic）掌控了這兩家公司的股權，貿易商的財力與海洋實力遂成了國力。

荷蘭人在海上的速度使其早期得以成功地和來自西班牙、葡萄牙的冒險家競爭。此外，荷蘭人得益於一窩蜂自葡萄牙移居到安特衛普和阿姆斯特丹的貿易商及銀行家——其中很多是在一四九二年遭葡萄牙驅逐出境的猶太家族——因而具備了財務上與資訊上的優勢[5]。荷蘭人因香料貿易而致富，不但有助為荷蘭的內部建設提供資金（最著名的，就是荷蘭人投入了大範圍的地球工程計畫，蓋建大壩並填海造陸），更促使他們發展出全球最大的貿易船隊，主掌著波羅的海、橫跨大西洋與亞洲的通商路線。荷屬東印度公司在摩鹿加群島和其他東南亞的殖民地探索香料，先是藉由掌控海上路線，從而占據種植香料且先前多歸屬葡萄牙的土地，最終順利掌控了肉豆蔻、丁香及更多香料的來源。

十六世紀末，曾有一名荷蘭水手從里斯本非法走私了一套葡萄牙人的貿易路線圖，而得到這套地圖的荷蘭人有如神助。就策略上而言，繪有潮差、海岸線、沿岸水域深淺以及安全港灣的地圖乃是極其重要的物件，舉凡貿易、政治及軍事上的掌控都得仰賴地圖，因此，人們若在海事強國私擁地圖，常被處以死刑。經世世代代的荷蘭人保密而不為人知的貿易路線，通往的正是香料、糖，以及茶。荷蘭人先是從葡萄牙的地圖著手，一路進展到以占據葡萄牙在東南亞、美洲及非洲的殖民地為目標，後來逐漸把葡萄牙人趕出他們在亞洲的領土，並攫取所到之處的土地、奴隸與蔗糖種植園。荷蘭人所奪取的領土包括種植茶與香料的地區，如錫蘭（今斯里蘭卡）及其富裕的首都可倫坡、福爾摩沙（今臺灣）、科欽（Cochin），還有模里西斯。葡萄牙人發現只有模里西斯島上生活著渡渡鳥（dodo），而從島上採掘的渡渡鳥鳥糞，有助於葡萄牙殖民者在其他島上培養出肥沃的農地。

荷蘭人努力與他們在政經上的勁敵葡萄牙比拚，迅速掌控了亞洲產品在歐洲的市場。此外，荷蘭人也奪得了加勒比海諸島的控制權，如聖馬丁島（Sint Maarten）、古拉索島（Curacao）、阿魯巴島（Aruba），以及博內爾島（Bonaire），坐擁這些島上產鹽的鹽田。鹽——人類飲食中最基本的要素之一——遂成了荷蘭商人繁榮昌盛的根本，當初，這些人可是載著一艘艘的奢侈品返回祖國呢。一如葡萄牙人，荷蘭人既會把茶當作休閒飲料，也會把茶當成藥物，任職於荷屬東印度公司的荷蘭醫生即以開立含茶的處方治療病患而廣為人知。

荷蘭黃金時代（Dutch Golden Age）始於一五七五年，止於一六七五年，橫跨整整一世紀，見證了荷蘭財力劇增，國力亦擴及全球。值此之際，荷蘭人普遍識字率高，涉足藝術在社交上變得不可或缺，移民人士與生俱來的才能亦強化了當地的產業。來自伊比利半島的賽法迪猶太人（Sephardic Jews）和法國的新教徒等群體也都感到荷蘭熱情友好、兼容並蓄。荷蘭向來是各省結盟而組成的團體，爾後才於一八一五年成為荷蘭王國（Kingdom of the Netherlands），也就是現在的荷蘭。實際上，荷蘭有時乃是透過它對殖民地施展權力才得以團結一致，因為這麼一來，方能為宗主國帶來穩定的政治力量。但荷蘭沒幾道稱得上是「國民料理」的菜色，我們很難指出，究竟是什麼構成「荷蘭」食物，還有它具備哪些特質，得以和其他土地的食物區隔開來。荷蘭料理以北歐的麵包風格為特色——一開始強調鮮蔬，後來才添加樹果（tree fruits）和馬鈴薯為食——並集結了樸實無華的本地菜餚。漁業商品很注重鯡魚，正如一名作家所言，鯡魚「決定了帝國的命運」⑥，因為這種魚可以鹽藏、醃漬、曬乾，經得起長途運輸，促使人們順利度過漫長的旅程，還有在家捱過漫長的冬日。除了鯡魚本身，荷蘭人保存魚的方式，對於船員在長達數月的航程中保持健康、續命維生，也起了重要的作用。因此，遠洋航行的要求——特別需要不會腐壞的食物——帶來飲食上的改變，之後的探險家也從而受惠，如庫克船長（Captain Cook），他甚至把發酵的食物引進船上，像是抗壞血病（antiscorbutic）的德式酸菜（sauerkraut）。

荷蘭的飯菜往往非常簡單，但荷蘭人卻也接納自家商船所運回的香料。我們可以經由一六六九年出版的烹飪食譜《有心的廚師》（*De Verstandige Kok*），看出荷蘭人廣泛地使用香料。該書充分利用傳入荷蘭的異國食材，呈現出以薑黃和榲桲，還有以芫荽和胡椒為特色的菜餚。然而，到了十九世紀，荷蘭廚師為了順應外界追求禁欲儉樸的潮流，開始避開比較提神的食材。荷蘭人更以「居家之人」和「遠行之人」，將料理分成截然不同的兩類：今天，「居家」菜單上多為乳酪、馬鈴薯、高麗菜、雞肉以及烘焙食品，而在餐廳或任一荷蘭超市所能找到的「異國」食材，則包括南薑、肉桂、「sambal oelek」（參巴辣椒醬）、「satay」（沙嗲醬），還有就連多數不出外遠行的家庭也都會食用的各種「ketjap」（甜醬油）。

隨著統治者的餐盤反映出被統治者的烹調理念，食物同時也從被征服者的土地傳入了征服者的祖國，此乃常有之事。因此，「遠行之人」的菜單終究是會傳回家鄉。對應英國的咖哩肉湯和香料烤雞咖哩（chicken tikka masala），荷蘭的「rijstafel」（飯桌）乃是一種受到印尼啟發，卻又非屬印尼當地的餐點。「rijstafel」的風格和儀式上演著一齣單純的權力劇。它源於荷蘭人在殖民地印尼所舉辦的宴會，由多道菜色組成，宴會主人能備多少道菜就備多少道菜，極其鋪張顯擺。其實，殖民印尼的荷蘭家庭所端上的菜色，就跟他們手下的「男孩」一樣多；所謂的「男孩」即是上菜的僕人，每人負責一道菜，而一場足足有四十名「男孩」的「rijstafel」並不罕見。「rijstafel」雖源於西蘇門答臘（Sumatra），本身卻融入了不同的族群色彩，來自爪哇的部分成了「sateh」（沙嗲，亦作「satay」），來自蘇門答臘的部分成了「rendang」（仁當，辛辣的牛肉料理），來自中國內地廚師的部分，則成了「babi ketjap」（以甜醬油燉煮而成的紅燒豬肉）。其中「ketjap」正是「ketchup」或「catsup」的鼻祖，「ketchup」、「catsup」並在後來成了美國番茄醬的代稱。「ketjap」始於醬油的變化，常常含有發酵的魚醬或蝦醬，亦可用其他農產品製成，像是羅望子，或是核桃、蘑菇（若你身在英國）。

荷蘭人對食物的興趣顯然也呈現於繪畫之中。荷蘭帝國的勢力在黃金時代達到鼎盛，該時期的靜物畫經常描繪外國、熱帶的物件——象徵荷蘭轄下的領土——體現出荷蘭甚以財富和影響力自豪。在看似靜態，且以餐桌或鋪了布的碗櫥為特色的歐洲本地場景，會出現異國食物的蹤跡。一小把水果刀和螺旋狀的檸檬皮（檸檬乃是得從加勒比海殖民地運回荷蘭的水果，運費高昂）更是不經意地以藝術的手法，彰顯出帝國的無遠弗屆。畫家也常在作品中畫出熟果、堅果大量地自豐饒之角（cornucopia）滾落，暗指財力驚人，就連取之無盡、用之不竭的豐饒之角也無以容納。這段期間的畫作很著重細節，偶會作為罕見植物的圖示。畫作也常納入荷蘭支配海洋，同時亦倚賴海洋的象徵物：一整條魚可能大到垂至桌邊，附近還有一簍牡蠣及蛤蜊。高超的狩獵技藝則是透過一對對的野兔或獵禽表露無遺。但這類畫作不只是為了頌揚，更蘊含了寓意深遠的道德故事，訴說著暴食、死亡、「占有」轉瞬即逝的本質，以及生命本身。盛有熟果的碗內常可見到壞掉的蘋果或橘子，而權力便有如蘋果，哪天或許會像蘋果腐爛或慘遭蟲蛀那樣宣告終止、垮台。食物縱使代表征服，卻也是用以呈現帝國本質短暫的理想主題，作為一道警語，提醒人們趁著行有餘力，善加守護這個帝國。

法式料理的香腸與榮耀

多年前，擁有阿爾及利亞血統的靈魂樂教父詹姆士・布朗（James Brown）曾於巴黎舉行戶外音樂會，本書的兩位作者前往當地共襄盛舉，卻遭蜂擁而至的粉絲擠得動彈不得，其中一人絆了一跤，跌在已經打翻的香腸車上，臉還給埋入尚未煮熟、呈現鮮紅的香腸堆裡。她扭傷了腳踝、沾上了油膩膩的紅色染料，卻對著把她從一攤油給扶起身子的救星抗議道：「不，等等！你沒看到這些可是梅格茲香腸（merguez）呀！」香腸，一道傳回殖民宗主地巴黎的食物，竟比逃離一群瘋狂崇拜詹姆士・布朗的歌迷重要得多。梅格茲香腸常常單用羊肉或混合羊肉、牛肉製成，再以孜然、辣椒調味，蘸哈里薩醬（harissa，一種紅辣椒醬）一齊食用。它提醒我們法國曾經殖民北非，還有北非文化曾對殖民的法國造成侵害——多因殖民地的法國人遷徙所致。但梅格茲香腸在法國始終算是「異國」美食這點，說明了法國帝國在料理歷程上的獨特之處：即使與殖民地的碰撞造成「六邊形」（hexagon，因法國的地理形狀近似六邊形，法國人多以此代稱法國）內飲食方式的轉變，許多法國人依舊否認發生此事，彷彿法國文化及法國文明是如此純粹，從未改變。

更準確地說，法國帝國先後涵蓋了兩段帝國時期：第一段帝國時期始於法國在十六世紀掠奪北美的土地、建立多個殖民地，後於拿破崙時代在一八一五年告終而劃下句點；第二段帝國時期則始於法國在一八三〇年征服阿爾及利亞的首都阿爾及爾（Algiers），後將殖民勢力拓展到西北非的多數地區、中南半島，甚至更遠，且一路延續到二十世紀。法國的帝國主義分子常會利用「文明使命」（une mission civilisatrice）的概念，使其政治計畫合法化。在這兩段帝國時期，法國持有的土地不但從北美擴及北非，亦從西非擴及大洋洲的玻里尼西亞（Polynesia），更囊括中東、半個印度，以及加勒比海和印度洋上價值非凡的島嶼。一如法國文化研究學者范．特洛伊．特蘭（Van Troi Tran）所表述，在法國城市於十九世紀末所舉辦的大型博覽會上，代表法國轄下各大種族背景的原住民不僅會參與遊行、展示帝國的勢力範圍[7]，這些被帶離家鄉的人還會在狹小且類似立體透視模型的布景下演出他們的「日常生活」，而如此展演的重點，有一部分正是在向參與博覽會的法國人反覆灌輸他們獨具的優越感。這些原住民吃生食嗎？與許他們還吃人肉？不論如何，原住民野蠻落後，亟需教化，而他們若能進步，其中想必少不了飲食的變化。

從一八三〇年至一九六二年，法國人占領了北非馬格里布（Maghreb）大部分的地區，包括摩洛哥、突尼西亞和阿爾及利亞。正如印度食物改變了英國人的口味，庫司庫司和其他北非作物也成了法國殖民官員飲食的一部分，之後再隨其帶回法國。但基本上，椰棗、無花果及玫瑰水並未改變法國人心目中所認同的法國食物。當時法國係以巴黎為核心（現在仍是），當地的餐館和主廚乃是正規料理文明的推動者、國家驕傲的來源，並早在十八世紀就已取得這樣的地位。在這之前，個人主廚普遍都還籍籍無名，直到後來安東尼・卡漢姆（Antonin Carême, 1784-1833）、奧古斯特・埃斯科菲耶（Auguste Escoffier, 1846-1935）在其他知名主廚與作家之間脫穎而出，成為高級法式料理（haute cuisine）的代言人及法式料理獨特性的權威。在法國，法式料理並非一成不變，它還涵蓋了區域主義（regionalism），且其中很多係以當地的「風土」概念為基礎。但那是內部的故事、法式生活的特色，而不屬於法國殖民主義下的意識形態；出了法國，法國人大多更單一地把法式料理視為「普遍、長期的『料理文明使命』」[8]。對海外的法國人而言，烹煮並奉上「法國食物」（而不是法國任一地區的食物）成了帝國不可或缺的一部分，正如在印度的英國人堅持食用本國的料理那樣。

法國殖民地所種植的作物反映出法國人的口味。作物本身雖得適應當地的生態和氣候，卻也因為合乎法國人的飲食、適合用於法式料理，而免不了遭到強迫栽種的命運。譬如在突尼西亞、阿爾及利亞等殖民地上，許多信奉回教的居民雖不飲酒，法國殖民者卻仍種植葡萄，最後甚至產出足夠的量，得以支持大型的釀酒產業。他們還鼓勵帝國的邊陲地帶種植法國的作物、吃得像法國人一樣：不吃米飯、樹薯而改吃麵包，肉類、蔬菜也都按照法國人的烹調方式，不論這麼做有多麼離譜、多麼燒錢。甚至在今天的法屬殖民地，如加勒比海上的聖巴瑟米（Saint Barthelemy），許多食材──就連鮮魚──也都是從法國空運過去。

一九九五年六月掉落於共和廣場人行道上的那些梅格茲生香腸不僅是移民者的街頭小吃，也是美食家夢寐以求的物事──一種馬賽（Marseille）用以展開節慶的「種族」食物[9]。這些香腸更旅至海外（很諷刺，彷彿它持的是法國護照），以致由美國佛蒙特州（Vermont）、威斯康辛州（Wisconsin）的屠夫手工製成的梅格茲香腸，喚起的不是這些香腸源於北非，而是它們吸收了「法國味」的記憶。縱使法國人自我設限，對法式料理的觀念仍相當保留，但相較以往，法國的日常食物已變得更包羅萬象。不論是梅格茲香腸這類的街頭小吃、含有庫司庫司的餐點，還是「印度支那」（Indochinese）的麵條和「克里奧」的燉魚，這些皆已融入人人的字彙、飲食之中，而來自法國以外（尤其是日本）的食物也已對高級法式料理的主廚帶來影響。這代表著文化的規範機制逐漸變得不那麼有約束力，得以讓主廚改造、取材並學習來自世界各地的料理。

冰櫃

我一路追著後門沒關、融水沿途滴在馬路上的貨車，終於在冰販開抵下一站時追上了他。他拿起一支木製手把、疤痕累累的碎冰錐，再從一大塊冰鑿下碎冰，倒進我那只塗上琺瑯的錫杯。當我表妹氣喘吁吁地追了上來，他也往她的杯裡放了些碎冰。

我家每年都會在明尼蘇達湖待上三個月，也就是蚊子最猖獗的那幾個月，而這名冰販每四五天就會開車繞行湖邊小屋，替我們屋裡的冰櫃送來保冰用的冰塊。我們的冰櫃櫃身厚實，結構笨重，內裡鍍鋅，外以軟木隔熱（我們偶爾還會在地上發現散落的木屑），就這麼擺在廚房小小的食物收納櫃裡。這裡的廚房由我外婆蕾娜（Lena）掌管，縱使她的女婿，也就是我的姨丈，在明尼亞波利斯（Minneapolis）經營著一家電器商店，外加我阿姨一再懇求，她仍對新式冰箱缺乏耐心，不願一試。我外婆有她自己保存食物的方式：裝罐、密封、醃漬。就烹飪這回事而言，你如何貯藏、保存食物的重要性，起碼跟你如何調味一樣重要。

我們在屋後的樹上釘了張木板，姨丈大衛（Dave）釣到的魚須立即在木板上清理完畢，而處理好的魚若不在當晚食用，便得放入水桶冰鎮。我們還會清洗、食用當天從庭院現採的蔬菜，並騰出冰櫃的空間，好讓牛奶、乳酪、雞蛋和奶油保冰、保鮮。

當我們最終買了冰箱，這表示我們能夠儲存購自雙城（Twin Cities，指明尼亞波利斯、聖保羅〔Saint Paul〕兩大城市）的冷盤、沒吃完的菜餚，甚至是醃漬的鯡魚——但嚴格來說，這種魚不必冷藏。接著許多年後，我外婆過世，家裡則出現了一個姨丈用來裝魚的保冰桶。

外婆醃黃瓜的風味，還有炎炎夏日從冰櫃透出的沁涼（「關上門！冰會融化！」），雙雙透過感官喚起了我的記憶，帶我重新回顧在特定時點的當下，家人都是怎麼做的，又是如何頂著周遭龐雜的社會文化，保存著小規模的家居文化。就歷史而言，記憶並不可靠，但對個人來說，記憶卻是充滿意義。記憶沾染著歡笑與失去，放縱與傷害，承載著僅屬於它的真相。食物的記憶不僅讓我們連接過去，也讓我們連接或許和我們擁有類似的回憶、從而產生共鳴的人群。有時，當我們跟他人聊到我們這一代，甚至是自己的家庭，我們都會聽到令人詫異，或和自己記憶相左的往事。也許，我們記錯了什麼？縱使為了揭開真相而展開調查，這也無從取代記憶的真相。

我和友人甲聊過——他媽媽堅持使用洗碗機；也和友人乙聊過——他說起自己老媽把食物攪拌器晾在一邊，卻用起手動絞肉機來製作「真正的」紅莓香橙醬；我們全都遊走在隨著歲月不斷更迭的廚房科技之間，偶爾出於懷舊，偶爾卻又渴望追求效率，致使選擇不一。有一回，我為了製作水果蛋糕拌出大量的麵糊，超出直立式攪拌機的最適容量，便想起外婆會如何忍著關節炎的不適，在地上擺好一只大湯盆，然後跪下身子拌揉。於是，我蹲在地上，以肉體充當廚具，用手在曾經拿來替寶寶舀水洗澡的水壺裡拌混著黏答答的麵糊，心裡一邊想著「噢，這就叫烹飪！」，還有點兒自豪。但我外婆果真是這樣揉出麵團的嗎？

冰箱代表著現在起你能購買、種植多過於你當前所需使用的分量，並且能分裝、冷凍，而不必用上鹽水漬、醃漬、鹽藏或裝罐這些曠日費時又得時時留意的方法——裝罐時，你得確保罐口密封，否則罐裡的食物可能遭到汙染。冰箱還省卻了日日採買物資一事，讓牛奶保存更久、更可放心飲用，人們也不必那麼急於吃完剩下的菜。對家廚而言，相較於食物安全，他們較常考量的是如何滿足眾人的味蕾。隨著在家裝罐、密封、醃漬變得不那麼重要，這些反倒成了懷舊所造就而出的嗜好。走筆至此，我家暖氣上的托盤這就擺著經過糖漿熬煮、現正乾燥脫水的橙皮——這麼做很沒必要，但卻樂趣無窮：橙皮散發的香氣顯然十分擁戴「小屋」保存法。其實，外婆對電冰箱的抗拒並不代表她討厭食物收納櫃裡一盒盒小包裝的果凍粉，她只不過是和自己的選擇共生共處，不去煩惱要把這些選擇稱作「傳統」，還是「進步」。

Chapter 7

食物的工業革命

Food's Industrial Revolution

四十至六十年前，此郡的整個北邊、西邊，還有東邊一部分的土地都是牧羊場……其中很多地區在三十年前仍處於這種狀況。而這些巨大改善得以實現是由下列情況促成的：

第一，在缺少議會的協助下進行圈地。

第二，積極使用泥灰、泥土。

第三，引進絕佳的耕作方式。

第四，栽培出使用鋤頭有效除草、鬆土的蕪菁。

第五，栽培出苜蓿、黑麥草。

第六，地主保證長期租賃。

第七，鄉間主要分成大型農場。

——亞瑟．揚（Arthur Young），《東英格蘭農遊記》（*The Farmer's Tour Through the East of England*）（一七七一年）

一七七〇年，英格蘭作家兼農民亞瑟．揚（1741-1820）遊歷鄉間，並在其論寫大不列顛群島農耕轉型的多本著作之一《東英格蘭農遊記》中，記述了他對農業的觀察。亞瑟．揚特別留意到名為「圈地」（enclosure）的農耕方式。雖然英格蘭及威爾斯的農場早已推行圈地多年，但提倡圈地的人逐漸把這當成一種勞力不甚密集，卻可改善農業、擴大產出的手法，從而進行探討，紛紛群起仿效。但凡完成圈地，整個社群原先經過共同協議即可自由運用的大片土地（不計個人坐擁什麼頭銜），將會落入單一地主的掌控之中。圈地運動在英格蘭及整個大不列顛進展了數十年，連在歐洲大陸境內也有類似的運動。一七〇〇年至一九〇〇年間，全世界的飲食方式主要在經濟、文化與社會面發生轉變，而圈地有助於這段期間的農業現代化，且其最直接的影響，在於它確實讓英國農業變得更多產、更具成效。英國人在一七九七年所發行的《大英百科全書》（*Encyclopedia Britannica*）中自詡「英國光在農牧業就超越了許多近代國家」，這算不上是誇大其辭。正如美國經濟史學家羅伯特·艾倫（Robert Allen）在其《近代英國工業革命揭祕：放眼全球的深度透視》（*Enclosure and the Yeoman*）一書中指出，十八世紀末，英國每名農場工人的產值，約比歐洲大陸每名農場工人的產值高出一半[1]。放眼整個十八世紀，英國擁有全歐最龐大的商業勢力，到了十九世紀，更成了歐洲首屈一指的工業大國。

圈地無從單獨促成技術、社會與經濟上的巨變，也就是我們常說的「工業革命」（常溯自一七六〇年至一八三〇年左右），但農業轉型卻是推動工業革命的重要力量，而圈地本身，正是農業轉型的開始。有些地主一旦合併手上的土地，可更易於改變農耕方式，嘗試新作物而放棄利潤較低的作物，抑或採用新型的農耕設備。農民態度保守是有道理的，因為急遽的變化代表風險，脫離老一套的耕作方式可能代表著收成落空、喝西北風。圈地之前，整個社群都得同意調整農作方式；圈地之後，光憑地主就能決定採用新的排水系統，或是廣泛栽種苜蓿——一種特別有益於保持或改善土壤力的作物。農業轉型開始加速。

實際上，圈地約始於一五〇〇年，當時已有百分之四十五的土地從過去的共有制，合法轉變成由少數地主所把持。因此，到了一七〇〇年，大約只有百分之二十九的土地保持開放，到了一九一四年，這類土地更縮減到只剩百分之五。亞瑟．揚遊歷之時，英國國會已應各村莊中主要地主的請求頒布相關法案，據以實施大部分的圈地。縱使圈地通常對地主有利，很多地主卻認為人們可隨著減少農場數量並擴大規模，更有效地提高所得。此處的「所得」，在農事工人看來，就是薪資總額；在農民看來，就是利潤；而在地主看來，就是佃租。英國的農業革命基本上是制度性的，而且推動農業革命的不在於科技創新——如著名的蒸汽火車——而在於英國把決策的權力交付到越來越少數的人手裡。圈地運動導致地主和農工之間變得更不平等，嚴重擴大了彼此的貧富差距。誠如艾倫所言，「到了十九世紀，地主的別墅富麗堂皇，農民的房舍簡樸適中，工人的小屋則是骯髒簡陋。」②

工業化始於英國，而且旋即傳至歐洲大陸。為了方便說明，我們把工業化定義成「以農業為主的經濟體」轉變成「以製造為主的經濟體」。人們推定已工業化的「現代化」，則是一種比較廣泛的說法：它涉及都市化，以「產值」為目標核心重組社會，往往不再強調「家庭」為社會單位，反而力倡「個人」才是最主要的社會單位；此外，它也涉及德國著名哲學家暨社會學家馬克斯·韋伯（Max Weber）口中的「理性化」（rationalization），著重在計畫、精算後的「目標」，而不在傳統所傳遞的「價值觀」。英國的工業化確實在許多方面帶來成長與進步，但若從工人的角度觀之，這段時期卻不太像掀起了勝利的浪潮。英國政府傾向通過有利於地主、申請專利的發明家（尤其是國家專利局〔Patent Office〕於一八五二年成立之後）還有其他商人的法案。英國的工業革命促成了狄更斯（Charles Dickens）筆下的社會風貌——既有救濟院，也有失去雙親的工人——並間接地孕育出一代代的社會評論家，對他們而言，工業化和概括而言的現代化不僅掀起了階級鬥爭，更導致都市社會中的普羅大眾過著非人的日常生活。現代化的諸多矛盾之一，即是它讓更多人得以在這「已開發」的世界中，獲取更多的資源——縱使它也同時擴大了貧富差距。

工業化期間人們發財致富，都市化進展飛速，社會生活也迎來諸多改變且延續至今。比起從前，勞力細分成更專業的類別，隱隱在為當代的勞力分工指引方向。此外，對烹飪及飲食轉型而言至關重要的是，工作地點與居住場所切割開來，若非有這樣的社會安排，人類當代的飲食方式——不論是家庭內，還是家庭外的——也就不會出現。雖然在家工作的男性和女性依舊不少，但通勤（從自家前往工廠或其他工作地點）變得普遍，家庭便不再像以前那般構成社會生活中的重要組織原則——即使很多人仍會在家吃午餐。被取代的除了家庭，還有工作年度下的季節時程表。農事工作雖按「何時栽種、何時收成」這樣一系列的過程進行著，但工廠可不瞭解什麼大自然的時程表，常常公然藐視「就算是人也要休息」的事實。

至於後來出現的勞力分工不僅改變了工作地點和居家生活，也大幅助長撰寫、銷售食譜的產業，有一種新角色遂成為該食譜在十八世紀末到十九世紀初的主要消費者，那就是中產階級婦女，又稱家管。社會上開始認為家庭主婦（不少人的家廚、幫傭都轉往工廠任事）須備有手冊教導她們烹飪、清潔，並處理輕微的傷口和疾病，彷彿這個概念是憑空出現的。也許阿嬤那一代是很會煮，但卻不是一名「科學的」或「現代的」廚師，這也就代表她缺乏權威——權威得從食譜去找。同時，外出工作的女性人數也達到前所未有之多，促使人們得去找出新的策略，以日日為家人備妥食糧，並確保家中整潔等等。上館子本身實非工業化的產物，卻因人們在家和外出工作所生成的空檔而漸漸蓬勃發展起來[③]。一方面，餐館單純扮演著實際的功能，為無暇開伙的人們供應餐食，另一方面，卻也扮演著歷史學家口中的「美食」功能，提供成為烹飪變革標誌的食物，告知用餐者現行的潮流趨勢，並調整他們對於品質的期待。這並不是菁英階層才有的現象，一般店家和街頭攤販提供的食物標誌著飲食實踐的轉變，並有效地教育眾人都有哪些菜色是可供選擇或值得品嘗的。值得注意的是，這也不是近代獨有的現象。若把地域放得更大，放眼歐洲和整個地中海世界，街頭廚房早已影響人們的口味數百年之久，並可一路追溯到羅馬帝國時期。

生產、保存食物的新興工業製程也改變了人們烹飪及食用的方式。烹飪的各個環節，像是基本醬料的調製，即可委託外部的工業製造商生產。諸如釀酒、烘焙、屠宰等許多傳統「食品工藝」(food craft)的市場，也因新的生產規模而面臨轉型。以往只有富裕人家才吃得到白麵粉，現在更是天天可見。雖然數千年來，取用密封保存的食物向來都是人類飲食方式的特色之一，但罐頭食品（首創於一八〇九年拿破崙戰爭期間）經過發展中的西方世界推廣，而變得更加普及。現代化透過這些技術，大幅拓展了人們攝取食物的範圍，我們得以取得產地遠在千里之外的食物。

在許多國家，鐵路的出現可使商人從遠方產地運來食材，從而大幅改變人們的飲食方式。比方說，待法國境內廣布鐵路之後，在巴黎想吃到海鮮就容易多了，也確實變得稀鬆平常。後來，汽船跨越了大洋、邊境，連結起食品製造商與消費者市場，並延續、加快了全球在食材與料理上的交流。在各個歐洲大城，人們夜間於戶外食用的餐點係以煤氣燈（後來換成電燈）即時照明。另外日本在十九世紀下旬出現鐵路，使得魚類成為全國上下普遍可見的食物；在此之前，除了沿海的城鎮，日本其他地方是吃不到鮮魚（或生魚）的。

本章中所描述的若干農業發展——譬如人工固氮科學——實為二十世紀的人口爆發，還有二十世紀至二十一世紀饑餓與營養不良的危機雙雙做好準備，因為饑餓與營養不良常常不是出於饑荒，而是出於食物分配不均。現代化與這些農業發展並行，代表著市場力量開始以前所未有的方式，塑造出食物生產及食物分配的樣貌。十八世紀工業化期間，英國社群中的各個成員原本預期可經傳統的分配方式取得一些麵包或其他食物，爾後卻因分配失衡、供需不均，致使鄉鎮與城市湧現「糧食暴動」（food riot）。市場作為分配貨品的管道，社群身為權力和保障的源頭，前者的合法性卻開始危及後者的合法性。主觀而論，這些暴動不僅是「飢腸轆轆」這麼簡單，它們預料數百年後會出現嚴重的食物分配不均，就連富裕人家、已發展的西方也都難以倖免④。對農民而言，在祖輩務農的那些時代，農作乃是一種生存策略與公共福利，如今他們變得更加脆弱、更容易受到市場力量左右。

農業革命與工業革命

早期人們把英國的工業革命視為突然湧現的一波「小機具浪潮」，從而引發持續性的科技進步和經濟成長，與當今人們如何看待英國的工業革命有著細微之差。如今，歷史學家爬梳發明的影響、勞工組織的新做法、政府規範和經濟變動，並觀察這些不同的力量如何一齊作用、發揮成效。有些人運用經濟數據，把這種改變描繪成緩緩醞釀的「革命」，實非迅速掀起的「革命」；有些人則提出工業革命雖為日常生活帶來質變，對本地經濟體造成巨大影響，它卻不像人們先前所想的那樣，深深左右著英國的經濟。再者，經濟史學家也援引大量的資料來源，充分說明各界對十八世紀中至十九世紀中的英國抱持著不同的論點，如英國這段期間最顯著的特徵其實不是普遍化的進步，而是階級鬥爭（符合社會評論家對於現代化的說法版本），還有英國生活上的結構性轉變實未伴隨快速的經濟成長等等。有些人甚至主張在工業革命初期，農業生產力的提升遠比英國本身的技術發明更加重要。一七〇〇年至一八五〇年間，隨著男性務農的整體比例大幅下滑，其中許多閒置人力遂轉往新興產業的工廠和工作坊發展。要不是農業革命，工業革命可就得尋求其他的勞動力了。

這波「小機具浪潮」包括蒸汽引擎、鐵路火車、煤氣燈、英國紡織工業家理查德．阿克賴特（Richard Arkwright）的「水力紡紗機」（water frame，利用水力轉動的機器），還有一項確實直接引發農業變革的發明，那就是英國農業學家傑思羅．塔爾（Jethro Tull）知名的播種機，這是一種馬拉式的創新機械，比起手撒，遠能更均勻地分布播下的種籽。全國的工廠如雨後春筍般遍布各地，採礦業在蒸汽引擎的推波助瀾下（其可抽出礦井裡的地下水）掀起熱潮，火車將原料載往工廠、再將成品運往城市和市場。隨著生產加速，化石燃料的使用也跟著增加，於是，在得以開採煤礦的土地上，煤全都給挖了個一乾二淨。

工廠增加，消費者對產品也變得興味盎然；若說「近代消費者文化的興起乃是工業革命下的直接產物」，這一點也不為過。從經濟史的角度觀之，工業革命代表著其他行業開始超越農業，成為推動經濟成長最重要的力量，於是，英國的設備條件也開始變得和土壤條件一樣重要。但誠如先前所言，致使鄉間工人移入、占滿新興工廠的，實則是農業革命。

亞瑟．揚在其十八世紀末的遊記裡讚美那些他認為擅於「改善」土地的農民，並留意到一整套新興的農業技術，也就是影響甚鉅的「諾福克系統」（Norfolk System）。該系統最初盛行於十七世紀末以前英格蘭東南的諾福克郡，從而得名，爾後進入十八世紀更變得大受歡迎。一如亞瑟．揚所說，「沒有任何小農能夠完成諾福克郡裡的這等大事。」該系統的核心要素包括替含沙量太高以致無法耕種的土壤添加泥土或泥灰，並在土地上增加放牧的牲口，如此一來，牠們的糞便即可作為肥料。這也代表著佃農耕作（tenant farming）：許多農人不是地主，只是租地耕作的佃農，而經營農業的收入，大多進了地主——圈地運動最終贏家——的口袋。此外，諾福克系統的重點在於以四輪為週期，輪流種植一系列不同的作物，並無「休耕年」（fallow year）。第一輪（即第一年）先栽種小麥，第二輪種植蕪菁，然後第三輪種植大麥、苜蓿及黑麥。到了第四輪，牲口會吃田地裡長出的苜蓿、黑麥，蕪菁則作為寒冬數月裡牲口的飼料。諾福克系統不但免除休耕、增進產值，還透過將蕪菁、苜蓿併入輪作，確保餵養牲口無虞，進而利用其糞便當作肥料的來源，土壤也因苜蓿而重拾土力。

當諾福克系統下的產值提升併同其他創新致使食物增加，這往往轉而拉抬人口成長率，導致持續提升農業生產成了當務之急。正如英國經濟史學家湯瑪士．艾什頓（T. S. Ashton）所言，十八世紀的問題在於「如何確保人數遠比以往高出許多的後代子孫衣食無憂、謀職順利」[5]。在此時期，不僅是英國，就連整個中西歐，都可看到廣泛的「資源競逐」（resource rush），包括常常有人抽乾沼澤地的水以蓋建農地這類德國、義大利等新興近代國家所曾做過的事；這也正是歌德（Goethe）在其一八三一年完成的偉大劇作《浮士德》（*Faust*）中所欲探討的主題之一，劇裡描述主人翁浮士德極力想掌控大自然的力量，把海洋、土地作為人類力量的來源，亦描述其對試圖開發的那片土地上所居住的人民犯下的罪行。

在某些情況下，例如在英國，密集耕作代表種植更多的穀物，並將更少的土地用於飼養牲畜，導致許多民眾的飲食特徵變成了「多穀少肉」。從中世紀過渡到近代的這段期間，歐洲每人平均攝取的肉類減少；十八世紀末至十九世紀初，以穀類為食的歐洲人口似乎變得比較矮小；到了十九世紀最後的二十五年內，穀物的攝取量至此達到巔峰[6]。值得注意的是，歐洲人越依賴單一作物或單一種類的作物，他們也就越容易因為作物歉收而受到糧食短缺或飢荒的影響。著重生產穀物也導致歐洲普遍存在一種現象，那就是麵包不僅成了糧食的象徵，也成了人們用以衡量飲食品質的單位。[7]

基本上，近代歐洲早期過著鄉村生活，居民都依照收成的時序安排生活，都市人口也不如現在來得密集，約有八至九成的歐陸民眾仍舊住在鄉間。約莫到了一五〇〇年至一八〇〇年間，歐洲人口（包括英國和歐陸國家）才遠遠翻倍，從八千萬人激增到一億八千萬人，都市化的程度亦大幅提高。英國都市地理學教授大衛·克拉克（David Clark）就曾指出世界史中兩次重大的「都市革命」（urban revolution），第一次與農業發展並行，第二次則與工業革命同時發生[8]。正如先前所言，人口成長的原因之一在於農產增加；另一個原因則在於勞動人口提升，亦即人們往往較早結婚生子，而在一生中誕下較多的子嗣。人們之所以移往都市，大多因為工廠雇用先前受到圈地衝擊而被迫離開的農民。工業化帶動了英格蘭中部的發展和曼徹斯特（Manchester）、伯明罕（Birmingham）和里茲（Leeds）等地的成長，基本上，這些地區在十八世紀時原本是窮鄉僻壤，如今卻成了英國工業化的中心。

隨著生產和商業的步調加快，都市成為經濟成長的重要社會基礎，工人、商人、發明家和實業家毗鄰而居，便於溝通。而這並非近代獨有的現象；在施行封建制度的中古時期，許多歐洲都市即已作為一重要場所，得使商人在其中有效營運，而不受到過度干預。早在工業革命具體的蒸汽引擎鳴笛之前，都市便已是帶動經濟發展的力量。其實，人們可能主張都市化非但始於工業革命，也有助於催生工業革命，因為人們正是身處都市之中，才能形成複雜、持續的社會關係，繼而推動創新。十八、十九世紀英國人的機械才能與機械創新文化，亦是在設有工廠和工人組織的都市之中才逐漸成形。此外，除了社會菁英——如受過教育的科學學會成員——普通機械技師也具備上述的才能，他們日日所投注的努力，使得工業革命成為可能。技術發展轉而加快都市化的腳步，都市化的過程則從未停歇，直到二十一世紀初，都仍在持續之中。

現代化的料理

料理會歷經自己的現代化，歐洲消費者的口味亦然。在眾多料理之中，率先現代化的乃是法式料理，加上截至十九世紀，法式料理一直都在歐洲料理界位居要角——十七世紀末至十八世紀初，人們甚至能在倫敦的一般酒館裡找到法國廚師——所以此事意義重大。自十九世紀後，蔬菜不但出現在許多族群的飲食中，也成為其中最顯著的一部分。與此同時，以往人們認為適合食用的牲口種類則縮減了，蒼鷺（heron）、孔雀、天鵝自宴會桌上消失，即使窮人依舊食用山羊、綿羊，但富人的飲食裡再也不見牠們的蹤跡。於近代初期興起的法式食譜不但開始提及要用哪種動物的肉，甚至還詳述偏好哪種部位的肉，堪稱一大創新，啟發人人選用特定部位的肉——如舌部、臀部、腎部、胃部的肉及肉排——做成一道單獨的料理。食譜中的材料清單變得更具體，分量也變得更精準。人們認為適合烹煮的動物總數和適合使用的香料種類雙雙減少，但西方飲食中最顯著的趨勢之一——把甜點放到餐點最後——竟隨著法式料理現代化而逐漸上升。先前人們經常看到肉類、湯品和其他菜色裡放了糖，但到後來，甜食和鹹食似乎成了敵對的關係⑨。法式烹飪對全歐洲的影響非常深遠，你只要匆匆瞥過十七、十八世紀的非法式食譜便知，但有些本質上的國情差異卻難以撼動。比方說，英國人會以牛肉來評判國家料理的優劣，但在法國、義大利等其他國家，重點則放在麵包品質的好壞。

食譜大全早在德國人約翰內斯．古騰堡（Johannes Gutenberg）於一四五〇年發明活字印刷術前即已出現。在十三、十四世紀的歐洲，這些食譜大全通常出於專業廚師之手，比起阿比修斯和其他古代作家論寫食物的文學作品更直截了當、切合實際，也更有教育意義。印刷術的問世本質上增加了食物相關技術出版品曝光的程度，從而擄獲更多的讀者。早期有些論寫食物的作品曾獲印刷出版，如一六二七年義大利維托里歐．朗切洛帝（Vittorio Lancellotti）的菜單大全《精雕細琢》（*Lo Scalco Prattico*），以及一六六二年法國皮耶・德・盧恩（Pierre de Lune）的《全新且完美的餐廳經理》（*Le Nouveau et Parfait Maître d'hôtel*）。早期的食譜幾乎清一色是廚師的作品，這些廚師找到了富裕的老主顧，先是經由這些人的資助創作出精緻美味的佳餚，才接著出版描繪菜色的書籍。現代食譜起初並未發展出一套屬於自己的風格，但卻在有效兼具飲食建議和醫療建議的文獻中脫穎而出。早期的食譜亦常涵蓋甜點和化妝品的製作方法——尤其當這些食譜是為富有的女性讀者而寫。其實，十六世紀便已出現許多作品致力於將醃製、密封的作法——從醃黃瓜到以糖或蜂蜜製成的甜果醬——系統化地編撰成冊，法文稱之為「果醬書」（*livres de confitures*）。法國首本印刷出版的食譜名為《膳人》（詳第三章），且於一四八六年至一六一五年間共再刷了約二十三次[10]。正如其他早期的食譜，該書將先前發表過的烹飪方法彙集成冊，就連有些中古時期的作法也都納入其中。經眾人認定為第一本「現代的」英文食譜應是到了一七四七年才問世，亦即在英國出版、由漢娜・哥拉瑟（Hannah Glasse）所執筆完成的《烹飪藝術》（*Art of Cookery*）。哥拉瑟的貢獻之一，在於透過酥皮甜點的製作食譜，傳達出糖如今乃是一種普遍的商品，而不再是有錢人的專利。食譜蓬勃發展最有趣的面向之一，在於它引入了一種與食物互動的新方法：閱讀與寫作。這不僅代表食物的資訊成了某種商品，撰寫食譜的作者得以用來交換、互通有無，也代表餐桌上的樂趣亦可透過文學的形式獲得滿足。但同樣重要的是要注意到，隨著歐洲的中產階級崛起，受過教育的廚師以前所未見的數量進入廚房，而在此之前，閱讀食譜的人並非實際進行烹飪的人。

烹飪之後，當然必須清潔。隨著人們對於廚房效率的新期望提升，所以他們對於在家備餐、居家維護及個人保養的標準，也都隨之提升。十八世紀末到十九世紀初的食譜還提供製作肥皂和其他洗潔劑的「配方」，對家中的婦女及其（通常較不識字的）幫傭來說幫助很大。除了茶、糖、咖啡、巧克力等來自殖民地的雜貨，英國人和其他歐洲人開始進口油品製作肥皂，如法國人從殖民地塞內加爾進口花生油，英國人則從印度引進椰子油。這明顯說明了歐洲市場對肥皂和其他清潔產品的需求增加；十九世紀，英格蘭人的肥皂用量多出了兩倍，從每年約兩萬四千一百噸增加到八萬五千多噸。在這樣的規模下，先前供應製皂業的油品來源動物油不敷使用，歐洲人遂進口更多料理用的植物油，如橄欖油，從而帶動他們吃起沙拉、攝取更多生菜。

氮與人類的新世界

雖然亞瑟・揚調查發現下的農業「改善」，確實大幅提升了英國農地的產值，但卻依舊無法克服土壤力的自然限制。全世界的農民都曾在一個或多個生長季時採用休耕、使用天然肥料或人工肥料，還有進行輪作，而且常常一併施行。古馬雅的農民會在單一季節耕作田地，然後任其休耕，待土壤力恢復，有時也會進行山田燒墾（slash-and-burn），以清除老舊的雜草。中國漢朝時的農民將農地分成三甽（furrow），使長條形的田地——甽田間的「隴」——休耕，不種植任何作物，進而重拾土壤力。數千年來，農民不但會經由休耕，也會經由栽種特定作物而達到土壤再生，而我們幾乎能在全球成功的農業群體中，看到苜蓿和豆類一直扮演著重要的角色。一世紀時，羅馬的農業評論家庫魯梅拉（Columella）曾經建議農民善用紫花苜蓿（Lucerne）——一種用來飼養牲畜的苜蓿——中國農民則是長期都把豆類當成輪耕的作物。

科學家是直到發展出現代化學，才開始瞭解農民自遠古以來的行為模式。休耕、栽種豆類、使用糞肥都是「固氮」過程中很重要的部分[11]。氮作為組成生物體的基本元素之一（其他還包括碳、氧、硫、氫、磷），乃是構成胺基酸的主要成分，有了它，胺基酸才能轉而構成蛋白質；生物細胞中的核酸也含氮[12]。固氮值得詳加探討，因為簡單來說，人類當代的農地倘若沒有透過大規模的工業固氮，是絕對無法提供足夠的食物餵養目前的人口。氮（嚴格來說，應是氮氣）約莫構成百分之八十的大氣，但其若為氣態，則無法被動植物處理或吸收，因此，我們須得破壞一個氮氣分子中兩個氮原子之間的鍵結，產生「固態」氮，植物才能從土壤中吸收，從而加以利用。倘若少了人類的干預，上述過程仍會經由人們常說的「生物固氮」（biological fixation）產生，實際上並非由作物本身，而是由土壤中可將氮氣轉化成氨的微生物促成。固氮過程中的關鍵（因而對農業至關重要的）乃是根瘤菌（rhizobia），這是一種附著在植物根部，且與其共生的細菌，而菜豆、苜蓿等豆科植物正是根瘤菌最常「選定」的對象。

待英格蘭牧師暨自然哲學家（在當時，自然哲學家即表科學家）喬瑟夫・普里斯利（Joseph Priestley）於一七七四年至一七七五年間順利發現氮氣（其較知名的是發現氧氣），人類才開始有效推展工業固氮。一七七二年，蘇格蘭醫師兼化學家丹尼爾・盧瑟福（Daniel Rutherford）發現了氮元素——或說得更精確點，是他把氮分離出來。直到一百年後，也就是十九世紀末，當科學家成功地將氮氣轉換成氨，人們這才明顯看出「發現氮」對農業來說極其重要。

十九世紀的歐洲急於進口奇形怪狀的「固態」氮，也就是經由秘魯和其他地方的船貨輸入歐洲的鳥糞（該地聚集了龐大且繁殖力強的飛禽）。拉丁美洲人一直都很瞭解這種肥料的功效，早期的西班牙征服者也曾在文章中評述這點。一八〇四年，普魯士自然學家亞歷山大・馮・洪堡德（Alexander von Humboldt）在檢視輸往歐洲的鳥糞樣本時，發現其中的氮、磷含量很高，具體證明西班牙人早先對於這種施肥法的功效所做出的觀察。很快地，鳥糞成了秘魯主要的經濟支柱；一八二〇年，英國開始進口鳥糞，並於十九世紀中達到巔峰，美國輸入鳥糞也日益增加。英國在進口最多鳥糞的那些年間，鳥糞雖然看似大幅改善英國農業，但當秘魯供給下降，最終在一八八〇年代徹底枯竭時，英國這種仰仗單一來源的做法遂引發相當嚴重的後果。英國農民雖能使用其他進口肥料——來自智利的硝石（硝酸鉀）——但秘魯遭逢經濟重挫，歐洲科學家也開始尋求一種工業製程，以期確保農業上得以取得氮肥無虞。一八九八年，英國物理學家暨化學家威廉・庫魯克斯爵士（Sir William Crookes）在就任英國科學協會（British Association）主席的演講中指出「文明的人類若要進步，固氮可謂至關重要」[13]，並於一九〇五年出版《小麥難題》（*The Wheat Problem*）一書，喚起了社會大眾廣泛的危機意識。

雖然庫魯克斯筆下「文明的人類」單指已開發的現代國家，但固氮的工業製程影響的卻是整個世界。我們常說的「哈柏－博施法」（Haber-Bosch process）係由猶太裔德國化學家弗里茲・哈柏（Fritz Haber）於一九〇九年率先研發成功，後經德國化工企業巴斯夫（BASF）於一九一三年投入工業量產，其製造程序是讓氮氣、氫氣在高溫高壓之下透過催化劑合成氨。值得注意的是，人們在一戰期間利用該製程所生成的氨做出硝酸，再製成炸藥。哈柏於是成了武器發明家，催生出一種化學武器間的軍備競賽，導致後來發展出芥子毒氣（mustard gas）。「哈柏－博施法」問世的一百年後，製氨工廠每年固定一億噸的氮，約和自然界每年透過生物所固定的氮等量。工業化農業使用越來越多的人工肥料；若全球在一九六〇年的年均肥料使用量約為一千萬噸，那麼，到了二〇〇一年，該數字攀升到了八千萬噸，漲幅甚至大於全球人口的成長速度——一九六〇年約有三十億人，到了二〇〇一年增加到六十多億人；而等到我在撰寫本書的時候，全球人口則已達到八十億人左右。

縱使全球所能取得的食物種類增加（尤其對居住在大都會樞紐的西方人來說），但全球在歷經工業化及現代化後，食物的供應鏈加長，農業的生產力提升，人類攝取的主食種類也變得更有限。美國的移民使得該國成為一種社會實驗室，不僅揉雜了各地的料理，也納入了嶄新的食材。隨著已開發國家日常生活的步調加快，食物也跟著轉型，以符合大眾變化的需求。而在食物的轉型中，西方人最熟悉的也許就是工業製成、幾乎呈現流線型，為了方便取用還預先切成一片片的整條白麵包了。

我們可以藉由思考這一點，而將本書最後幾章中的許多問題「具體化」。在中世紀的英格蘭，許多工人每天攝取的熱量有高達七八成是來自麵包，他們還把啤酒——麵包帶有酒精的表親——當作重要的補給品一併攝取。到了十九、二十世紀，雖然工人每天攝取的熱量通常較少來自麵包，但他們仍舊相當倚賴麵包，工廠遂而肩負起烘焙的工作，以因應這樣的需求。工廠於是給了麵包新的化身：以加工後的精緻麵粉製成，看上去極其標準化，並可讓許多人聯想到「進步」的整條白麵包。烘焙師也學會了馴服一種自然形式——酵母——並把它轉變成生產線可以管理的東西。很快地，勞動人口可以吃到由白麵粉所製成的柔軟蓬鬆麵包，以往只有富人才享用得到，這種麵包因而成了富饒的象徵。但白麵包最終又是如何在二十世紀末澈底轉型，從原先代表著「豐富、充裕」，走向代表著「貧窮、疾病」呢？這是一個現代的問題，而我們將在下個章節探索部分的解答。

Bricolage

你只要把一個酥皮點心對切，就會知道烤箱裡發生了什麼事。「Bricolage」是一家位於日本東京的咖啡烘焙坊。我們在店裡把可頌剝開之際，看到了層壓（lamination），亦即烤箱的熱在遇上相互交疊的麵皮和奶油時，這些疊層內的水分蒸發、帶動麵體膨脹，從而生成的酥皮層。為了設定條件達成這樣的效果，點心師傅會透過一連串的捲動或翻折，而做出細薄的麵皮層及奶油層。層壓在酥皮點心中的應用相當普遍，它既可做出可頌的效果，亦可為「葡式蛋塔」（pasteis de nata）的側邊和底部帶來酥脆的口感。對過去前往東京的遊客來說，他們向來都很訝異能在日本嘗到優質的可頌，還有這些可頌竟然「比法式可頌吃起來更法式」（plus francais que les croissants francais），但人們現在都曉得日本廚師會致力於鑽研來自世界各地的種種技巧，因此，這也就不足為奇了。我們還可在距離「Bricolage」沒幾步的地方看到一家名叫「Frey's」的披薩店，該店烤出的披薩就和「正統拿坡里披薩協會」（Associazione Verace Pizza Napoletana, AVPN）官方認可的正宗拿坡里披薩一樣高水準，而且該協會在東京所認可的披薩，要比它在全球其他城市所認可的披薩還多。

可頌是日本人發明的嗎？我們很難說「是」，但由「Bricolage」點心師傅所做出的可頌，不輸我們所嘗過的所有可頌。那麼，可頌是法國人發明的囉？我們很難說「不是」，但法國可頌的前身其實包括維也納的「kipferl」，一種麵皮未經層壓，且早在十三世紀便已出現的彎月形麵包。這樣的彎月形於十九世紀傳入法國，適逢點心麵團的生產正因工業革命而大幅提升；於是，為了製作可頌和其他的酥皮點心，整個法國需要取得可靠且標準化的原料供應。我們常常以為有些食物即代表某個地方或某種文化，但它們未必絕對如此、永遠如此。料理的概念、食材雖然勢必來自某處，但或許未必來自和那道料理關係最密切的地方。披薩是義大利人發明的嗎？是，但番茄可是直到十六世紀才傳入義大利。

「Bricolage」一字原本表示「用你擁有的東西建構」，源於法文的「bricoleur」（補丁匠），但卻暗指一個人願意且能夠用手上現有的一切即興組合、創作，乃是藝術中常見的說法「隨創」。自義大利移民美國的建築工人薩巴托．羅迪亞（Sabato Rodia）於洛杉磯所建造的一整組塔樓華茲塔（The Watts Towers）正是一例。因此，若有一個披薩鋪滿了你在冰箱裡的所有食材，這也成一例。

法國人類學家李維史陀在其一九六二年所出版的《野蠻心靈》（*La Pensée sauvage*）中廣泛使用「隨創」的說法，藉以思考神話。神話思想中的文化系統，或許包括早期從其他文化所引入的要素。李維史陀將「補丁匠」與「工匠師」（craftsman）並列，指出前者運用較「迂迴」（devious）的手法來達成目的，後者則是採用傳統技術，較可預測。但「工藝」和「隨創」之間的界線可能沒那麼明確，因為人們心目中與「工藝」有關的既定傳統，也許正透過「隨創」那種信手拈來、即興揮灑的作法，而不斷地面臨轉變。

可頌本身即是一種「隨創」；但這種「隨創」非由個別的「補丁匠」，而是由世世代代的「補丁匠」所完成。此一經典的法式酥點結合了酥皮麵團，還有難以確定源於何處的彎月形。有些人說，彎月形始於維也納，起初是當地民眾為了歡慶鄂圖曼土耳其人於一六八三年圍城時慘敗所製；鄂圖曼帝國的旗幟上印有一彎新月，因此吃下彎月也就象徵紀念勝利。但彎月形的烘焙食品也遍及歐洲其他各地，有時人們認為那只不過是承自無宗教信仰的人模擬月亮的形狀而製成的節慶食品。宛若「補丁匠」的點心師傅做出層次；有些鴿子則在「Bricolage」附近守候著，焦急地想看我們掉下些什麼。

Chapter 8

二十世紀的飲食文化／大型食品業者及外界對其不滿之處

Twentieth-Century Foodways, or, Big Food and Its Discontents

到了二十世紀初，西式的食物市場似乎象徵著繁榮，而為近期來自貧困國家的移民提供了一盞指引的明燈。住在紐約下東城（Lower East Side）的俄籍猶太人常被手推車上所販賣的商品種類搞得眼花撩亂。近一百年後，超市的出現確實令人讚嘆，但卻因司空見慣而不被當一回事。中間走道擺滿了罐頭、瓶裝醬料、盒裝穀片、袋裝的糖、麵粉和其他加工過的乾貨，以及獨立包裝的零食，冷藏櫃則放滿了冷凍食品。時間對架上這些食品來說似乎走得比較慢，那是因為很多食品放滿了防腐劑。而唯有在超市周邊的店家，才會出現一堆堆疊放成金字塔狀，還透過機器噴出清涼水霧以保持新鮮的蔬果，而且這些蔬果都是店家耗費高燃油成本、高人力成本，並排出可觀的溫室氣體，從遠方的農場運進來的。倘若這家超市位於歐盟國家，以基因改造的種籽所種植而成的蔬果也許會貼上警示標章，或是根本就禁止進口。在歐洲和北美市場中，「有機」栽種的食物會貼上標章，以和「傳統」栽種的農產品區隔開來，而希望使用「有機」標章的農場通常要歷經困難且耗費多年的審查程序，方得以較高的價格販售自家的農產品。即使超市僅對已開發國家的消費者才特別重要，但它們已然成為美食現代化的象徵。

你大可把超市看成一份紀錄，記載著二十世紀農事的大規模轉型。一如工業製造的白麵包或竹筍罐頭，超市架上所排列好的每件產品，都默默訴說著自己的故事。竹筍罐頭這種產品之所以出現，不單單因為罐頭保存技術的發展，也因為亞洲移民群體的普及（他們需要竹筍進行烹飪）。有些產品——如印度香料風味的洋芋片——起自於全球化，因為來自不同料理傳統的風味及樣貌彼此碰撞、相互激盪，繼而根據人們的口味產生好的影響或壞的影響。過度加工的糖、白麵粉會導致糖尿病和西式飲食有關的其他疾病，然而若非工業化的進步，它們壓根兒不可能問世（「西式飲食」乃是一個粗略但在營養學上引人深思的術語，一般意指碳水化合物、加工糖和動物脂肪過高的飲食）。一個人幾乎完全不可能記錄每一件商品從生產到抵達超市的完整路徑，也不可能說明它對於沿途經濟及環境造成了什麼影響。超市雖令人印象深刻，但它只不過在現代性所創造出的強大食物網中扮演著節點（node）的角色。當然，全球有許許多多的超市顯然都很現代，卻不西式；超市貨架上的產品將會訴說關於非西式飲食的農業形式和供應鏈的故事。

超市或多或少實現了北美、歐洲在工業時代對於「食物的未來該是什麼模樣」所抱持的諸多願景。如今，西方超市中的食物多不勝數，並在嚴加管控之下歷經生產、運輸、儲存，以及降價出售。食物經過了標準化；就連生長時因本質差異或微生物的活動反應不同而應呈現不規則的食物，例如用酵母發酵的麵包或乳酪，也比數百年前更容易預測出其中的形狀、風味與質地[1]。工業化生產的整條麵包看上去較像是同卵雙胞胎，而不像是外貌略有差異的表親。這種標準化並不代表人們不考慮種類變化。那些形狀固定的整條麵包還有以有機小麥、黑麥、精緻白麵粉、米穀粉製成的種類任君挑選，有時更提供無麩質的選項。顧客的選擇權達到最大化，而店家也總能確保，往後推薦給顧客的商品總能與他們先前購買的條件、喜好相符。顧客在一個前所未有的可預測性世界中生活、購物、吃喝。此外，架上的麵包、餐包和貝果擴及全球，風味也相互融合，如蔓越莓貝果、番紅花十字小餐包等等。

接著是包裝！一九七〇年，知名英國建築史家雷納・班漢（Reyner Banham）曾經撰寫一整篇文章探討洋芋片及其包裝之間的關係[②]，主張上述兩者是設計好的整體，透過人們扯開包裝、卡滋卡滋地咀嚼著內容物而「運作著」：「你撕開袋口拿取內容物，再把袋口扯得更開，以取得底部角落不易察覺的部分，接著劈哩啪啦地用手捏扁包裝袋，這才把它扔進垃圾桶裡。」而這些都會為情緒帶來影響：「此乃人們率先發明，且最是熟悉的澈底毀滅性產品，比起任何戲劇性的宣洩，它更可能逐年轉化、昇華更多的敵對情緒。」班漢很清楚工業化開啟了產品設計的領域，也很清楚我們的餐點、零食常常始於大公司的人們在辦公室、實驗室中所精心設計而出的整套生理動作和聽覺經歷。這些動作和經歷——尤其是咀嚼時卡滋卡滋的脆響——不但是享受食物的一部分，也是零食成癮的一部分。班漢更進一步主張，二十世紀末的包裝成為揉雜本地風土民情的技術之一，像極了古希臘水手划動的槳，或十八世紀英國農民持握的斧柄或犁具，傳達著人們的價值與生活方式。

在全球，或許只有速食餐廳，才足以和一九一六年出現的自助式超市媲美，成為一種富饒的象徵。就歷史上來看，那些餐廳本身與現代的高速公路和其他的運輸網路有關，最初乃是路邊販賣飲品的場所[3]。然而，人們老是批評超市、連鎖速食店，歸咎於它們引發了攝取過多熱量所帶來的缺點之一：已開發國家的消費者每日平均攝取的熱量比他們的祖輩還高，而這也正是腰圍和整體「疾病負擔」（disease burden）增加的主因。倘若早期最主要的疾病是從外部侵入人體的傳染病，那麼，西方在二十一世紀初最主要的疾病則涵蓋了與工業條件、社會條件有關的糖尿病和心臟病，只不過具體來說，這些病係從人體內部發動攻擊。麥當勞所販售出的數十億個漢堡鐵定就和炸薯條一樣（全球每年收成的馬鈴薯中，約有一半成了薯條），對此帶來了相當程度的影響。然而值得注意的是，麥當勞和其他速食業者也以相當便宜的價格販售食物，以至於較貧窮的消費者只能光顧這類速食餐廳，至於麥當勞何以能夠做到這點，主因它購入廉價、劣質的食材，且其中許多食材是在政府補助的計畫下生產、製造。

美國廣受歡迎的飲食作家麥可．波倫（Michael Pollan）鼓勵消費者避開超市的中間走道，因為那裡充斥著工業革命時的機器及其後代所帶給我們的過度加工食品[4]。工業製程的優點不僅限於標準化、多樣化和延長食物的保存期，它們也在食物中裝進更多熱量，同時，過度加工的穀物亦比輕度加工的穀物更容易代謝。我們生活在工作時久坐的後工業社會，其中不少人攝取了遠比人體所需還要更高的熱量，但我們實際上營養不良。只不過，逐漸造成當今人們營養不良的原因，有別於前工業社會時造成人們營養不良的原因罷了。

速食和西式飲食不僅是在開發中國家占得先機而已。麥當勞在中國、印度等開發中國家也蓬勃發展（業者常在後者供應素食或雞肉的漢堡排，以代替原先的牛肉漢堡排），而其他地方也出現仿效麥當勞的店家，如在伊朗，就有取名為「馬當勞」（MashDonalds）、「麥夏勞」（Mc-Mashallah）的連鎖速食店。很諷刺的是，麥當勞於一九七一年傳入日本時，適逢日本迎來「經濟奇蹟」，經濟快速成長，而日本人光顧「Makudonarudo」（「McDonald's」的日文發音）是為了吃點心，而不是為了用餐；畢竟，沒有米飯哪算得上「一餐」呢。於是，麥當勞的對手之一摩斯漢堡（Mos burger），便透過發明米漢堡解決了這個問題⑤。日本的經濟崛起並非建構在「西化」之上——不論是進口西方的食物，還是引入西方的商業經營模式——但速食餐廳的效率的確受到許多日本人的讚賞。麥當勞擴及日本乃是其全球計畫的一部分，一九七一年同年，澳洲、德國、關島、荷蘭及巴拿馬也都陸續引進麥當勞的連鎖店家。如今，中國的麥當勞和其他連鎖速食業者正在加速「幼童肥胖」的趨勢，因為早期在中國推行一胎化政策時誕下「獨生子女」的雙親都會盡可能地滿足後代的想望，但凡孩子想吃速食，就帶他們吃起速食。

麥可．波倫建議我們避開超市內相對毫無營養卻又充滿熱量的中間走道，轉而從邊緣，亦即我們可以找到蔬菜、水果等生鮮的區域開始選購。如此一來，你將大多攝取新鮮又常促進健康的植物性飲食，而非攝取以肉類為核心，或以碳水化合物為核心的飲食。但在二十一世紀初的西方，多攝取蔬食，表示人們開始思考某些對十九世紀的消費者來說相當陌生的問題：我該選擇「有機」農產品，而不選「傳統」或「轉型」農產品嗎（況且他要如何解讀這些常常誤導消費者的標章）？我又該避開使用農藥栽種而成的農作物嗎？我是否出於擔心基因操控對人類消費者有害，或對周遭自然環境有害，從而戒絕「基因改造生物」或基改食品呢？倘若「天然的」意指未經人類雙手的改造，那麼，打從農業問世以來，食物就已經不是「天然的」了，然而，一些消費者突然開始對「非自然」或「科學怪人」（franken）食物感到擔憂，而這些消費者的家庭世代以來一直在食用高度加工的食品。縱使外界尚未證實基因改造——不論是讓作物變得耐寒、富含維生素，還是為了其他目的——對人體健康或對環境有害，許多歐盟消費者卻特別抨擊這種做法，就連有些美國市場也都加以抵制。社會大眾對於基改食品的關注仍免不了受到孟山都（Monsanto）等公司先前經營模式的影響，該公司曾因替基改作物的種籽取得專利而大發利市，同時也引發「可否為生命本身謀取專利」這類複雜又惱人的道德問題。

評論超市和速食常代表著評論現代性。一九九八年，一名牧羊人、先前修習哲學的學生、激進分子及法國最大農民工會的成員之一約瑟・博維（José Bové）曾經攻擊並拆毀麥當勞正在南法小鎮米約（Millau）興建的分店。他遭到審訊、判刑，且入獄服刑三個月，但在審判宣示當日，約有四萬名擁護者現身法庭給予支持，而他的刑罰和刑期，只不過強化了他作為一名公民領袖的魅力。雖然支持在地農業和在地食物的歐洲人普遍存在反速食的情緒，但世界貿易組織（World Trade Organization, WTO）的作為，才是促使博維發動攻擊的導火線，因為該組織支持美國致力向歐洲出口施打過牛生長激素（Bovine Growth Hormone, BGH）的乳牛肉品；不單是全球化，就連牛肉「美國化」也開始威脅到歐洲人的生計與食物。歐洲人遂而抵制這類產品進口，但卻遭到美國挾怨報復，轉而對歐洲進口的高價品課以重稅，而這些高價品中，即包括博維個人農場所生產的那種洛克福乳酪（Roquefort）。博維後來成為反全球化運動的領袖，而所謂的反全球化運動，正是反抗資本主義將觸角延伸到全球的自由市場，並批評國際企業對國家政策和國際政策所帶來的影響——尤其當其致力於放寬市場管制。

在博維發動攻擊的前十年，羅馬群眾抗議在當地開設麥當勞一事吸引了慢食協會（Slow Food）的注意。新興的慢食協會旨於推廣在地主義（localism），鼓勵人們瞭解食物來源，並放慢生活和烹飪的腳步，而不盲目追求現代化似乎常需達到的那種步調。而且該協會的標誌正是一隻蝸牛，這著實再適合也不過了。慢食協會的眾多目標中，還包括成立種籽銀行，可在其中貯存各式各樣的「原生」種籽，維持動植物種的多樣性，並對抗大型農企過度倚賴單作栽培。慢食協會對在地的堅持已經全球化（這麼說也許有點諷刺），其在地分會更已遍布全球。⑥

冷藏技術與現代供應鏈

大多數超市的核心是一種日常生活中相當普及的庶民科技，那就是一排排冷藏櫃所形成的走道。一如美國作家妮可拉·特莉（Nicola Twilley）所言，人類的食物系統之所以存在，乃是因為「廣大、分散的人造冬季」讓食物異常保鮮，並創造整個北美配送香蕉和柳橙汁，還有在歐洲或亞洲內陸吃得到壽司等等奇蹟[7]。咱們就把這稱為「冰凍圈」（cryo-sphere）吧。誠如人工固氮對食物生產所帶來的影響，冷藏技術也對食物分配帶來衝擊，並衍生出與十九世紀迥異的食物系統。

機器冷藏保鮮的技術於一八五一年取得專利，卻直到一八九〇年代才變得普及。然而，在相對短的距離內用冰運送食物並不罕見——在有些較老舊的美式家庭中仍可看到「冰櫃」即能證實這點——外送冰塊到家裡也曾是人們熟悉的一幕。美國肉類批發商喬治·哈蒙德（George Hammond）曾率先建構出冷藏軌道車（係用冰塊保冷，而非以機器冷藏），並將肉品從底特律運往東部；同為肉類批發商的法蘭克林·斯威夫特（Franklin Swift）則在一八七九年設計出改良後的版本，且透過這項創新幫助消費者迎來之後冷藏肉品和其他冷藏食物的時代。後來，人們於一九五〇年代成功發展且持續改良的海運冷凍貨櫃，甚至是用以空運壽司等級鮮魚的保麗龍盒，都承自斯威夫特的冷藏車，以及最初在一八七〇年代為了替歐洲市場運送肉類而橫渡大西洋和太平洋的冷藏船。後來，這類船隻在眾多產業之間造就了香蕉產業；鑑於香蕉成熟的速度，人們得在香蕉尚呈綠色時即予採收，一路經冷藏運抵目的市場後，再把香蕉放入充滿乙烯（ethylene）的特殊催熟室。正如大部分的咖啡飲用者都沒看過咖啡樹那樣，大部分的北美及歐洲消費者也都沒吃過在樹上熟成的香蕉。香蕉的故事亦說明了二十世紀中食物變化的另一種特點——縱使到了二十世紀中，香蕉成了全球最受歡迎的水果之一，但僅僅五十年前的一八九九年，當時熱銷的科普雜誌《科學美國人》（*Scientific American*）可是認為他們有義務發表指示說明，周知人們該「如何」食用香蕉這種罕見的水果呢。其實在我們心目中，許多生活上與食物有關的傳統特徵或永久特徵都是很近期才出現的。飲食文化雖然不斷變遷，卻會迅速呈現出永久的樣態。

最初的冷藏肉品碰上了心存疑慮的顧客——這些人習慣購買未經長途運輸的鮮肉。在美國，直到一戰期間食用冷凍肉品才被「標榜」是愛國行為，因這有一部分是為了充分利用國家在戰時所能取得的資源。然而，到了一九三〇年代，家家戶戶開始普遍使用冰箱，消費者這才慢慢習慣一年四季都可享受到來自各地的食物。一九七五年以降，美國人所食用的冷凍食物達到以往的三倍，加工食物的商業模式也跟著蓬勃發展。如巴西、佛羅里達等柳橙產地中的大型低溫儲槽（如今生產全球大部分的柳橙汁），讓柳橙汁成了全球性的飲料。此外，一如柳橙汁的範例，結合了交通基礎建設的冷藏保鮮技術，亦使單一地區得以為許多其他地區種植食物。美國人所食用的冷凍蔬果中，有整整一半都是在加州種植的；美國人所吃的食物中，更有整整四分之三都曾在食物生產和運輸過程的某個時點曾被冷藏保鮮。冷藏保鮮所產生的經濟效益超過了生產和消費所帶來的顯著效益。延長食物保存期限的能力遂而促成食物商品作為「期貨」（futures），可在股市交易的概念，才有了日後的瘦豬期貨（一九六一年）、切達乳酪期貨（一九九七年），且在社會上帶來顯著的影響。家用冰箱代表著家庭若選擇每週只採買一次，即可騰出時間從事其他工作。但冷藏冷凍保鮮若是帶來如此非凡的影響，它相對隱密、不易引人注目的特性也就同樣重要。一如食物系統中許多其他形式的基礎設施，像是公路、貨車、火車、飛機、貨櫃等，冷藏冷凍保鮮很容易遭人遺忘。

營養科學的世紀

超市貨架上所有的商品包裝都標示著營養成分——只不過未必是外行人所看得懂的語言。一如冷藏保鮮，這部分實在太稀鬆平常，以致人們常常忽視它的重要性：我們生活在一個向來把食物細分為「組成原料」和「構成養分」的世界，還慣於向合格的專家（或推崇流行減肥飲食法〔fad diet〕的庸醫）徵求飲食上的建議。就像冷藏技術一樣，人們有點難以想像一個沒有卡路里、纖維素、維生素，或是任何我們用以描述食物營養特性標示的世界。但「營養科學」其實是在一八九〇年代才趨於成熟，並在實驗室以及調查人員能夠掌控人民飲食的狀況下興盛起來。沒錯，當人們如今想到「卡路里」時，都很容易忘記它最初的定義：物質燃燒時，產生足以讓一千公克的水升高攝氏一度的能量。「卡路里」一詞並非源自營養學，而是出於法國人努力地想瞭解科學中熱力學的能量。蛋白質、脂肪、碳水化合物乃是人們最初發現的食物組成成分，熱量計（測量食物燃燒後產生多少熱量）的使用也相當廣泛。早期許多營養學家都希望找出人類至少需要攝取多少營養才得以存活；他們既想量化最低的營養標準，這將有助於援助窮人，同時也想藉由針對擔任家庭主婦或廚師的女性的教育推廣計畫，從而促進勞動力的有效運作。早期營養學家經常把人體比喻為機器，這並非偶然。像英國經濟學家約翰．艾金森．霍布遜（J. A. Hobson）這類觀察者，就曾於一八九〇年代預測「食品科學」將會成為一門規範科學（normative science），提供人們飲食的標準。

二十世紀初發現了維生素，人們認為缺乏維生素會導致腳氣病（beriberi）、糙皮病、壞血病（scurvy）等「營養缺乏症」（diseases of deficiency），因此展開一連串新的實驗。在發現維生素之前的營養科學著重在卡路里，視其為新陳代謝熱力學模型中的關鍵，認為食物屬於能量，而人體利用這些能量用以運作的同時也進行自我補充。突然之間，營養學家之間展開了一場競爭，一派營養學家致力於研究能量，另一派營養學家則致力於將維生素納入食物的新生物化學理解。食物的「質」逐漸變得跟「量」一樣重要，對於「充裕」的概念也開始轉變。多數英美的營養學家仍把重點放在家庭主婦——自十九世紀中以來，她們一直都是衛生和家政科學專家眼中的研究對象。如今，家庭主婦的廚房成為實驗室，她們若希望自己的家人健康成長，就得先充分瞭解每樣食物的營養價值，促使家庭主婦的角色被專業化了。不過，隨著人們將家庭視為烹飪與飲食習慣轉變的重要據點，他們也開始注重個人的身體健康。十九世紀末到二十世紀（乃至二十一世紀初）飲食與健康專家陸續出現，激起了人們追求減重，抑或擺脫任何健康問題的想望。人們在發現維生素後不久，第一批標榜富含維生素的產品便紛紛進駐英美商家，富含維生素的配方嬰兒奶粉亦首度於一九二八年展開銷售。然而直到一九三〇年代，香菸或可口可樂這類如今人們普遍認為有害健康的產品，都還被當作健康補給品極力吹捧、大肆宣傳。一如現在，有益健康的承諾幫廣告商、大型農企賺進了大把大把的鈔票。

錯位、傳統與食譜

英國龐克傳奇天團「衝擊樂團」（The Clash）的創團成員喬・史楚默（Joe Strummer）唱過一首歌，歌詞描寫英國某個大都會的主要街道上有著各種食物：秋葵、扁豆、孟買鴨（Bombay duck，實為酥炸狗肚魚）、貝果、肉餡餅（empanada）、拉西（lassi）、烤雞塊及煙燻牛肉（pastrami）。這份清單有一部分是亞洲料理，因而反映出二十世紀英國移民的主要型態，但卻都是人們預期可在地球上任何一座大城市中找到的食物⑧。一九六〇年代初期，本書作者之一曾經為了搭配感恩節所吃的「une dinde」（火雞），而在巴黎花上好幾個小時尋找蔓越莓，後來終於在某家精品店裡找到一只覆滿灰塵且要價驚人的罐頭。如今，要找到這種異國食物可是容易多了。

在已開發國家中，二十世紀（如今已是二十一世紀）飲食文化的多樣性堪稱前所未有。簡言之，人們若生活在一個資源豐富的國度，那麼，他們所能取得的食物，要比他們祖先所夢寐以求的食物還多得多。湧入全球各大樞紐的移民不但匯聚了各種料理，亦啟發了新的菜色。在二十一世紀初的洛杉磯，美式快餐車供應的卻是包滿了韓式烤牛肉的塔可和墨西哥捲餅；在多倫多，你可以找到鋪著香料烤雞咖哩的披薩；東京則有參雜了酪梨的花壽司，而酪梨本是加州人的最愛，後來才外傳到壽司的祖國日本。許多美國人都認為開設在美國的「東京紅花鐵板燒」（Benihana of Tokyo）連鎖餐廳很有「日本味」，而該餐廳的創辦人洛基．青木（Rocky Aoki）後來也在東京設立據點，取名「紐約紅花鐵板燒」（Benihana of New York）展開營運，並提供許多日本人喜愛的「外國」美食。這類食物的流動的諷刺處處可見、不勝枚舉。

移民者一向都會帶來料理——不論是在他們的記憶中，還是在他們的食譜中。華工在前往美國修築太平洋鐵路時，也帶上了自己的食物文化，促成「雜碎」（chop suey）、炒麵這些非屬中式料理，但卻據以即興發揮、善用北美當地現有的廉價食材而製成的菜色。土耳其工人在抵達德國時建立起旋轉烤肉的習俗，爾後柏林街上便處處可見附設旋轉烤肉架的貨車。美國在一九六〇年代中期的移民改革，堪稱對二十世紀末的美國餐廳文化帶來最大的影響，因為當時的移民改革不僅讓美國向更多移民開放，更納入了有助於家庭團聚的法規——以往的移民法規都鼓勵男性單身赴美，不攜帶家眷，賺夠了錢便打道回府。如今開放眷屬赴美，家家戶戶較有可能開設餐館，加上以家人作為勞工相對方便、營運費用相對低廉，這對許多人而言，遂成了一種便於開展的創業形態。很幸運的，各式餐廳蓬勃發展，而且代代相傳。

英國文化理論家史都華．霍爾（Stuart Hall）曾經指出，就特權人士的觀點來看，全球化的影響之一，在於把全世界變成了美妙的自助餐廳：

要走在現代資本主義的尖端，就是要在一週內嘗到十五種不同的菜色，而不只是一種。每週日吃起水煮牛肉、胡蘿蔔和約克夏布丁（Yorkshire pudding）已經不再重要。誰還需要那些呢？因為你若從東京搭機起飛，途經辛巴威首都哈拉雷（Harare），落地時收穫滿滿的不是「一切毫無變化」，而是「一切截然不同」，何其美好。[9]

但即使是精通多種語言的人和生活安逸的富裕人家，也可能追求恆常且穩定的料理認同。能在一週內嘗到十五種不同的菜色固然令人欣羨，卻也教人惶然失措，而我們尋求庇護的主要方式之一，就是轉而訴諸食譜，將其視為通往單一、固定、純正料理的門扉。食譜作為一種粗糙的文學類型現身歐洲，對歐洲建立系統化的民族料理影響甚鉅。食譜建立起高檔食物文化和低檔食物文化，偶爾更連接兩者，結合了宮廷與村落。

食譜也成為一種工具，用以鞏固世界各地同樣食用某種民族料理的群體。印度裔美國人類學家阿君．阿帕度萊（Arjun Appadurai）曾在二十世紀末描述過食譜對於印度讀者扮演的功能。印度的食譜——在此指以英語人士為目標讀者，而用英語撰寫且出版的書籍——有助新興的中產階級一次達到兩大目的：發展出廚房裡的專業文化，昭示你已在社會上達到某種地位，同時，縱使日常生活愈趨現代化，你仍能持續瞭解傳統、保留傳統[10]。阿帕度萊還指出印度民族食譜文學中兩股相互牴觸的推動力：一則強調在地料理的獨特性，一則強調民族料理的一致性。印度係為種族、文化、宗教上多元紛雜、獨具特色的各邦所組成的國家，對它來說，上述的推動力尤其重要。

食譜若可被定義成「如何再創造料理」的系列指南，那麼，其所扮演的功能往往不止如此。在歐洲，寫入食譜的內容還包括個人回憶錄、為求晉身上流的中產階級所安排的禮儀課程，以及關於保持健康、打掃家務，甚至是宴請賓客的諸多建議，而不局限於烹飪方法。食譜作為一系列的準則，藉以判定一道特殊料理的外在呈現什麼、內在又蘊含什麼。這些準則確實會隨著時間改變，人們或可藉由檢視行之有年的食譜——像是流傳了五十年至一百年的版本，開始追溯其中產生的變化——比如墨西哥是在何時出現豬肉塔可（本地的玉米薄餅，入侵的西班牙臘腸）[11]。有趣的是，在許多情況下，例如在墨國食譜中，人們居然不是透過調了味的食材，而是透過香料、醬汁，來辨識料理道不道地、傳不傳統。因此，外來的蔬菜和蛋白質可能轉而「在地化」，原先的傳統也可能外傳，並在可以取得不同農產品的其他地方「再創新」。有時比起食材，料理認同反而跟技術比較有關，一如日本名廚松久信幸常說：「你只要給我當地的食材，我就能在世界各地，用日本的技術做出日本的料理。」但透過檢視食譜，我們可以瞭解特定的文化決定納入哪些食材，又絕對不會，或絕對無法納入哪些食材。

鑑於當代（二十世紀末到二十一世紀初）讀者居住在已全球化且不斷加速的世界中，當代食譜常會呈現出傳統、純正的特色，以作為銷售的賣點，但這種懷舊或浪漫不太會成為主流。食譜傳達了人們對於未來的種種渴望，在這樣的未來中，傳統並未如同人們闡述的那樣經過妥善保存——如義裔美式食譜中呈現的肉類和乳酪比重，遠不符合它們實際在義國農民日常飲食中的占比；在這樣的未來，於廚房中追求營養和效率更是至高無上的美德。一九六〇年代，美國掀起了一股微波食譜的熱潮——即使微波爐本身直到一九七〇年代末期才變得普及。且在現代廚具問世之前，食譜長久以來都是教導廚師使用新工具的媒介，從研磨器到搗蒜器，食譜統統一手包辦。

二十世紀初最著名的前瞻食譜（future-oriented）之一，其實壓根兒不是一本食譜，而是由（顯然在政治上趨於保守的）「未來派藝術家」（Futuristi）——數名義大利最大膽的年輕藝術家——所構思而成的一份藝術計畫。《未來主義食譜》（*Futurist Cookbook*）雖在廚房派不上用場，卻說明了食譜在對應料理傳統之下可以如何自我定位。未來派藝術家之首菲力波．馬利內提（Filippo Marinetti）盼能完全取代義大利的傳統，抨擊義大利人將小麥製成麵食，從而影響人體的新陳代謝。他堅稱麵食使義大利人的身體、精神變得沉重，還讓男性變得柔弱無力，像個娘兒們，於是轉而建議義大利人攝食肉類，尤其是流線型（和陽具狀）的臘腸。

其實義大利人在食物上的創新（例如濃縮咖啡機）具有地緣政治上的意義，亦即對於殖民咖啡產地的想望，還有對於從北非殖民地攫取鋁的渴求——義國知名的比亞樂堤（Bialetti）濃縮咖啡壺即是由鋁合金壓鑄而成[12]。同樣地，未來派藝術家呼籲人們抵制麵食，也和全球競相追求法西斯主義的政治氛圍有關。攝取較少麵食代表著不進口那麼多的小麥，有益於義大利更廣泛地力求自給自足。此外，處事較為圓融、行事風格也較明快果斷的義大利人，亦可在當今的世界舞台上更有效競爭。《未來主義食譜》正如人們對食物未來所做的諸多臆測，宜解讀成人們急於表達對現狀感到焦慮。

食譜雖常納入「純正」的料理，卻又承認「純正」並不代表「在地」。當代的越南食譜可能會敘述如何在熱騰騰的鐵板上煎出用椰奶製成的「越式米餅」（banh xeo），但你也能在巴黎街角看到人們用相同的鐵板煎起相同的餅，只不過這裡的餅是用麵粉製成，佐以奶油、糖粉，或是抹上「Nutella」榛果巧克力醬。中國南方對越南烹飪帶來的影響包括快炒、麵條、豆腐，以及筷子的使用；奶油、長棍、咖啡源於法國殖民時期；花生、番茄最初則是隨著歐洲商人傳入越南，成了哥倫布大交換下的紀念品。打個比方，假使橘郡（Orange County）的大型越僑社區要在南加州的單層樓商場展示現代的越南料理，餐廳旁大有可能出現珍珠奶茶的店家，供應著源於臺灣、放滿了粉圓的美味茶飲，因為這項茶飲，可是雙雙收服了越南人和華裔美國人的胃。

「美式」風味

二十世紀後期，全球飲食西化實為一種美國化，而麥當勞的金色拱門（Golden Arches）標誌觸及全球便是最好的例證。美利堅帝國起於殖民者從美洲原住民手中奪取土地，並在工業化後透過「炮艦外交」（gunboat diplomacy）、不平等條約，還有促使美國人向西、向南擴張以拓展利益之「天命論」（manifest destiny）愈益茁壯，遂而在飲食上延伸觸角。最後，美利堅帝國的版圖西起波多黎各，南及菲律賓。

然而，何謂「美式」食物始終成謎。捲餅、刨冰、壽喜燒都被視為美國食物，但這又能代表什麼呢？上述三種食物雖然出處迥異，但這番說法用在它們身上卻又都成立，明顯呈現出美國飲食史的複雜性。正當歐洲殖民者把自己的飲食方式帶往「新世界」之時，他們也輸入非洲黑奴，而這些黑奴的飲食方式，就這麼在橫渡大西洋的駭人航程中得以保存。美國南方出現高粱即說明了非洲人帶來的影響，就跟美國南方也出現小米、花生、秋葵、腰豆和芝麻籽一樣。來自奧斯特（Ulster，現北愛爾蘭）而簽約成了幫傭的蘇格蘭移民（Scots-Irish），也許會為身在美國殖民地的英格蘭人做好麵包、蛋糕擺上餐桌，但他們也擁有自己的飲食方式，譬如食用豬雜、馬鈴薯和其他根莖類的蔬菜。「玉米肉餅」（scrapple）——一種用豬肉末、穀類和香料製成且煎炸過的脆餅——正是隨著移居賓州的門諾派教徒（Mennonite）和阿米希人（Amish）而傳入美國沿岸，同時，這道菜還有個表親，叫做豬雜布丁，它可是會讓蘇格蘭幫傭想起自己的祖國。

美國飲食史長期著重在揉合美國大陸之間迥異的飲食文化，但美國的飲食文化也曾透過擴張而歷經改變、豐厚質地。一八九八年，美西戰爭（Spanish-American War）爆發，美國在試圖「解放」西班牙於太平洋和加勒比海的屬地時，找到了擴張領土的契機。後來，西班牙戰敗，菲律賓在美、西雙方簽署巴黎條約（Treaty of Paris）後，於一八九八年轉由美國接管，直至一九四六年正式獨立，此外，西班牙也將波多黎各割讓給美國；時至今日，波多黎各島仍是美國的保護國（protectorate）或「非合併建制領土」（unincorporated territory）。這些領土成了蔗糖種植園的據點（其實，自阿拉伯商人在菲律賓扦插甘蔗的枝條以來，當地就一直產糖），還用以種植其他的熱帶產品，如香蕉、鳳梨等。

就在美國取得菲律賓、波多黎各的那一年，夏威夷也被納入美國領土，並在最後成為美國境內料理最複雜的州別之一。夏威夷的飲食非常多元，包含原住民的海菜、芋頭（製成「芋泥」

〔poi〕，一種當地人會在節慶，還有稱作「魯奧」〔luau〕的團體野宴上享用的傳統食物）、魚類和麵包樹——一種由玻里尼西亞人於三千五百年前左右所引進的大型澱粉類水果。但這一系列「接觸前」的食物，如今似乎偶爾才會在夏威夷飲食中現身——不是作為「魯奧」儀式中的一部分，就是作為神廟、聖殿（heiau）裡的供品[13]。反之，夏威夷的日常飲食卻明顯受到中國、日本、菲律賓、葡萄牙和美國在地白人（haole）飲食文化的影響。

大家若想觀察這些影響，沒有比觀察「綜合盤」（mixed plate）或「午餐盤」（plate lunch）還要更適合的了。所謂的「綜合盤」或「午餐盤」，正是人們來到夏威夷絕不可錯過的體驗——尤其是從公園或海邊附近販售食物的餐車或廂型車買來的那種。一開始，裡頭總會有幾道澱粉：兩球白飯，和同樣的兩球馬鈴薯沙拉或兩球通心粉沙拉（抑或馬鈴薯沙拉加通心粉沙拉），可能還包括葡萄牙臘腸（chorizo）、照燒雞肉（chicken teriyaki，遠比它日本的祖先還甜）、菲律賓炸春捲（lumpia）、些許中式冬粉、玻里尼西亞的葉包蒸肉（laulau，以香蕉葉或「魯奧」野宴上所用的綠葉包入豬肉或魚肉，再加以蒸熟，狀似大型的墨西哥捲餅）、烤乳豬（kalua pig）、（按摩過的）鮭魚冷盤（lomilomi salmon）、涼拌鮮魚（ahi poke，醃漬過的生鮪魚丁），以及方形的椰汁糕（haupia，椰奶做成的凍狀甜品）。除了椰汁糕，人們也許能將上述食物搖搖晃晃地疊上紙盤，然後徒手進食，或者像觀光客那樣，拿起塑膠叉子逐一享用。這項餐點訴說了過去三個世紀以來，對夏威夷島影響深遠的多元文化，反映出被引進島上從事蔗糖或鳳梨種植的各族群的烹調風格。十九世紀末至二十世紀初，這些工人在田野和加工廠休息時，會分享午餐盒裡的菜色。他們所創造的不是一種「熔爐式」的飲食，而是一種「自助式」的飲食，能使每種文化的菜色齊頭並列，唯有偶爾才在新菜色中納入彼此的食材與風格。這些菜色在傳入夏威夷後並非一成不變，正因當地種滿了糖類作物，所以比起在原產國，它們在這全都變得更甜。夏威夷式的照燒雞肉嘗起來就跟許多甜點一樣甜；其實，它也跟許多蘋果派一樣甜——符合美式風味。

短文 9

Nem on the Menu

菜單上的 Nem

幼時的我沒怎麼上過館子，我們都在家用餐，千篇一律，毫無變化。在一九四〇年代至一九五〇年代，中西部的人普遍都在家用餐，而這麼一來的後果，就是我們從沒吃過「別人的食物」，也就是其他族群的食物。一九五〇年代，就在我還小時，我所吃過最具異國風味的食物是明尼蘇達州博覽會（Minnesota State Fair）上出於希臘攤販之手、泰半是為了其他希臘人所做成的葡萄葉肉卷（stuffed grape leaves），而且我還是少數嘗試過這道料理的非希臘人。直到後來我成年了，而我在嘗遍中國餐廳、印度餐廳和波斯餐廳之後，開始懂得要更明確地區分出各種「族裔」：四川人、清奈人、伊朗裔美國人，菜單因而成為我的教材，提供我待解的謎題：何謂「前菜」、「鹹點」？又何謂「下水」？我向來都很清楚什麼是甜點，但「kulfi」（印度牛奶雪糕）又是什麼？注意這些品項漸漸成了我的習慣，且竟讓我無法自拔。我開始學習更多「別人的食物」，自行下廚時也會採用其中幾道菜色。

當我開始接受人類學家的訓練，我瞭解到餐廳正是進行實地考察最理想的場地。畢竟，作為一名用餐者，我前往餐廳的理由再自然也不過了，光是飢餓，便足以解釋我的存在。餐廳裡可以觀察的點還有很多：家庭的互動、人們隨興或正式的穿著、關於球賽的對話、鄰居的政治立場，或是孩子的在校成績。洋基棒球名將尤吉·貝拉（Yogi Berra）當初的名言「你光用看的，就能觀察到很多事情」，如今已然變成「你光用聽的，就能得知很多事情」，且在你一路感覺、察知周遭的世界和食物時，盡皆適用。換言之，你可在毫無成見之下，憑藉注意力而觀察到許多事情。菜單提供了一種對話的契機，倘若你就跟我剛開始受訓時一樣害羞，那麼，菜單可是非常管用的。餐廳裡的人潮要是不算太多，你大可以提問，有時服務生若是覺得你的好奇心挺有意思，你還有機會嘗到一丁點從廚房拿來的東西，而那可真是實地考察的額外福利。

在麻州波士頓的某家塞內加爾餐廳裡，我很訝異地看到菜單上的開胃菜有著名為「nem」的品項，便問起服務生這是不是越南的炸春捲（因為名稱一模一樣）。越南的炸春捲怎會出現在西非的菜單上呢？於是，我們的服務生把經理找來，他興致勃勃地坐下，娓娓道出了其中的故事。法國在殖民越南時（當時越南為法屬東南亞的一部分，稱為印度支那），從塞內加爾，亦即另一個法屬殖民地引進士兵，希望「塞內加爾步兵團」（tirailleurs Senegalais）取代越南當地的警力，擔任起較忠誠且「客觀」的警察，畢竟，他們是要叫越南人監督自己人。後來塞內加爾的士兵回到西非，帶回了「nem」的美味，「nem」最終也融入了塞內加爾的料理，有些人更直接娶了越南老婆回家。多年後，當塞內加爾的移民在美國開設餐廳，他們就把「nem」給放進了菜單。食物有時透過殖民而交流（譬如上述案例），有時則因隨機的旅行產生移動，而這樣的移動，彰顯出了身分的扭轉與變化：日本的天婦羅源於葡萄牙的影響，壽司則源於東南亞的影響。英國海軍採用咖哩作為水手的定期伙食，日本海軍也跟著比照，創造出「咖哩飯」，一種日本版的英國海軍料理。一如英國版的咖哩供養著整個大英帝國的水手，日本版的咖哩也供養著來自日本各地的水手——即使這些地方的料理獨特，各具風格。

波士頓附近的一處移民社區中，有家烘焙坊想在製作麵包上迎合當地越南僑民的口味，於是把長棍烤成著名的「粄米」（banh mi），也就是傳統上總會放入些許的越南肉醬（pâté）、生菜、美乃滋和冷切肉，再以醋、醃黃瓜調味的越式三明治。你只要在店裡待得夠久，便可能看到來自前法國殖民地的其他顧客：阿爾及利亞人、寮國人、突尼西亞人、塞內加爾人、馬利人（Mali）和塞席爾人（Seychelles）。法國統治雖已劃下句點，但法國麵包的軟實力卻仍持續團結人們。其實，比起巴黎的脆皮長棍，越南的法國麵包較為柔軟、蓬鬆，足以吸附許多一點都不法式的醬汁。就像「nem」，這種麵包訴說著一段充滿悲劇和血淚的故事：殖民主義的故事。也許它不該如此美味，但它卻常常如此。不過，經殖民統治所發展而成的享受仍不失為享受，其中有些享受——如「nem」——還可能在政權更迭後順利受到同化，從而長伴人們左右。

我不曾在塞內加爾吃過「nem」。我旅至當地時，接待人員帶我前往的人家吃的是「本土」菜色，比方說「thieboudienne」，一種在同個鍋裡放入魚、米飯和番茄一併烹煮的國民料理。雖說「nem」屬於塞內加爾飲食的一部分，但完全沒人提到過它。也許「nem」隸屬於特殊類別，人們雖已採納，卻認為它不足以代表塞內加爾？我必須回到家鄉、回到我教書的城裡，才能在某間塞內加爾僑民開設的餐廳內吃到塞國風味的「nem」，只不過移居此地的塞國廚師，早已按自己的方式調整了整道菜色。我們都清楚事情會變，但抓住變化的翅膀偶爾會讓人驚豔。雖然我們難以用發源地或傳入地來辨別食物本身，但食物行經的複雜路徑卻使其身分變得「不成問題」，也讓事情變得更加有趣。法式長棍的確成為越南的日常必需品，但卻已經大幅改造，成了越式長棍。帝國內的人員調配無意間把「nem」從一個殖民地帶往了另一個殖民地，繼而促成「nem」融入了塞內加爾本地。爾後，塞內加爾的食物——包括越南留下的痕跡——又移往第三地波士頓，再經僑民按自己的方式做出家鄉的料理。對於必須分類、命名，並創造出菜單地理學的人而言，他這下可得抱持著謙卑之心了。

Chapter 9

飲食的方式

Ways of Eating

除了三只生了火的磚砌小熔爐，這間挑高的大倉庫一片漆黑。我們可以辨認出拱形熔爐旁一小桶又一小桶的煤炭，邊上擺著短鏟。有只熔爐的門打了開，鐵匠正坐在門邊的座墊上，那扇門寬約十八英寸，我們可從門縫看見散發著橘紅色亮光的炭火。鍛刀大師土井先生戴著及腕手套、鴨舌帽和尋常的眼鏡，卻沒有其他的防護裝備——他的技術就是他的防護。

土井逸夫的鍛造作坊位於大阪附近的堺市，在該地，製刀乃是最重要的職業、工藝與藝術。土井的父親曾是一名傳奇鐵匠，已於近期退休，在他退休之前，他曾一路訓練土井，土井也就跟在父親身旁一起工作了四十多年。土井和父親一樣，專事刀刃鍛造，磨刀及製柄則留給他人處理。我們經過了長途跋涉才抵達堺市，而之所以來到這裡，乃因我們對「實際上把食物放入嘴裡」的動作——飲食（或進食）方式——所涵蓋的文化面、道德面與實務面很感興趣，而這常常包含餐具，亦即飲食的示能性（affordance，即預設用途或功能特性），也常常始於烹飪、始於刀具。

堺市一向為刀市。十五世紀至十六世紀時，這裡曾是富商居住的城市、水路貿易的樞紐。這裡的鑄劍技術也是首屈一指，主要服務武士和貴族。堺市鑄劍的歷史，遠比它製造槍枝的那段時期還長；十六世紀中，葡萄牙商人和傳教士赴日，堺市隨後成了日本製造槍枝的重鎮，但因日本人普遍愛好用劍，槍枝最終被劍取代。十六世紀時，堺市曾因拒絕放棄自治而遭織田信長掠奪，臣服其下，之後才在豐臣秀吉的領導下重拾往日的富裕（卻未獲獨立）。德川幕府時期（1600-1868）天下太平許久，對刀刃的需求趨緩。最後，當明治政府（1868-1912）明令規定武士不得佩劍，鑄劍才正式走入歷史——除了偶爾鍛造一些表面呈現細緻波紋的祭祀用劍。二戰後，堺市成了日本生產廚刀的首要城市，工匠改良了反覆摺疊、錘打金屬這種原先用以鍛造傳統刀劍的過程。當摺疊鍛打促使銳利的廚刀更上一層樓，這也得使日本廚師對食物建立起高度的美學標準，著重在俐落的刀工。時至今日，家族經營的作坊依舊專精刀刃鍛造、打磨或製柄，這都是完成一把廚刀的必經程序。

我們蹲在一段安全距離之外觀看土井工作，看著他把金屬錘打成刀刃的胚料。這些刀胚含有高碳的「鋼」，夾在一層層（多鐵、少鋼而）較柔軟且較具彈性的「鋌」中。接著，我們跟隨硬化後的刀胚前往土井的同事位於附近的家族作坊，進行搪磨（honing）。土井的同事把刀胚放進木塊，置入模具，然後坐上模具前的板凳，壓低刀胚，使其碰觸滾動中的磨輪。霎時火光四射。於此同時，清水自磨輪上方流淌而下，接住了從刀胚削下的金屬碎屑。和著水跟金屬的漿液於是濺至牆面，落在一層厚厚的金屬殘留物上，生成厚塗（impasto），也就是在空氣中轉為綠色的氧化金屬。慢慢地，他把刀胚磨成了刀刃。二戰前，各個下游承包商之間的工作並沒劃分得這麼明確。從摺疊鍛打到最終成品，通常都是在同一間作坊進行的。但如今，我們隨著刀刃前往第三間，同時也是最後一間作坊，看著最後一名工匠以水牛角（water buffalo horn）為刀枕（bolster），而替每個刀刃接上木蘭木（magnolia wood）的刀柄。

堺市的傳統工匠通常要花上至少四天，才能做出一把刀，而且整個過程幾乎徒手完成。土井告訴我們，他曾發明一種打薄胚料的裝置，簡單以腳踏板連接頭頂上的重力臂，即可用比鎚子更強的力度鍛打高溫亮紅的刀胚，但卻遭他父親極力反對，因為這麼一來，人和產品之間多了一層機器，有違父親「手工打造」的一貫理念。如今等到父親退休了，土井才能自在地使用這個裝置——即使他的笑容看上去還是有點心虛。畢竟，他瞭解老一輩的想法：刀，既然是廚師之手的延伸，就得先是工匠之手的延伸，從而展開後續的旅程。

在一萬英里外的另一個作坊內，不同的刀具課程持續著。這裡沒有鍛造。我們的老師亞當．辛哈（Adam Simha）雖然修習鍛造上的金屬加工，但卻決定專注在「磨除法」（stock removal）的製程，致力於處理從鋼板切除，且經塑型、熱處理過的胚料。辛哈乃是刀具磨除製程的專家，他會取來胚料，並在大型砂帶機（belt sander）上有效進行磨刻。砂帶表面布滿了陶瓷碎屑，得以磨除胚料上多餘的物質，直到它變成一只可被辯試的刀刃。這是一種機械化的過程，卻也是一種工藝化的過程，涉及人們精準地協調雙手、雙腳、雙臂和重心，巧妙地操作抵在壓板（platen）上的刀子。所謂的壓板，乃是砂帶環行經過的平板。刀刃抵住壓板的角度非常重要，而且抵住壓板的力道和著力點只要稍有不同，便足以對刀刃最終的形狀與材質特性帶來莫大的影響。和土井父親相反的是，機械和手作在此並無衝突；機械甚至可能作為手的延伸。

鑽床（drill press）、帶鋸機（band saw）、砂帶機和其他若干個大型器械主宰著辛哈的作坊。我們剛進入作坊的第一印象，就是：「用大機器來製造小物件！」但當辛哈嫻熟地操作這些機器搪磨刀刃，令人驚訝的是，他的工作和價值理念竟與土井的部分不謀而合。辛哈向我們示範如何握著刀胚抵向砂帶機，呈現出該過程是如何將人體每分鐘的律動，轉變成刀刃最終顯著的差異。我們很快得知，操縱這些機器就像是讓你的身體與它們同步，就像跳舞，只不過你現在的舞伴動也不動、可以預測，而且十分強大。我們很訝異身體所在的位置得要距離機器那麼近：雙腳頂著砂帶機正下方一只裝著冷水的塑膠桶，一手握住刀胚的基柄，另一手撐起刀胚，拇指平放刀身，其餘四指呈現彎曲，避免觸及砂帶機；刀坯本身則與砂磨運行的方向垂直。辛哈往往會將雙臂鎖定在軀幹兩側、保持不動（我倆照做），同時張開雙腳，這樣身體上半部才能近乎靜止，藉著臀力牽動全身左右移動，從而促使「僵直」結合「放鬆」，頗是詭異。我們逐漸增加砂磨帶的粒度，遂而提升精緻化的程度；刀刃在磨薄的同時，金屬的溫度上升得更快，我倆其中一人也就越來越常燙到拇指，為了在過程中冷卻刀刃，冷水桶變得不可或缺。

接著，我們用起越來越細且已噴上潤滑油的砂紙進行手磨（hand-sanding），然後為確認刀身平整並替手磨後的刀面進行表面處理，又再施行最後一次帶磨（belt sanding）。到此已經邁入尾聲，接著要尋找合適的柄材囉。辛哈擺出了各個選項：壓克力，這是最輕，也最脆弱的材質；木頭，倘若處理得當，算是相當耐用的傳統材質；還有玻璃纖維，雖然重但很牢固，刀子掉落也不致碎裂。鉚釘和強力膠則可接起刀身及刀柄。辛哈的創意甚至曾經激發他用自行車的握把作為刀柄。我們選擇了灰色的玻璃纖維，再將它磨成典型的形狀。我倆的終極目標在於模擬歐洲的生蠔刀做成一件小工具：厚短的刀身配上堅固的刀柄，一種既能撬開，又能切割的用具。

在日本，「包丁人」（表「使刀之人」，與「主廚」同義）用刀時的姿勢很重要。辛哈向一名即將持刀之人所提出的問題，透露出刀工一樣很強調身體的姿態。「妳用刀時怎麼站？妳的工具桌或工具檯多高？妳都切些什麼？讓我看看妳怎麼拿刀。」有人告訴我倆其中之一，說她用刀時的工作檯太高，而且她之所以腰痛，可能就是因為使用鈍刀。在她磨利刀具，並於烹飪時站上厚的橡膠地墊後，身子才稍稍好轉。

正確用刀的「教條式」描述可能聽起來很精準、很正式。日本料理名家野崎洋光解釋道：「用刀時，廚師的姿勢最重要。右臂與刀平行，左臂以劃半圓的方式彎曲，雙腳一前一後，和工作檯呈四十五度角，即可發揮精準的刀工。」[1]當我們向一名主廚展示這段文字，他嗤之以鼻，不以為然。我們在觀察作業中的廚師時，也鮮少看到這樣的姿勢。他們的動作不致太快，工作檯的高度也不對，不然就是按自己的方式切著食物。

對一名即將持刀之人而言，最重要的問題可能在於：「你要切什麼？」你要切的是像白蘿蔔那樣較硬的蔬菜，一塊軟若雲朵的豆腐，還是一片肌脂紋理複雜的肉？你的答案將會決定你該用哪種刀。在所有日本刀中，最多功能的就是「三德刀」，三德刀不論是拿來切魚、切菜還是切肉，都一樣輕鬆不費力，而且這種刀的刀刃兩側都經過打磨，不像大部分的日本刀只打磨一側，因此較像西式廚刀。但我們旋即得知，選擇刀子沒有絕對的標準，刀子產地的文化也會帶來影響，而其中最明顯的例子，就屬「鰻魚刀」了。不論是在東京、大阪，還是名古屋，這種刀都只有一種功能，但卻會因各地的製刀風格和切鰻方式各異，而帶有顯著的差異。有名年輕女子在家族於東京開設的鰻魚店長大，當她看到關西地區的鰻魚刀時，竟忍不住驚呼：「鰻魚全都長得一樣，但鰻魚刀的外觀怎有辦法差這麼多？」其實，各地「怎麼切鰻魚」也都有所不同：在東京，鰻魚應從脊骨向前切，因為若從胃部開始切，像極了武士自殺時的「切腹」儀式；在京都，出於美學上的考量，廚師則偏好從胃部開始切，他們並不像東京人曾深深受到武士道的薰陶，反因皇室曾經定都於此，受到皇室文化的影響較大。

隨著我們獲知許多關於廚刀的見聞，我們也開始瞭解「技術變化」和「料理變化」之間錯綜複雜且交相互惠的關係。之所以交相互惠，是因為技術縱使不是推動歷史的引擎，卻也是人類因應自身需求所產生的一連串作為，這才有了中式菜刀。誠如英國美食作家碧・威爾森（Bee Wilson）在其論寫料理餐具的《叉子哪裡來：人類烹飪及飲食史》（*Consider the Fork: A History of Invention in the Kitchen*）一書中寫道，「刀」（此表中式菜刀）傳達了材料與烹飪結果之間美妙的經濟關係[②]。不像功能特定的日本刀（除了三德刀），舉凡切、削、劃、片、割、斬、劈、剁等刀法，中式菜刀無一不能。人們用相對少量的金屬製成一片長方形的刀刃，得以藉著經驗老到的廚師發揮細緻的刀工，從而生成精美的料理。使刀的主廚把食物剁成小塊，迅速投入鑊內烹煮，僅需耗費少許的燃料：放眼中國歷史，木炭普遍稀少，人們把食物切成「翻炒」的大小，實能提高烹飪效率。小塊的肉類、蔬菜在摻入些許簡單的調味後，成為一道「菜」，再配「飯」一齊食用，而「飯」多為米飯，或是以小麥做成的饅頭或麵條。筷子則是唯一會在廚房裡和餐桌上用到的器具，因為不論是進食還是備料，筷子都很管用，能更靈巧、順利地挾起小塊的食物。反之，傳統的歐洲廚房則以多種專用刀具自詡，將肉類留待最終上桌之後，再由進食者自行分切，送入口中。當今的牛排刀即是源於人們在現代以前都會攜帶個人餐刀用以進食的傳統。刀工、切法形塑出完整的烹飪藝術。

正如「日本」料理有地域性，而非統一式的國民料理那樣，日本刀也有地域性。且我們在造訪佛羅倫斯正北方的斯卡爾佩里亞（Scarperia）後，才發現義大利刀亦是如此。斯卡爾佩里亞為一中世紀的村落，建於一三〇六年，在這之後的一百年內，因出產精緻的刀具而名聞遐邇。十六世紀中，歐洲刀在鐵和碳鋼（carbon steel）上具備優勢，斯卡爾佩里亞的作坊遂聯合組成公會，就品質和標準上進行規畫，以保障他們本地的工藝遺產。但正如義大利各個城鎮的料理特性顯著——常常包括他地所看不到的麵食形狀——義大利刀也彰顯出各個產地的特色。以往斯卡爾佩里亞刀匠所製作的刀一直都最適合用來分切克安尼那牛（Chianina），一種因作為當地特產的佛羅倫斯牛排（bistecca fiorentina）而備受重視的牛種。製刀、養刀的傳統也就跟當地食譜一樣，經過了代代相傳。

我們在村裡漫步時，看到了一扇扇打開通往作坊和賣場的小門。刀子的海報說明著關於形狀和樣式的悠久歷史，其中涵蓋了刀刃、刀柄，以及由牛角或金屬做成的刀枕。某家刀鋪裡有名年輕女子正興致勃勃地帶領顧客穿梭在各式刀款之間。你拿刀子做什麼用？讓我看看你的手。你知道刀子得要保持清潔、乾燥嗎？你保證？你可以帶刀子回來打磨、換柄。什麼？你要帶到美國？好吧，等刀子需要處理時再帶過來吧。

在近代，刀具多是用來準備、改善由其他餐具（有時包括手）所送進嘴裡的食物。但情況未必總是如此。刀具也常直接把食物送進嘴裡。譬如在十八世紀的英格蘭，人們偏好用刀來吃新鮮的豌豆，而且蔚為風尚。在此之前，人們大多乾吃豌豆，或是煮成麥片粥，再以湯匙舀起食用。叉子通常只有兩個叉齒，因而對挑起豌豆幫助不大③。很多刀具的末端經過削圓，以利就口，被挑起的豌豆則經刀身滾入張開的嘴中。然而，當叉子有了四個叉齒後，用刀吃豌豆的方式開始顯得相當野蠻。奇怪的是，人們竟不認為湯匙適合用來食用新鮮的豌豆。

每種餐具都隸屬在「農業」、「烹飪」和「飲食」等較大型的系統中。藉著觀察餐具的設計、生產，乃至使用，我們就能一路從作物到餐桌禮儀，瞭解到該系統所涵蓋的內容。比方說，吃牛排通常需要用到刀、叉，吃非洲國民美食「富富」卻需要用到雙手或湯匙，筷子則最適合用來處理已被切成小塊的食物。需要用到刀、叉的料理系統涉及一連串的假設，關係到「進食者想吃哪一種肉」，還有「進食者想如何分解、享用這塊肉」。富富的料理系統對於「澱粉」、「其他要素」和「從手到口的途徑」三者之間的關係，有著獨特的概念。另外一如我們所見，在筷子的世界裡，善用刀工把所有東西切成小塊反倒多和烹飪的方式（譬如用鑊）有關，因人們為了使用最少的燃料，想要非常迅速地煮熟許多小塊的食物。就連最是正式、塗上亮漆的筷子，也都是人們細心、節約和創新下的產物。

飲食上的示能性逐一使得「體外的世界」到「體內的世界」這段短暫又微妙的旅程成為可

能。飲食的方式（如餐具）經由人類的嘴跨過界線，進入到個人體內的空間，每種文化也以不同的方式去想像、理解那條界線，從而圍繞著那條界線發展出了餐桌禮儀。倘若人們以「純粹為了攝取營養」的角度來闡述用餐儀式（特別是社交場合上的用餐儀式），看似毫無必要，那麼，這或許是因為他們並未審慎看待介於「世界」和「嘴巴」之間的那條界線[4]。飲食屬於一種閾限（liminal）行為：當食物跨越嘴巴這個入口，進到人體，即成為人體的一部分。為了讓食物在這途中保持純淨，人們便須進行區隔，而近代工業向來誇耀包著玻璃紙的食物在生產過程中「從未受到人手汙染」，正是持續呼應著此一概念。

一開始，人們鐵定離不開雙手，雙手乃是古時的用餐工具、人類最早用來把食物送進嘴裡的方式，至今仍是最受歡迎的進食方法之一。手的傳統，必然就是保持清潔的傳統。人類學家已經找到古埃及人、希臘人、羅馬人和猶太社群所使用的洗手槽。甚至是當代包裝甜甜圈或皮塔捲餅（pita-wrapped sandwiches）的用紙，也體現出人們感到有必要在食物和預想中「並不潔淨」的手指間建立某種屏障，予以區隔。在某些文化的用餐模式中，人們對於雙手的使用存在差異，譬如北印度人只應以右手進食，因為基於傳統，左手應保留給如廁後的清潔工作（看到許多社會如何運用委婉的修辭來表示廁所還挺有趣的，如日文中的「お手洗い」〔洗手間〕或美語中的「bathroom」〔浴室〕）。

至於在印度其他地區，雙手就和其他地方沒有分別，屬於一種主要的進食餐具，用以撈起小口小口的米飯、扁豆糊，或肉類及蔬菜料理，不然就是在「naan」（ 餅，本身即是暫時性的餐具）鋪上一些醃菜。透過麵包或其他「舀挖式」的食物進食，為「潔淨的手」和「混亂的食物」之間提供了一種媒介，同時也結合了澱粉類的「主食」和別有風味的「配菜」，亦即中國人口中的「飯」和「菜」。

但在西方的餐桌禮儀中，雙手一直扮演著很尷尬的角色。放眼整個西歐史，人們基於偏好，大多只用拇指、食指和中指把食物送進嘴裡。如何衡量「文明」與「野蠻」，就取決在剩下的那兩根手指。試想一下，喬叟在其《坎特伯雷故事》中是怎麼描述修女院的院長用手進食的：

她餐桌上的禮儀學得很到家；
沒一點食物會從她唇間掉下，
她手指不會蘸到調味汁裡面。
她小心翼翼把食物送到嘴邊，
絕不讓一點一滴往她胸前掉——
講究禮節與禮儀是她的愛好。

她的上嘴唇總是擦得很乾淨，
所以杯沿沒一點油膩的唇印，
儘管已就著杯子喝了好幾次；
用餐時她好一派得體的舉止[8]。⑤

喬叟帶點諷刺地強調著女院長的優雅，以致讀者想像得出在十四世紀的典型酒館裡，客人的行為舉動可能較為粗俗。餐巾乃是進食者藉著保持潔淨，呈現出行為得體合宜的工具，它在喬叟筆下的女院長擦拭嘴唇時發揮了作用（她所用的想必是布料）。禮儀本質上是由文化賦予的社會行為準則，建立在對潔淨、好客和群體成員的關注之上，富含意義，因為具備良好的禮儀，也就彰顯此人遵從普遍的社會秩序。實際上，禮儀也是一種公開表現，人們藉以確保彼此立意良善，並遵守共同的行為準則。禮儀更可能具備道德力量（moral force），其中既有行為踰矩的不良禮儀，也有充分顯示個人秉性正直的良好禮儀。⑥

在日本，人們追求一絲不苟的餐桌禮儀，而且特別注重他人的看法，但這裡的人們不用餐

譯註8　譯文出處同註3，第三十二頁至第三十三頁。

巾。用餐前，你會拿到或熱或冷的「濕毛巾」（oshibori），好在進食前自行清潔一番，提振精神，但那樣的濕毛巾縱使一直放在桌上、檯面上，人們也不慣於把它當作吃飯時的餐巾。日本人在前往西方觀光、用餐時，往往都會評論西方人習慣用布擦拭手指與唇上的汙漬，還覺得這樣有點噁心，此事人人皆知。但於此同時，日本人會在餐後公開剔牙的習慣——日本較西方普遍——似乎也與西方人格格不入，因為對後者來說，剔牙屬於私底下的行為，並不對外公開。餐巾也是餐桌擺飾藝術的展示材料；有不少論著致力於說明如何將宴會或晚宴用的餐巾摺成各種花式樣式，才經人們攤開，不著痕跡地放上大腿，然後很快就沾上醬汁。

雙手甚至一路闖進了最純淨的料理殿堂。你在餐廳廚房裡觀看明星大廚時，極有可能會看到她使用自己的雙手——即使人們將會按照精心擺放的多把刀叉和湯匙逐一取用她所準備的餐點。人們對食物的感覺——用手指在烹煮的肉排上輕輕一壓即可得知是不是剛好夠熟——也攸關產品的成敗。不論是測試溫度、質地還是彈性，她的手即是最佳工具。在廚房這個工作空間中，廚師似乎擁有某種特權，可以用手觸碰別人要拿餐具食用的食物，這件事本身頗讓人深思。人類飲食文化中的「文法」存在著衝突與諷刺，當我們利用餐具乾乾淨淨地把食物送進嘴裡、歷經各種感官上的體驗，我們也可能容許自己徒手拿起雞腿，抑或拿起塗撒了鹽和奶油的櫻桃蘿蔔。

結語

自然史與人類史於盤中相遇；換言之，一盤食物串起了不同的時程，有著白米、菜豆需要烹煮的時候，農人需要採收、處理上述作物的時候，還有這些作物需要生長的時候，卻也存在這些作物更深入且緩慢的物種史，囊括了人類馴化、培育，且將其帶往世界各地的方式。在對照這樣進展緩慢的時間下，試想人類文化轉變的時間卻是如此之快，從南亞的「扁豆糊」到美國南方的「獨腳約翰」，一代代不同的社群正以不同的方式煮著米飯和菜豆，在短短不到一個世代即揉雜出新的食物世系，生成了新的口味與新的期待。

我們將本書視為飲食研究的工具包，而非人類飲食方式的完整型錄。本書並非提出概括式的大理論（grand theory）來說明飲食方式如何轉變，以及飲食文化何等重要。我們認為，沒有任何事物解釋得了一切——性別、生物學、地理學、經濟學暨階級衝突、營養需求、科技、象徵主義，統統不能，但以上卻都在飲食研究占有一席之地。我們傾向替手中的問題找出適合的解釋，以取代大理論。正如特定的工具適合特定的工作，闡述說明的原則也是同理。我們在避開大理論的同時，也捨棄運用歷史軌跡（arc of history）這種直接從過去跳往未來的概念。飲食方式的歷史並不是一連串的證據，可讓我們藉以推斷出一些規則，從而聲稱食物的未來該是什麼模樣。北美洲人係於一九八〇年代才接納壽司，令許多觀察者非常驚訝，但這並不代表他們（或在世界其他地方食用壽司的類似族群）將來也會接納另一種新型的蛋白質，譬如當今實驗室的培養肉或「人造肉」（cultured meat）[1]。而我們唯有在不盲目信從歷史的巨型軌跡下，才會對食物的未來產生興趣。

食物向來充滿願景。社群須得規畫往後的餐食，不論這代表為了過冬而貯存收成的作物，還是預測人口異動和農業政策[2]。當本書即將付梓之際，食物的未來看似岌岌可危，一方面因為氣候危機，另一方面因為全球資源密集的飲食方式大幅增加。極度仰賴肉類的現代西方飲食雖已全球化，但於此同時，全球人口也顯著增長。可用的水和農地正在縮減，而且隨著世紀更迭，似乎還可能持續下去。現正追蹤調查全球主要地下含水層（aquifer）減少的科學家對此十分關切，因為人類抽取地下水灌溉農作物的速度，快過地下水補滿的速度，而農業部門正是全球最大的水源耗用方[3]。特定作物在面對如此廣大的環境威脅下，正瀕臨絕種：食客或許得要放棄喜愛的食物，如香蕉；嗜飲者或許會失去珍愛的飲品，如咖啡。人類可能得要主動改變飲食習慣，以縮小工業化農業（industrial agriculture）長期對環境帶來的危害。而工業化農業中最明顯浪費的領域，顯然正是有助於讓已開發國家的肉類變得更便宜的工業化肉類生產。肉類並不適合「規模化」生產，全人類一直在承受其所帶來的環境問題與後果。[4]

我們需要的是科技的未來，還是新唯農主義（neo-agrarianism）的未來？關於食物未來的對話常常淹沒在這些看似對立的觀點之間，無疾而終。自十八世紀末以來，尤其在二十世紀中到二十一世紀初，有人主張新的農業技術與新的科技工具將為全人類帶來富足的未來。有人則主張技術現代化——從工業化的農業經營到促使人口大幅成長的大規模都市化——引發了如今技術專家所提出要解決的那些問題。他們說，答案不在於新的技術，而在於回復到規模較小、非工業化的農業。

英國飲食史學家瑞秋．勞丹（Rachel Laudan）於二〇〇一年首度發表的〈訴求料理現代化〉（A Plea for Culinary Modernism），正是諸多捍衛飲食加工生產的文章之一，內容詳實，思慮周延[5]。勞丹寫道，人們很容易撂下重話抨擊麥當勞和其他速食業者，但輕易抨擊這些對象，似乎抹滅了人類過去一百五十年來因為加工生產食物而獲益匪淺的事實。時至今日，食物從來不曾這麼安全、這麼充裕；全球農業也從來不曾餵養過這麼多的人口。勞丹表示，「料理盧德」（culinary Luddites，即借用盧德運動中反對機械化、自動化的立場來描述現代飲食現象的人）

口述的農業史多有謬誤。珍惜在地、天然且「有機」的食物，同時重視待在廚房花費一番工夫進行烹飪的那些時間，都是很創新的概念，而且多是特權人士抱持的觀點。其實在工業化以前，只要作物歉收，食物便十分稀少；食物深受地理上的限制（除非你富裕到足以負擔進口的食物），偶爾還會遭受象鼻蟲（weevil）的侵擾。天然、未經處理的食物很快腐壞。勞丹強調，對古希臘人而言，「快樂不是建立在草木葳蕤、長滿了鮮果的伊甸園，而是建立在塞滿了防腐處理後的食物，且經安全上鎖的倉庫。」[6]勞丹主張人們毋須用非黑即白的方式來看待食物，呼籲大眾秉持著「不偏不倚的精神，依個案逐一判定天然、新鮮的食物適合在何時進行處理，又需要在何時密封保存」。[7]

勞丹並不打算在一片批評的聲浪中替工業化農業辯護，她坦承評論者有時是對的。簡言之，工業化農業危害了人類的自然環境，它不只帶來汙染，還因專門種植基因單一的農作物而危及物種。大型農企偏好適合大規模生產且加工處理的植物物種[8]，但物種中的基因多樣性實可協助作物因應外在的威脅，如病蟲害，或可助其適應變化中的環境，如氣候變遷所引發的溫度改變、天候異常。比方說，香蕉業相當倚賴華蕉（Cavendish，又稱香芽蕉），一種並非透過有性繁殖，而是以扦插地下莖而進行繁殖的香蕉品種。正因這樣的繁殖策略（絕大多數的蕉農顯然對所有的品種都是採用以上策略），華蕉這種植物基本上是無性繁殖，就跟複製人一樣。它們基因單一，缺乏適應病蟲害的機制，有可能面臨絕種，與其相關的產業也可能從而消失——除非蕉農能夠放棄原有的繁殖策略，轉而引入其他品種進行規模生產。當然，大型農企公司都知道這些問題，也在尋求解套，只不過工業化農企的規模太過龐大，使其難以變更既有的做法。

工業化農業呈現出諸多意想不到的樣態，比方說很多人之所以有空享受食物製作——如烤麵包——正是因為工業已經接手「把小麥磨成麵粉」這種耗時的工作。多數人並不像我們的祖先那樣，曾經為了吃而投入那麼多的勞力。我們是應該認同人類獲益匪淺，卻也應該留意食物系統的安全、自然環境本身，以及人類仰仗的核心物種之基因多樣性。至於人類選擇信賴現代化工業及其規格效應（scale effect），還是全面拒絕現代化，這些都只是意識形態罷了，尚不足以迎接未來的挑戰。

人類的飲食加工系統十分脆弱，使得飲食史及飲食人類學成了相當重要的資源。這兩大領域雖都無法預測，卻記錄著過去與現在的可能做法，提供人類或可如何適應環境變化的相關線索。我們的飲食方式，還有我們攝取過哪些動植物，皆是起於適應當地環境。墨西哥瓦哈卡的炸草蜢（chapulines）和泰國的巨型水蟲（maeng-da）不但提醒我們人類在世界各地所食用的動物蛋白種類繁多，更提醒我們可食性的輪廓複雜多元，而且可能調整變化。關於下水——動物身上不夠格放上你餐盤的部位——你怎麼看？你對肉類的定義很可能取決於家族的在地飲食文化，以及你身處的龐大族群所訂立的標準。好吧，「餃子」對你來說代表什麼？它是一張連同其他食材一併放入鍋裡蒸煮的麵皮，還是一個包覆著美味的鮮肉與蔬菜的麵團？鬆軟，還是帶有嚼勁？舉凡我們供糧、燒烤、水煮、發酵和醃漬的種種策略，都是建立在前人的智慧與技巧之上，扮演著人類社會生活中的地圖、偌大料理文化中的分支。

試想一下刀子的簡單功能吧：分切食材。而刀子分切，正是為了分享。

致謝

廚房裡廚子很多，要感謝的人也很多。為了研究飲食人類學及飲食史，和堪稱飲食權威的同事和朋友們——如 Rebecca Alssid、Elizabeth Andoh、已故的 Mary Beaudry、Warren Belasco、Katarzyna Cwiertka、Joanna Davidson、Darra Goldstein、Rafi Grosglik、Barbara Haber、Ursula Heinzelmann、Rachel Laudan、Jill Norman、Heather Paxson、Stephen Shapin 以及 Bee Wilson——我們拿起湯匙，用力敲打著鍋碗瓢盆。「Corky」梅莉亦想感謝她早年的導師——Julia Child 及 Elizabeth David——一路以來對她的幫助與支持。

Adam Simha 引領我們認識刀具製作的技藝。Josh Berson 在晚餐時幫我們想出書名，並大方地閱讀本書的初稿，不計稿酬。Carlos Noreña 及 Thomas David DuBois 雙雙閱讀我們論寫古帝國的章節，並提供專業的意見。Paul Kosmin 針對羅馬、波斯提出寶貴的建議，Jeremiah Dittmar 則是讀了我們論寫工業革命最初的草稿。此外，我們還要感謝不具名的讀者們，以及班在衛斯理安（Wesleyan）大學所開設的暑期班中，那些願意試用本書作為教材的學生。

我們年年聚餐都在討論本書的時候，Gus Rancatore、Shannon Supple、Lewis Wurgaft 和 Carole Colsell 總是耐心聆聽。

我們何其幸運，能與加州大學出版社中嫻熟文字又善解人意的編輯 Kate Marshall 共事。同時，我們也要深深感謝 Chad Attenborough、Catherine Osborne、Francisco Reinking、Alex Dahne、Kevin Barrett Kane、Ramón Smith 及加州大學出版社的整個團隊，其中，我們尤為想念 Sheila Levine——「Corky」所曾合作過的專案編輯——及其致力於推動飲食學術研究的風氣。另，本書的插圖皆由 Shannon Supple 熱心提供（編按：繁體中文版未使用）。

謹以本書獻給 Gus Rancatore，並致上最誠摯的愛與謝忱。

最後，我倆要感謝彼此。有時，兩代之間要共同參與一項這樣的專案、論辯雙方的闡述觀點，又要相互編輯對方的文字內容，真可說是一大挑戰。慶幸我倆得以毫髮無傷，變得更有生氣，並從中獲益良多。

謝謝——你和我！

University of California Press, 2019）.

② See Warren Belasco, *Meals to Come: A History of the Future of Food* (Berkeley: University of California Press, 2006)，這是唯一一本關於想像與預測未來食物歷史的著作。

③ 關於這部分的一項廣泛論述，見Jay Famiglietti, “A Map of the Future of Water,” for the Pew Charitable Trusts: https://www.pewtrusts.org/en/trend/archive/spring-2019/a-map-of-the-future-of-water。關於截至2050年，水資源未來可能面臨稀缺的近期研究，見X. Liu, et al., “ Global Agricultural Water Scarcity Assessment Incorporating Blue and Green Water Availability under Future Climate Change,” Earth’ s Future 10 (2022), e2021EF002567, https://doi.org/10.1029/2021EF002567。科學記者Erica Gies在她的書中探討了基礎設施與水資源之間的關係，並關注水資源的未來：*Water Always Wins: Thriving in an Age of Drought and Deluge* (Chicago: University of Chicago Press, 2022)。

④ 向來有不少文章著重探討工業生產肉品的問題，而其中兩大最具指標性的作品，分別是美國作家法蘭西斯·拉佩（Frances Moore Lappé）的《一座小行星的飲食》（*Diet for a Small Planet*, New York: Ballantine, 1971）以及美國作家、學者暨社會運動家夏偉（Orville Schell）的《現代肉類》（*Modern Meat*, New York: Vintage, 1985）。2006年，聯合國糧農組織（Food and Agriculture Organization of the United Nations, FAO）發表了一篇報告，名為《畜牧業的巨大陰影》（*Livestock's Long Shadow*），內容指出工業化畜牧業面臨問題、岌岌可危，更說明其同時引發氣候變遷。該研究原本估計畜牧業所排出的溫室氣體約占每年人為溫室氣體總排放量的18%，後來，糧農組織所發布的報告將上述占比下修為14.5%。

⑤ Rachel Laudan, “A Plea for Culinary Modernism: Why We Should Love New, Fast, Processed Food,” *Gastronomica* 1, no. 1. (2001): 36–44.

⑥ Laudan, “Plea,” 38.

⑦ Laudan, “Plea,” 43.

⑧ See Dan Saladino, *Eating to Extinction: The World's Rarest Foods and Why We Need to Save Them* (New York: Penguin, 2021).

the Representation of Identity, ed. Anthony D. King (Minneapolis: University of Minnesota Press, 1997), 19–40.

⑩ Arjun Appadurai, "How to Make a National Cuisine: Cookbooks in Contemporary India," *Comparative Studies in Society and History* 30, no. 1 (January 1988): 3–24.

⑪ Jeffrey Pilcher, "Tamales or Timbales: Cuisine and the Formation of Mexican National Identity, 1821–1911," *The Americas* 53, no. 2 (Oct. 1996): 193–216.

⑫ See Jeffrey T. Schnapp, "The Romance of Caffeine and Aluminum," *Critical Inquiry* 28, no. 1 (Autumn 2001): 244–69.

⑬ 在夏威夷，「接觸前」意指詹姆斯．庫克船長（Captain James Cook）於1778年抵達該島以前，自此之後，西方對夏威夷文化帶來偌大的影響，導致夏威夷人的飲食健康每況愈下。

Chapter 9　飲食的方式

① Nozaki Hiromitsu, *Japanese Kitchen Knives: Essential Techniques and Recipes* (Tokyo: Kodansha International, 2009): 14–15.

② Bee Wilson, *Consider the Fork: A History of How We Cook and Eat* (New York: Basic Books, 2012).

③ See Margaret Visser, *The Rituals of Dinner: The Origins, Evolution, Eccentricities, and Meaning of Table Manners* (New York: Penguin, 1991).

④ See Mary Douglas, *Purity and Danger: An Analysis of Concepts of Purity and Taboo* (London: Routledge, 1984) and Stephen Bigger, "Victor Turner, Liminality and Cultural Performance," *Journal of Beliefs and Values* 30, no. 2, 2009: 209–12.

⑤ "At meat her manners were well taught withal/No morsel from her lips did she let fall/Nor dipped her fingers in the sauce too deep/But she could carry a morsel up and keep/The smallest drop from falling on her breast./For courtliness she had a special zest./And she would wipe her upper lip so clean/That not a trace of grease was to be seen/Upon the cup when she had drunk; to eat/She reached a hand sedately for the meat" ("The Prioress' s Tale," in *Chaucer, The Canterbury Tales*.)

⑥ On all these issues, see Visser, *The Rituals of Dinner*.

結語

① 見班哲明．阿爾德斯．烏爾加夫特《肉食星球：人造鮮肉與席捲而來的飲食文化》(*Meat Planet: Artificial Flesh and the Future of Food*, Oakland:

76–136.

⑤ T. S. Ashton, *The Industrial Revolution* (Oxford: Oxford University Press, 1954), 161.

⑥ Flandrin and Montanari, *Food*, 351.

⑦ Steven Kaplan, *The Bakers of Paris and the Bread Question: 1700–1775* (Durham, NC: Duke University Press, 1996).

⑧ David Clark, *Urban Geography* (London: Croom Helm, 1982).

⑨ Laudan, "The Birth of the Modern Diet."

⑩ Philip Hyman and Mary Human, "Printing the Kitchen: French Cookbooks, 1480–1800," in Flandrin and Montanari, *Food*, 394–401.

⑪ 主要來自G. J. Leigh' s comprehensive *The World's Greatest Fix: A History of Nitrogen and Agriculture* (Oxford: Oxford University Press, 2004).

⑫ Leigh, *The World's Greatest Fix*, 10–22.

⑬ William Croakes, *The Wheat Problem: Based on Remarks Made in the Presidential Address to the British Association at Bristol in 1898, Revised, with an Answer to Various Critics* (London: J. Murray, 1898).

Chapter 8 二十世紀的飲食文化／大型食品業者及外界對其不平之處

① 有關酵母等微生物，以及利用微生物進行工業生產與手工製作食物之間的關係，見Heather Paxson, *The Life of Cheese: Crafting Food and Value in America* (Berkeley: University of California Press, 2012).

② Reyner Banham, "The Crisp at the Crossroads," *New Society*, July 9, 1970), 77.

③ 有關速食，見Eric Schlosser, *Fast Food Nation: The Dark Side of the All-American Meal* (New York: Houghton Mifflin, 2001).

④ Michael Pollan, *In Defense of Food: An Eater's Manifesto* (New York: Penguin 2008).（繁體中文版《食物無罪：揭穿營養學神話，找回吃的樂趣！》已絕版）

⑤ See Emiko Ohnuki-Tierney, "McDonald' s in Japan: Changing Manners and Etiquette," in *Golden Arches East: McDonald's in East Asia*, ed. James Watson, 2nd ed. (Stanford, CA: Stanford University Press, 2006), 161–82.

⑥ 關於慢食協會的宗旨，見www.slowfood.org.

⑦ See Nicola Twilley, "The Coldscape," in *Cabinet* 47 (Fall 2012): 78–87.

⑧ Joe Strummer and the Mescaleros, "Bhindi Bhagee," *Global a Go-Go* (2001).

⑨ Stuart Hall, "The Local and the Global: Globalization and Ethnicity," in *Culture, Globalization and the World-System: Contemporary Conditions for*

Frederic Will (London: Routledge and Kegan Paul, 1973).

Chapter 6 殖民與咖哩

① Isabella Beeton, *Mrs. Beeton's Book of Household Management* (London: S. O. Beeton Publishing, 1861), 169.

② William Makepeace Thackeray, *Vanity Fair* (New York: Vintage Books, 1950 [1848]), 21–22.

③ 莉琪・科林漢(Lizzie Collingham)《帝國的滋味》(*The Hungry Empire*, London: The Bodley Head, 2017)中引用自John Williams1841年間在南洋任務期間的紀錄。

④ 莉琪・科林漢《帝國的滋味》193。

⑤ Simon Schama, *The Embarrassment of Riches* (New York: Alfred Knopf, 1987).

⑥ Bernard Germain de Lacepede, cited in Laudan, *Cuisine and Empire,* 228.

⑦ Van Voi Tran, "How 'Natives' Ate at Colonial Exhibitions in 1889, 1900, and 1931," *French Cultural Studies* 26, no. 2 (2015): 163–75.

⑧ Sylvie Durmelat, "Introduction: Colonial Culinary Encounters and Imperial Leftovers," *French Cultural Studies* 26, no. 2 (2015): 119, with reference to Rebecca Spang, *The Invention of the Restaurant: Paris and Modern Gastronomic Culture* (Cambridge, MA: Harvard University Press, 2000).

⑨ Angela Giovanangeli, " 'Merguez Capitale' : The Merguez Sausage as a Discursive Construction of Cosmopolitan Branding, Colonial Memory and Local Flavour in Marseille," *French Cultural Studies* 26, no. 2 (2015): 231–43.

Chapter 7 食物的工業革命

引言：Arthur Young, *The Farmer's Tour Through the East of England* (1771), in D. B. Horn and Mary Ransome, eds., *English Historical Documents, Vol. X,* 1714–1783 (Oxford: Oxford University Press, 1969): 440–43.

① Robert Allen, *Enclosure and the Yeoman* (Oxford: Clarendon Press, 1992).

② Allen, *Enclosure and the Yeoman*, 1.

③ 有關十八世紀餐廳的起源，見Jean-Robert Pitte, "The Rise of the Restaurant," in Flandrin and Montanari, *Food*以及Spang, *The Invention of the Restaurant*.

④ 有關這類食物暴動，見E. P. Thompson, "The Moral Economy of the English Crowd in the 18th Century," *Past & Present* 50 (February 1971):

⑪ Davidson, *Sacred Rice*.
⑫ Davidson, *Sacred Rice*, chapter 1, especially p. 4.
⑬ See Judith A. Carney, *Black Rice* (Cambridge, MA: Harvard University Press, 2001).
⑭ Michael Twitty, *Rice* (Chapel Hill: University of North Carolina Press, 2021), 3.
⑮ Jessica B. Harris, "Out of Africa: Musings on Culinary Connections to the Motherland," in *Black Food: Stories, Art and Recipes from Across the African Diaspora*, ed. Bryant Terry (New York: Ten Speed Press, 2021), 27.
⑯ Harris, "Out of Africa," 28.

Chapter 5 社交飲品與現代性

① See Maxine Berg, "Consumption in Eighteenth and Early Nineteenthcentury Britain," *in The Cambridge Economic History of Modern Britain, Volume 1, Industrialization*, ed. Roderick Floud and Paul Johnson (Cambridge, UK: Cambridge University Press, 2004), 365.
② See Gregson Davis, "Jane Austen' s *Mansfield Park:* The Antigua Connection," in *Antigua Conference Papers* (University of California at Davis, 2004), https://www.open.uwi.edu/sites/default/files/bnccde/antigua/conference
/papers/davis.html.
③ See Sidney Mintz, *Sweetness and Power: The Place of Sugar in Modern History* (New York: Viking Penguin, 1985), 101.
④ Mintz, *Sweetness and Power*, 185.
⑤ Mintz, *Sweetness and Power*, 174.
⑥ See Mark Pendergrast, *Uncommon Grounds: The History of Coffee and How it Transformed the World* (New York: Basic Books, 1999), 8.
⑦ See Jürgen Habermas, *The Structural Transformation of the Public Sphere: An Inquiry into a Category of Bourgeois Society, trans. Thomas Burger* (Cambridge, MA: MIT Press, 1989).
⑧ See Merry I. White, *Coffee Life in Japan* (Berkeley: University of California Press, 2012).
⑨ White, *Coffee Life in Japan*, 73–74.

短文6 巴拿馬之眞實性

① Theodor W. Adorno, *The Jargon of Authenticity*, trans. Knut Tarnowski and

Hudson, 2007), 246.

㉚ See Keay, *The Spice Route*, 139.

㉛ See Henri Pirenne, *Economic and Social History of Medieval Europe*, trans. I. E. Clegg (New York: Harvest/Harcourt Brace & World, 1966), 141.

㉛ See Schivelbusch, *Tastes of Paradise*.

Chapter 4　哥倫布大交換／世界的重塑

① Alfred Crosby, *The Columbian Exchange* (New York: Greenwood Press, 1972).

② Charles C. Mann, *1491: New Revelations of the Americas Before Columbus* (New York: Knopf, 2005).（繁體中文版《1491：重寫哥倫布前的美洲歷史》，已絕版）

③ 有關原住民的農業及土地使用，見Mann, *1491*以及David L. Lentz, ed., *Imperfect Balance: Landscape Transformations in the Pre-Columbian Americas* (New York: Columbia University Press, 2000)；Robert A. Dull, "Evidence for Forest Clearance, Agriculture, and Human-Induced Erosion in Precolumbian El Salvador," *Annals of the Association of American Geographers* 97, no. 1 (March, 2007): 127–41。有關文中古民族植物學（paleoethnobotany，又稱植物考古學）的複雜性，見Christopher T. Morehart and Shanti Morell-Hart, "Beyond the Ecofact: Toward a Social Paleoethnobotany in Mesoamerica," *Journal of Archaeological Method and Theory* 22, no. 2 (June 2015): 483–511.

④ 為了方便討論，我們使用「阿茲特克」此一近代說法，同時明白我們口中的「阿茲特克人」會以來自何地自稱，譬如墨西加人（Mexica）、特拉特洛爾卡人（Tlatelolca）。

⑤ Mann, *1491*, 18.

⑥ John Gerard, *Gerard's Herball* (Boston: Houghton Mifflin, 1969 [1597]), 276.

⑦ 關於馬鈴薯對世界史（尤其是歐洲史）帶來的影響，其中一種看法可見William H. McNeill, "How the Potato Changed the World' s History," *Social Research* 66, no. 1 (Spring 1999): 67–83.

⑧ Crosby, *The Columbian Exchange*, 182.

⑨ See Mann, *1491*, 254.

⑩ Joanna Davidson, *Sacred Rice: An Ethnography of Identity, Environment and Development in Rural West Africa* (Oxford: Oxford University Press, 2016), 18 ff.

of Medieval London Taverns," in *Medieval Crime and Social Control*, ed. Barbara A. Hanawalt and David Wallace (Minneapolis: University of Minnesota Press, 1998).

⑮ See George Dameron, "Feeding the Medieval Italian City-State," *Speculum* 92, no. 4 (October 2017): 976–1019.

⑯ See Herman Pleijj, *Dreaming of Cockaigne: Medieval Fantasies of the Perfect Life, trans. Diane Webb* (New York: Columbia University Press, 2003).

⑰ See Kathy L. Pearson, "Nutrition and the Early-Medieval," *Speculum* 72, no. 1 (January 1997): 1–32.

⑱ See Rachel Laudan, "The Birth of the Modern Diet," *Scientific American* (August 2000): 11–16.

⑲ See Bober, *Art, Culture & Cuisine*, 261.

⑳ 關於英格蘭境內案例之概覽，見Bruce M. S. Campbell and Mark Overton, "A New Perspective on Medieval and Early Modern Agriculture: Six Centuries of Norfolk Farming c. 1250–c. 1850," *Past & Present* 141(November 1993): 38–105.

㉑ See Christopher Bonfield, "The First Instrument of Medicine: Diet and Regimens of Health in Late Medieval England," in *A Verray Parfit Praktisour: Essays Presented to Carole Rawcliffe*, ed. Linda Clark and Elizabeth Danbury (Woodbridge, UK: Boydell & Brewer, 2017).

㉒ see Rachel Laudan, *Cuisine and Empire: Cooking in World History*, Berkeley: University of California Press, 2013)176 and Wolfgang Schivelbusch, *Tastes of Paradise: A Social History of Spices, Stimulants, and Intoxicants, trans. David Jacobson* (New York: Vintage, 1992).

㉓ 肉豆蔻皮為肉豆蔻的網狀假種皮，一旦與種籽分離，即可單獨作為香料及藥材；肉豆蔻皮以及肉豆蔻的果肉都經常製成果醬。

㉔ See "Sir Thopas' s Tale" in Chaucer, *The Canterbury Tales*.

㉕ See Clifford A. Wright, "The Medieval Spice Trade and the Diffusion of the Chile," *Gastronomica* 7, no. 2 (Spring 2007): 35–43.

㉖ See Keay, *The Spice Route*, 9.

㉗ See Giles Milton, *Nathaniel's Nutmeg* (New York: Farrar, Straus and Giroux, 1999).

㉘ Quoted in Jack Turner, *Spice: the History of a Temptation* (New York: Knopf, 2008), 39.

㉙ Paul Freedman, ed., *Food: The History of Taste* (London: Thames and

University Press, 2015).

② See John Keay, *The Spice Route: A History* (Berkeley: University of California Press, 2006), 4.

③ 見Fred C. Robinson, "Medieval, the Middle Ages," *Speculum* 59, no. 4(October 1984): 745–56；關於「黑暗時代」，見Theodore E. Mommsen, "Petrarch' s Conception of the 'Dark Ages,' " *Speculum* 17, no. 2 (April 1942): 226–42；至於如何確切劃定「中世紀」、「黑暗時代」兩大時期，迄今眾說紛紜，未有定論。

④ See Massimo Montanari, *Medieval Tastes: Food, Cooking, and the Table* (New York: Columbia University Press, 2015), chapter 15, "The Pilgrim' s Food."

⑤ 有關基督信仰作為烹調料理的根本，見瑞秋・勞丹《料理之道》中的「基督教料理」章節。

⑥ See Caroline Walker Bynum, *Holy Feast and Holy Fast: The Religious Significance of Food to Medieval Women* (Berkeley: University of California Press, 1988), 38.

⑦ St. Augustine, Sermon 272, "On the Nature of the Sacrament of the Eucharist."

⑧ See Phyllis Pray Bober, *Art, Culture & Cuisine: Ancient and Medieval Gastronomy* (Chicago: University of Chicago Press, 1999), 253.

⑨ See Léo Moulin, "La bière, une invention médiévale," in *Manger et boire au Moyen Age: Actes du colloque de Nice*, ed. Denis Menjot (Paris: Les Belles Lettres, 1984).

⑩ See William Bostwick, *The Brewer's Tale: A History of the World According to Beer* (New York: W. W. Norton, 2015).

⑪ 有關這類場所的成立，見Justin Colson, "A Portrait of a Late Medieval London pub: The Star Inn, Bridge Street," in *Medieval Londoners: Essays to Mark the Eightieth Birthday of Caroline M. Barron*, ed. Elizabeth A. New and Christian Steer (Chicago: University of Chicago Press, 2019).

⑫ See Katherine L. French, "Gender and Changing Foodways in England' s Latemedieval Bourgeois Households," *Clio: Women, Gender, History* 40 (2014): 42–62.

⑬ See Martha Carlin, " 'What say you to a piece of beef and mustard?' : The Evolution of Public Dining in Medieval and Tudor London," *Huntington Library Quarterly* 71, no. 1 (March 2008): 199–217.

⑭ See Barbara A. Hanawalt, "The Host, the Law, and the Ambiguous Space

㉘ See Ying-shih Yü, “Food in Chinese Culture: The Han Period (206 B.C.E.–220 C.E.),” in Ying-shih Yü with Josephine Chiu-Duke and Michael S. Duke, *Chinese History and Culture: Sixth Century B.C.E. to Seventeenth Century* (New York: Columbia University Press, 2016).
㉙ See E. N. Anderson, *The Food of China* (New Haven: Yale University Press, 1988), 7.
㉚ Anderson, *The Food of China*, 44.
㉛ Anderson, *The Food of China*, 31.
㉜ 來自《莊子》，這個譯本來自Derek Lin，可參考：http://dereklin.com and https://taoism.net/carving-up-an-ox/.
㉝ See David R. Knechtges, “A Literary Feast: Food in Early Chinese Literature,” *Journal of the American Oriental Society* 106, no. 1 (January-March, 1986): 49–63, 52.
㉞ See Emily S. Wu, “Chinese Ancestral Worship: Food to Sustain, Transform, and Heal the Dead and the Living,” in *Dying to Eat: Cross-Cultural Perspectives on Food, Death, and the Afterlif*e, ed. Candi K. Cann (Lexington: University Press of Kentucky, 2018).
㉟ See Anderson, *The Food of China*, 11.
㊱ Anderson, *The Food of China*, 15.

短文3　咖啡與胡椒

① *The Phnom Penh Post*, January 23, 2022.

Chapter 3　中世紀的口味

引言：見Larry D. Benson, ed., *The Riverside Chaucer* (Oxford: Oxford University Press, 2008), lines 379–84。翻譯成現代英文為：A Cook they had with them for the occasion//To boil the chickens with the marrow-bones/And tart flavoring, and spice./Well could he appreciate a draught of London ale./ He could roast, and boil, and broil, and fry/Make stew, and well bake a pie.

① 有關飲食作為喬叟作品中一貫的主題，見Jayne Elisabeth Archer, Richard Marggraf Turley, and Howard Thomas, “ ‘Soper at Oure Aller Cost’ : The Politics of Food Supply in the Canterbury Tales,” *The Chaucer Review* 50, no. 1–2(2015): 1–29。也可見Shayne Aaron Legassie, “The Pilgrimage Road in Late Medieval English Literature,” in Roadworks: *Medieval Britain, Medieval Roads*, ed. Valerie Allen and Ruth Evans (Manchester: Manchester

Consumption, Entanglement, and Violence in Ancient Mediterranean France (Berkeley: University of California Press, 2010).

⑫ See J. J. Tierney, "The Celtic Ethnography of Posidonius," *Proceedings of the Royal Irish Academy. Section C: Archaeology, Celtic Studies, History, Linguistics, Literature* 60 (1959): 189–275, 247.

⑬ 關於穀物司，見Tannahill, *Food in History*, 85–87.

⑭ 同樣的，「鮒壽司」(funazushi，即鯽魚壽司）係將魚體抹上一層厚鹽並發酵長達四年而成，為現代日本壽司的前身。鮒壽司至今仍為一道精緻的美食，特別是在京都附近的琵琶湖（Lake Biwa）湖岸，似與日人普遍認為「壽司須以最新鮮的魚製成」的概念相左。

⑮ See Laudan, *Cuisine and Empire*, 81.

⑯ Pliny the Elder, *Natural History Volume III, Book 8–11*, trans. H. Rackham, Loeb Classical Library 353 (Cambridge, MA: Harvard University Press, 1940), 146–47.

⑰ See Tony King, "Diet in the Roman World: A Regional Inter-site Comparison of the Mammal Bones," *Journal of Roman Archaeology* 12 (1999): 168–202.

⑱ See Sally Grainger, "The Myth of Apicius," *Gastronomica* 7, no. 2 (Spring 2007): 71–77.

⑲ See Cicero, *De officiis* 1.150.

⑳ Cited in Robert Hughes, *Rome* (New York: A. Knopf, 2011), 7.

㉑ 有關歷史上食用鸚鵡的記載，見Bruce Boehrer, "The Parrot Eaters: Psittacophagy in the Renaissance and Beyond," *Gastronomica* 4, no. 3 (Summer 2004): 46–59.

㉒ See Lin Yutang, "The Chinese Cuisine," in *My Country and My People* (New York: Reynal & Hitchcock, 1935).

㉓ See Laudan, *Cuisine and Empire*, 92.

㉔ K. C. Chang, "Introduction," in *Food in Chinese Culture: Anthropological and Historical Perspectives*, ed. K. C. Chang (New Haven: Yale University Press, 1977), 11.

㉕ See Walter Scheidel, "From the 'Great Convergence' to the 'First Great Divergence' : Roman and Qin-Han State Formation and Its Aftermath," Princeton/ Stanford Working Papers in Classics, 2007.

㉖ 有關中國境內小米及稻米的種植，見Kenneth Kiple, *A Moveable Feast: Ten Millennia of Food Globalization* (Cambridge, UK: Cambridge University Press, 2007): 41–42.

㉗ Kiple, *A Moveable Feast*, 43.

331–36.

⑨ 詹姆斯・斯科特（James Scott）《反穀》（*Against the Grain: A Deep History of the Earliest States*, New Haven: Yale University Press, 2017）；對斯科特的批評，見Jedediah Britton- Purdy, "Paleo Politics," *The New Republic,* November 1, 2017以及Samuel Moyn, "Barbarian Virtues," *The Nation*, October 5, 2017.

Chapter 2 古時的主要糧食帝國

① 有關配額具體呈現出「國家福利」與「國家高壓統治」只有一線之隔的論述，見Alexander H. Joffe, "Alcohol and Social Complexity in Ancient Western Asia," *Current Anthropology* 46, no. 2 (April 1998): 275–303.

② Fernand Braudel, "History and the Social Sciences: The Longue Durée," trans. Immanuel Wallerstein, in *Review* (*Fernand Braudel Center*) 32, no. 2, *Commemorating the Longue Durée* (2009): 171–203, 179.

③ Oddone Longo, "The Food of Others," in *Food: A Culinary History*, ed. Jean-Louis Flandrin and Massimo Montanari (New York: Columbia University Press, 1999), 156.

④ See Pierre Briant, *From Cyrus to Alexander: A History of the Persian Empire, trans. Peter T. Daniels* (Winona Lake, IN: Eisenbrauns, 2002).

⑤ See János Harmatta, "Three Iranian Words for 'Bread,' " *Acta Orientalia Academiae Scientiarum Hungaricae* 3, no. 3 (1953): 245–83.

⑥ 有關波斯普遍的設宴型態，見Kaori O' Connor, *The Never-Ending Feast: The Anthropology and Archaeology of Feasting* (London: Bloomsbury, 2015), chapter 3.

⑦ 有關土耳其軟糖（Turkish Delight）在波斯的起源，以及利用堅果粉稠化醬料的技術，見Reay Tannahill, *Food in History* (New York: Stein and Day, 1973), 175.

⑧ See, for example, Briant, *From Cyrus to Alexander*.

⑨ see Rachel Laudan, *Cuisine and Empire: Cooking in World History*, Berkeley: University of California Press, 2013), 64.（繁體中文版《料理之道：從神的規則到人的選擇》，已絕版）

⑩ Laudan, *Cuisine and Empire*, 70–71.

⑪ 有關羅馬帝國時期地中海凱爾特人（Celts）的飲食型態，見Benjamin Peter Luley, "Cooking, Class, and Colonial Transformations in Roman Mediterranean France," *American Journal of Archaeology* 118, no. 1 (January 2014): 33–60。也可見Michael Dietler, *Archaeologies of Colonialism:*

作者註釋
Note

引言

① See Egbert J. Bakker, *The Meaning of Meat and the Structure of the Odyssey* (Cambridge, UK: Cambridge University Press, 2013).
② 約翰・伯格（John Berger）《觀看的方式》（*Ways of Seeing*, London: BBC, 1972）。
③ 有關在活躍的廚房中，清洗碗盤作為生活的一部分，見Peter Miller, *How to Wash the Dishes*(New York: Penguin Random House, 2020).

Chapter 1　農業起源之本質與文化

① Charles Darwin, *The Descent of Man, and Selection in Relation to Sex* (London: Penguin Books, 2004 [1871]), chapter 5.
② 關於史前時代如何用火，及其與原始人類演化有何關係的論述，見Richard Wrangham, *Catching Fire: How Cooking Made Us Human* (New York: Basic Books, 2010)；與其相反的論點，則見Alianda M. Cornélio, et al., "Human Brain Expansion during Evolution Is Independent of Fire Control and Cooking," Frontiers in Neuroscience 10 (2016): 167.
③ See, for example, Michael Pollan, *The Botany of Desire: A Plant's-eye View of the World* (New York: Random House, 2001).
④ 關於這類儀式的一項經典化研究，見George Frazier, *The Golden Bough: A Study in Magic and Religion* (London: Palgrave, 2016).
⑤ Claude Lévi-Strauss, *The Raw and the Cooked: Mythologiques Volume I, trans. John and Doreen Weightman* (New York: Harper & Row, 1969).
⑥ 有關結構主義，見Terence Hawkes, *Structuralism and Semiotics* (London: Routledge, 1977).
⑦ See Fiona Marshall and Elisabeth Hildebrand, "Cattle Before Crops: The Beginnings of Food Production in Africa," *Journal of World Prehistory* 16, no. 2(June 2002): 99–143.
⑧ See Stanley Brandes, "Maize as a Cultural Mystery," *Ethnology* 31 (1992):

Irish Academy. Section C: Archaeology, Celtic Studies, History, Linguistics, Literature 60 (1959): 189–275.

Tran, Van Voi. "How 'Natives' Ate at Colonial Exhibitions in 1889, 1900, and 1931." *French Cultural Studies* 26, no. 2 (2015): 163–75.

Turner, Jack. *Spice: the History of a Temptation*. New York: Knopf, 2008.

Twilley, Nicola. "The Coldscape." *Cabinet* 47 (Fall 2012): 78–87.

Twitty, Michael. Rice. Chapel Hill: University of North Carolina Press, 2021.

Visser, Margaret. *The Rituals of Dinner: The Origins, Evolutions, Eccentricities and Meaning of Table Manners*. New York: Penguin, 1991.

Watson, James L., ed. *Golden Arches East: McDonald's In East Asia*. Palo Alto, CA: Stanford University Press, 1997.

White, Merry. *Coffee Life in Japan*. Berkeley: University of California Press, 2012.

Wilson, Bee. *Consider the Fork: A History of How We Cook and Eat*. New York: Basic Books, 2012.

Wrangham, Richard. *Catching Fire: How Cooking Made Us Human*. New York: Basic Books, 2010.

Wright, Clifford A. "The Medieval Spice Trade and the Diffusion of the Chile." *Gastronomica* 7, no. 2 (Spring 2007): 35–43.

Wu, Emily S. "Chinese Ancestral Worship: Food to Sustain, Transform, and Heal the Dead and the Living." In *Dying to Eat: Cross-Cultural Perspectives on Food, Death, and the Afterlife*, edited by Candi K. Cann, 17–35. Lexington: University Press of Kentucky, 2018.

Wurgaft, Benjamin Aldes. *Meat Planet: Artificial Flesh and the Future of Food*. Berkeley: University of California Press, 2019.

Yü, Ying-shih. "Food in Chinese Culture: The Han Period (206 B.C.E.–220 C.E.)." In Ying-shih Yü, with Josephine Chiu-Duke and Michael S. Duke, *Chinese History and Culture: Sixth Century B.C.E. to Seventeenth Century*. New York: Columbia University Press, 2016.

Pitte, Jean-Robert. "The Rise of the Restaurant." In Flandrin and Montanari, *Food*, 471–80.
Pleijj, Herman. *Dreaming of Cockaigne: Medieval Fantasies of the Perfect Life.* Translated by Diane Webb. New York: Columbia University Press, 2003.
Pliny the Elder. *Natural History Volume III, Books 8–11.* Translated by H. Rackham. Loeb Classical Library 353. Cambridge, MA: Harvard University Press, 1940.
Pollan, Michael. *The Botany of Desire: A Plant's-eye View of the World.* New York: Random House, 2001.
——. I*n Defense of Food: An Eater's Manifesto*. New York: Penguin 2008.
Robinson, Fred C. "Medieval, the Middle Ages." *Speculum* 59, no. 4 (October 1984): 745–56.
Saladino, Dan. *Eating to Extinction: The World's Rarest Foods and Why We Need to Save Them*. New York: Penguin, 2021.
Schama, Simon. The Embarrassment of Riches. New York: Alfred Knopf, 1987.
Scheidel, Walter. "From the 'Great Convergence' to the 'First Great Divergence': Roman and Qin-Han State Formation and Its Aftermath." Princeton/Stanford Working Papers in Classics, 2007.
Schell, Orville. *Modern Meat*. New York: Vintage, 1985.
Schivelbusch, Wolfgang. *Tastes of Paradise: A Social History of Spices, Stimulants, and Intoxicants*. Translated by David Jacobson. New York: Vintage, 1992.
Schlosser, Eric. *Fast Food Nation: The Dark Side of the All-American Meal.* New York: Houghton Mifflin, 2001.
Schnapp, Jeffrey T. "The Romance of Caffeine and Aluminum." *Critical Inquiry* 28, no. 1 (Autumn 2001): 244–69.
Scott, James C. *Against the Grain: A Deep History of the Earliest States*. New Haven: Yale University Press, 2017.
Spang, Rebecca. *The Invention of the Restaurant: Paris and Modern Gastronomic Culture*. Cambridge, MA: Harvard University Press, 2000.
Tannahill, Reay. *Food in History*. New York: Stein and Day, 1973.
Thackeray, William Makepeace. *Vanity Fair*. New York: Vintage Books, 1950 [1848].
Thompson, E. P. "The Moral Economy of the English Crowd in the 18th Century." *Past & Present* 50 (February 1971): 76–136.
Tierney, J. J. "The Celtic Ethnography of Posidonius." *Proceedings of the Royal*

McNeill, William H. "How the Potato Changed the World' s History." *Social Research* 66, no. 1 (Spring 1999): 67–83.
Miller, Peter. *How to Wash the Dishes*. New York: Penguin Random House, 2020.
Milton, Giles. *Nathaniel's Nutmeg*. New York: Farrar, Straus and Giroux, 1999.
Mintz, Sidney. *Sweetness and Power: The Place of Sugar in Modern History*. New York: Viking Penguin, 1985.
Mommsen, Theodore E. "Petrarch' s Conception of the 'Dark Ages.' " *Speculum* 17, no. 2 (April 1942): 226–42.
Montanari, Massimo. *Medieval Tastes: Food, Cooking, and the Table*. New York: Columbia University Press, 2015.
Morehart, Christopher T., and Shanti Morell-Hart. "Beyond the Ecofact: Toward a Social Paleoethnobotany in Mesoamerica." *Journal of Archaeological Method and Theory* 22, no. 2 (June 2015): 483–511.
Moulin, Léo. "La bière, une invention médiévale." In *Manger et boire au Moyen Age: Actes du colloque de Nice* (15–17 octobre 1982), edited by Denis Menjot, 13–31. Paris: Les Belles Lettres, 1984.
Moyn, Samuel. "Barbarian Virtues." *The Nation*, October 5, 2017. https://www.thenation.com/article/archive/barbarian-virtues.
Nozaki, Hiromitsu. *Japanese Kitchen Knives: Essential Techniques and Recipes*. Tokyo: Kodansha International, 2009.
Ohnuki-Tierney, Emiko. "McDonald' s in Japan: Changing Manners and Etiquette." In Watson, *Golden Arches East*, 161–82.
O' Connor, Kaori. *The Never-Ending Feast: The Anthropology and Archaeology of Feasting*. London: Bloomsbury, 2015.
Paxson, Heather. *The Life of Cheese: Crafting Food and Value in America*. Berkeley: University of California Press, 2012.
Pearson, Kathy L. "Nutrition and the Early-Medieval." *Speculum* 72, no. 1 (January 1997): 1–32.
Pendergrast, Mark. *Uncommon Grounds: The History of Coffee and How it Transformed the World*. New York: Basic Books, 1999.
Pilcher, Jeffrey. "Tamales or Timbales: Cuisine and the Formation of Mexican National Identity, 1821–1911." *The Americas* 53, no. 2 (October 1996): 193–216.
Pirenne, Henri. *Economic and Social History of Medieval Europe*. Translated by I. E. Clegg. New York: Harvest/Harcourt Brace & World, 1966.

Cambridge, UK: Cambridge University Press, 2007.
Knechtges, David R. "A Literary Feast: Food in Early Chinese Literature." *Journal of the American Oriental Society* 106, no. 1 (January-March 1986): 49–63.
Lappé, Francis Moore. *Diet for a Small Planet. New York: Ballantine*, 1971.
Laudan, Rachel. "The Birth of the Modern Diet." *Scientific American* (August 2000): 11–16.
——. "A Plea for Modernist Cuisine: Why We Should Love New, Fast, Processed Food." *Gastronomica* 1, no. 1 (2001): 36–44.
——. *Cuisine and Empire: Cooking in World History*. Berkeley: University of California Press, 2013.
Legassie, Shayne Aaron. "The Pilgrimage Road in Late Medieval English Literature." In *Roadworks: Medieval Britain, Medieval Roads*, edited by Valerie Allen and Ruth Evans, eds., 198–219. Manchester: Manchester University Press, 2015.
Leigh, G. J. *The World's Greatest Fix: A History of Nitrogen and Agriculture*. Oxford: Oxford University Press, 2004.
Lentz, David L., ed. I*mperfect Balance: Landscape Transformations in the Pre-Columbian Americas*. New York: Columbia University Press, 2000.
Lévi-Strauss, Claude. *The Raw and the Cooked: Mythologiques Volume I*. Translated by John and Doreen Weightman. New York: Harper & Row, 1969.
Lin Yutang. "The Chinese Cuisine." *In My Country and My People*, 317–25. New York: Reynal & Hitchcock, 1935.
Liu, X., et al. "Global Agricultural Water Scarcity Assessment Incorporating Blue and Green Water Availability under Future Climate Change." *Earth's Future* 10 (2022), e2021EF002567, https://doi.org/10.1029/2021EF002567.
Longo, Oddone. "The Food of Others." In Flandrin and Montanari, *Food*, 153–93.
Luley, Benjamin Peter. "Cooking, Class, and Colonial Transformations in Roman Mediterranean France." *American Journal of Archaeology* 118, no. 1 (January 2014): 33–60.
Mann, Charles C. *1491: New Revelations of the Americas Before Columbus*. New York: Knopf, 2005.
Marshall, Fiona, and Elisabeth Hildebrand. "Cattle Before Crops: The Beginnings of Food Production in Africa." *Journal of World Prehistory* 16, no. 2 (June 2002): 99–143.

Discursive Construction of Cosmopolitan Branding, Colonial Memory and Local Flavour in Marseille." *French Cultural Studies* 26, no. 2 (2015): 231–43.

Grainger, Sally. "The Myth of Apicius." *Gastronomica* 7, no. 2 (Spring 2007): 71–77.

Habermas, Jürgen. *The Structural Transformation of the Public Sphere: An Inquiry into a Category of Bourgeois Society*. Translated by Thomas Burger. Cambridge, MA: MIT Press, 1989.

Hall, Stuart. "The Local and the Global: Globalization and Ethnicity." In *Culture, Globalization and the World-System: Contemporary Conditions for the Representation of Identity*, edited by Anthony D. King, 19–40. Minneapolis: University of Minnesota Press, 1997.

Hanawalt, Barbara A. "The Host, the Law, and the Ambiguous Space of Medieval London Taverns." In *Medieval Crime and Social Control*, edited by Barbara A. Hanawalt and David Wallace, 204–23. Minneapolis: University of Minnesota Press, 1998.

Harmatta, János. "Three Iranian Words for "Bread." " *Acta Orientalia Academiae Scientiarum Hungaricae* 3, no. 3 (1953): 245–83.

Harris, Jessica B. "Out of Africa: Musings on Culinary Connections to the Motherland." In *Black Food: Stories, Art and Recipes from Across the African Diaspora*, edited by Bryant Terry. New York: Ten Speed Press, 2021.

Hawkes, Terence. *Structuralism and Semiotics*. London: Routledge, 1977.

Horn, D. B., and Mary Ransome, eds. *English Historical Documents, Vol. X*, 1714–1783. Oxford: Oxford University Press, 1969.

Hughes, Robert. *Rome*. New York: A. Knopf, 2011.

Hyman, Philip, and Mary Human. "Printing the Kitchen: French Cookbooks, 1480–1800." In Flandrin and Montanari, *Food*, 394–401.

Joffe, Alexander H. "Alcohol and Social Complexity in Ancient Western Asia." *Current Anthropology* 46, no. 2 (April 1998): 275–303.

Kaplan, Steven. *The Bakers of Paris and the Bread Question: 1700–1775*. Durham, NC: Duke University Press, 1996.

Keay, John. *The Spice Route: A History*. Berkeley: University of California Press, 2006.

King, Tony. "Diet in the Roman World: A Regional Inter-site Comparison of the Mammal Bones." *Journal of Roman Archaeology* 12 (1999): 168–202.

Kiple, Kenneth. *A Moveable Feast: Ten Millennia of Food Globalization*.

Cornélio, Alianda M., et al. "Human Brain Expansion during Evolution Is Independent of Fire Control and Cooking." *Frontiers in Neuroscience* 10 (2016).

Crosby, Alfred. *The Columbian Exchange*. New York: Greenwood Press, 1972.

Dameron, George. "Feeding the Medieval Italian City-State." *Speculum* 92, no. 4 (October 2017): 976–1019.

Darwin, Charles. *The Descent of Man, and Selection in Relation to Sex*. London: Penguin Books, 2004.

Davidson, Joanna. *Sacred Rice: An Ethnography of Identity, Environment and Development in Rural West Africa*. Oxford: Oxford University Press, 2016.

Davis, Gregson. "Jane Austen' s *Mansfield Park*: The Antigua Connection." In *Antigua Conference Papers*. Davis: University of California at Davis, 2004.

https://www.open.uwi.edu/sites/default/files/bnccde/antigua/conference /papers/davis.html.

Dietler, Michael. *Archaeologies of Colonialism: Consumption, Entanglement, and Violence in Ancient Mediterranean France*. Berkeley: University of California Press, 2010.

Douglas, Mary. *Purity and Danger*. London: Routledge, 1984.

Dull, Robert A. "Evidence for Forest Clearance, Agriculture, and Human-Induced Erosion in Precolumbian El Salvador." *Annals of the Association of American Geographers* 97, no. 1 (March, 2007): 127–41.

Durmelat, Sylvie. "Introduction: Colonial Culinary Encounters and Imperial Leftovers." *French Cultural Studies* 26, no. 2 (2015): 115–29.

Flandrin, Jean-Louis, and Massimo Montanari, eds. *Food: A Culinary History*. New York: Columbia University Press, 1999.

Frazier, George. *The Golden Bough: A Study in Magic and Religion*. London: Palgrave, 2016.

Freedman, Paul, ed. *Food: The History of Taste*. London: Thames and Hudson, 2007.

French, Katherine L. "Gender and Changing Foodways in England' s Late-medieval Bourgeois Households." *Clio: Women, Gender, History* 40 (2014): 42–62.

Gerard, John. *Gerard's Herball*. Boston: Houghton Mifflin, 1969 [1597].

Gies, Erica. *Water Always Wins: Thriving in an Age of Drought and Deluge*. Chicago: University of Chicago Press, 2022.

Giovanangeli, Angela. " 'Merguez Capitale' : The Merguez Sausage as a

Beyond." *Gastronomica* 4, no. 3 (Summer 2004): 46–59.
Bonfield, Christopher. "The First Instrument of Medicine: Diet and Regimens of Health in Late Medieval England." In *A Verray Parfit Praktisour: Essays Presented to Carole Rawcliffe*, edited by Linda Clark and Elizabeth Danbury, 99–120. Woodbridge, UK: Boydell & Brewer, 2017.
Bostwick, William. *The Brewer's Tale: A History of the World According to Beer.* New York: W. W. Norton, 2015.
Brandes, Stanley. "Maize as a Cultural Mystery." *Ethnology* 31 (1992): 331–36.
Braudel, Fernand. "History and the Social Sciences: The Longue Durée." Translated by Immanuel Wallerstein. *Review* (Fernand Braudel Center) 32, no. 2, *Commemorating the Longue Durée* (2009): 171–203.
Briant, Pierre. *From Cyrus to Alexander: A History of the Persian Empire.* Translated by Peter T. Daniels. Winona Lake, IN: Eisenbrauns, 2002.
Britton-Purdy, Jedediah. "Paleo Politics." *The New Republic*, November 1, 2017. https://newrepublic.com/article/145444/paleo-politics-what-madeprehistoric-hunter-gatherers-give-freedom-civilization.
Bynum, Caroline Walker. *Holy Feast and Holy Fast: The Religious Significance of Food to Medieval Women. Berkeley*: University of California Press, 1988.
Campbell, Bruce M. S., and Mark Overton. "A New Perspective on Medieval and Early Modern Agriculture: Six Centuries of Norfolk Farming c. 1250–c. 1850." *Past & Present* 141 (November 1993): 38–105.
Carlin, Martha. " 'What say you to a piece of beef and mustard?' : The Evolution of Public Dining in Medieval and Tudor London." *Huntington Library Quarterly* 71, no. 1 (March 2008): 199–217.
Carney, Judith A. *Black Rice: The African Origins of Rice Cultivation in the Americas*. Cambridge, MA: Harvard University Press, 2001.
Chang, K. C., ed. *Food in Chinese Culture: Anthropological and Historical Perspectives*. New Haven: Yale University Press, 1977.
Clark, David. *Urban Geography*. London: Croom Helm, 1982.
Collingham, Lizzie. *Curry: A Tale of Cooks and Conquerors*. New York: Vintage Press, 2005.
——. *The Hungry Empire. London*: The Bodley Head, 2017.
Colson, Justin. "A Portrait of a Late Medieval London pub: The Star Inn, Bridge Street." In *Medieval Londoners: Essays to Mark the Eightieth Birthday of Caroline M. Barron*, edited by Elizabeth A. New and Christian Steer, 37–54. Chicago: University of Chicago Press, 2019.

參考資料
Bibliography

Adorno, Theodor W. *The Jargon of Authenticity*. Translated by Knut Tarnowski and Frederic Will. London: Routledge & Kegan Paul, 1973.

Allen, Robert. *Enclosure and the Yeoman*. Oxford: Clarendon Press, 1992.

Anderson, E. N. *The Food of China*. New Haven: Yale University Press, 1988.

Appadurai, Arjun. "How to Make a National Cuisine: Cookbooks in Contemporary India." *Comparative Studies in Society and History* 30, no. 1 (January 1988): 3–24.

Archer, Jayne Elisabeth, Richard Marggraf Turley, and Howard Thomas.

" 'Soper at Oure Aller Cost' : The Politics of Food Supply in the Canterbury Tales." *The Chaucer Review* 50, no. 1–2 (2015): 1–29.

Bakker, Egbert J. *The Meaning of Meat and the Structure of the Odyssey*. Cambridge, UK: Cambridge University Press, 2013.

Banham, Reyner. "The Crisp at the Crossroads." *New Society*, July 9, 1970.

Beeton, Isabella. *Mrs. Beeton's Book of Household Management*. London: S. O. Beeton Publishing, 1861.

Belasco, Warren. *Meals to Come: A History of the Future of Food*. Berkeley: University of California Press, 2006.

Benson, Larry D., ed. *The Riverside Chaucer*. Oxford: Oxford University Press, 2008.

Berg, Maxine. "Consumption in Eighteenth and Early Nineteenth-century Britain." In *The Cambridge Economic History of Modern Britain, Volume 1, Industrialization*, edited by Roderick Floud and Paul Johnson, 357–86. Cambridge, UK: Cambridge University Press, 2004.

Berger, John. *Ways of Seeing*. London: BBC, 1972.

Bigger, Stephen. "Victor Turner, Liminality and Cultural Performance." *Journal of Beliefs and Values* 30, no. 2 (2009): 209–12.

Bober, Phyllis Pray. *Art, Culture & Cuisine: Ancient and Medieval Gastronomy*. Chicago: University of Chicago Press, 1999.

Boehrer, Bruce. "The Parrot Eaters: Psittacophagy in the Renaissance and

餐桌上的文化人類學
從產地、烹調到進食，與我們密不可分的飲食奧祕與演化史
Ways of Eating: Exploring Food through History and Culture

作　　者　班哲明・阿爾德斯・烏爾加夫特（Benjamin Aldes Wurgaft）、梅莉・懷特（Merry I. White）
譯　　者　侯嘉珏
校　　對　聞若婷
封面設計　Bianco
版面設計　Bianco
內頁排版　藍天圖物宣字社
責任編輯　王辰元

發 行 人　蘇拾平
總 編 輯　蘇拾平
副總編輯　王辰元
資深主編　夏于翔
主　　編　李明瑾
行銷企劃　廖倚萱
業務發行　王綬晨、邱紹溢、劉文雅

出　　版　日出出版
　　　　　地址：新北市 231 新店區北新路三段 207-3 號 5 樓
　　　　　電話（02）8913-1005　傳眞：（02）8913-1056
發　　行　大雁出版基地
　　　　　地址：新北市 231 新店區北新路三段 207-3 號 5 樓
　　　　　24 小時傳眞服務（02）8913-1056
　　　　　Email：andbooks@andbooks.com.tw
　　　　　劃撥帳號：19983379　戶名：大雁文化事業股份有限公司
初版一刷　2024 年 6 月
定　　價　520 元

ISBN 978-626-7460-40-5
ISBN 978-626-7460-37-5（EPUB）

國家圖書館出版品預行編目(CIP)資料

餐桌上的文化人類學：從產地、烹調到進食，與我們密不可分的飲食奧祕與演化史 / 班哲明・阿爾德斯・烏爾加夫特（Benjamin Aldes Wurgaft）、梅莉・懷特（Merry I. White）著；侯嘉珏譯 . -- 初版 . -- 新北市：日出出版：大雁出版基地發行 , 2024.06
304 面 ; 14.8×21 公分
譯自：Ways of eating : exploring food through history and culture
ISBN 978-626-7460-40-5（平裝）

1. 飲食風俗　2. 食物　3. 文化史

538.7　　113006654

WAYS OF EATING: EXPLORING FOOD THROUGH HISTORY AND CULTURE
by BENJAMIN A. WURGAFT AND MERRY I. WHITE

Published by arrangement with University of California Press
through BIG APPLE AGENCY, INC., LABUAN, MALAYSIA.